KB089246

우리의
무대는
계속될
거야

K-POP 아이돌 퍼포머 8인의 인터뷰집

이채연 · 청하 · 찬희 · 문빈 · 호시 · 유아 · 레오 · 제이홉

우리의
무대는
계속될
거야

박희아

K-POP 아이돌 퍼포머 8인의 인터뷰집

이채연·청하·찬희·문빈·호시·유아·레오·제이홉

우주북스

서문

"너무 에세이처럼 느껴지는데요."

"너무 에세이처럼 느껴지는데요." 시안을 본 몇몇 가까운 이들이 말했다. "그렇다면 정확히 의도대로 간 게 맞아요." 인터뷰집의 표지, 속지를 보고 입을 모아 그들이 공통적으로 내놓은 반응은 실제로 나와 출판사 편집팀이 의도한 바가 맞다. 물론 출판사와 내가 원하는 방향이 아주 같다고는 하기 어렵겠지만, 어쨌든 나는 이번 책이야말로 타인의 삶에 관심이 있는, 혹은 타인의 삶으로부터 용기와 위안을 얻고 싶은 사람들에게 건네고 싶었다.

좋아하는 일을 할 때 시간을 잊고 매달릴 정도로 집중도가 높아지고, 싫어하는 일이라도 결과를 내보겠다는 다짐 하나로 달려가는 무수히 많은 사람이 있다. 이 책은 그런 사람들 여덟 명의 목소리를 그대로 담은 책이다. 조금 더 나이가 많고 연륜이 쌓인 이들의 인터뷰집이 갖는 무게가 따로 있다면, 갓 스무 살을 넘겼고 이제 막 서른이 된 여덟 사람의 이야기는 조금 다르다. 누군가에게는 이 시절의 내가 어땠는지 기억하게 만들 수도 있으며, 누군가에게는 나만 이렇게 내 목표를 이루려고 숨 가쁘지 않다는 것을 증명해줄 수 있다.

적어도 나는 그랬다. 요즘 책은 개인적인 만족감으로 내는 것이라고들 하지만, 나는 이 여덟 명의 이야기가 몇몇 작가의 자의적인 시선에서 쓰인 어떤 에세이보다도 직접적이고, 확실하게 삶의 다른 면을 보여줄 수 있다고 확신한다. 사실 이 책이 나오기 전에 만들었던 인터뷰집 〈아이돌 메이커〉와 〈아이돌의 작업실〉, 그리고 이 개정중보판의 전신인 〈무대 위의 아이돌〉에서 겪은 뼈아픈 실수가 지금 새로운 실험의 밑바탕이 되었다. 중요한 독자인 팬들을 포함해, K-POP에 관심이 없는 사람이라도 배우나 사회 유명 인사들의 인터뷰집을 망설임 없이 구매하는 것처럼 이 책에 손이 가게 하는 일. 아이돌이라는 직업이 왜 시대를 읽을 수 있는 힌트가 될 수 있는지를 증명하는 일을 해내려면 일단 나는 이 책이 '인터뷰집'이 아니라 삶을 말하는 수필집이라고 말해야만 했다.

처음 〈아이돌 메이커〉를 냈을 때부터 늘 그랬다. 직업인의 하루, 한 달, 일 년을 다루면 누군가에게는 그가 말해주는 현실이 어떤 잠언보다도 실질적인 조언의 효과를 낳을 수 있을 거라고 믿었다. 그중에서도 사람들이 좋아하지만 흘려보내기는 쉬운 아이돌이라는 직업에 대해, 이 직업이 소비되는 양상에 비해 그 구성원들은 필사적으로 가볍지 않은 콘텐츠를 만들어내기 위해 애쓰고 있다는 이야기를 전한다. 이토록 직설적이고 속 보이는 서문이 또 있을까 싶지만, 그래도 나는 이들의 이야기가 한 사람에게라도 더 읽히기를 간절히 바란다. 우리가 흔히 사회생활이라고 부르는 직업인으로서의 생활을 빠르게 시작한 젊은이들의 이야기는 K-POP의 화려함 바깥에서 분명한 통찰을 준다. 그 통찰이, 누군가에게 작은 힘이 되었으면 좋겠다.

여덟 명의 인터뷰이들도, 그런 이유로 무대에 선다고 말했다.

바쁜 시간을 내어 인터뷰에 참여해주신 아이즈원 이채연, 청하, SF9 찬희, 아스트로 문빈, 세븐틴 호시, 오마이걸 유아, 빅스 레오, 방탄소년단 제이홉 님과 스태프 분들에게 진심으로 감사드린다. 나는 자신의 삶을 털어놓아준, 더 좋은 메시지를 전하기 위해 애를 써준 이 여덟 명의 용기에 정말 감탄했다. 이미 한 차례 발간됐던 책을 흔쾌히 다시 받아주신 우주북스 박현민 대표님을 비롯해 이 책이 더 멋지게 나올 수 있도록 도움을 주신 강명석, 서지연, 최민선, 윤하얀, 윤이랑, 김종현, 홍승혜, 김도영, 신지연, 조예진 님께도 감사의 인사를 전한다. 가족들에게는 더할 나위 없는 감사의 표현으로 이 책을 선물한다.

추천사

사람과 사람의 관계는 어떻게 시작해 어떻게 흘러가고 끝날지 모른다. 나와 웹 매거진 〈아이즈〉에서 함께 일했고, 이제는 대중문화 저널리스트, 그 중에서도 아이돌에 관한 많은 글을 쓰고 있는 박희아 씨를 생각하면 더욱 그렇다. 박희아 씨에 대해 몰랐던 내가 그의 글을 통해 이름을 기억하게 되고, 그가 〈아이즈〉로 보내 준 첫 인터뷰집 〈아이돌 메이커〉를 읽고 마침 취재 기자 결원이 생긴 〈아이즈〉에서 함께 일하고 싶다는 제안을 하게 됐다. 그 후 박희아 씨는 회사 일을 병행하며 〈아이돌의 작업실〉을 작업했고, 나는 그가 새로운 도약을 위해 회사를 떠나기 전에 완성한 이 책의 기획과 인터뷰이 섭외에 조금이나마 참여하며 그가 2년여 동안 함께 해준 것에 대한 감사를 대신할 수 있었다.

전혀 몰랐던 사람들이 글이나 책을 통해 알게 되고, 그 책으로 인해 같이 일을 하게 되며, 다시 각자의 삶을 찾아간 이 시간들은 사람의 관계와 성장에 대해 다시 한 번 되돌아보게 된다. 〈아이돌 메이커〉로부터 시작한 세 권의 책이 특히 그렇다. 세 권의 책이 진행되는 동안 그가 아이돌, 또는 K-POP이라는 분야에 대해 어떤 생각을 가지고 있고, 그것이 어떻게 변화하고 있는지 보여준다. 화려한 스포트라이트를 받지는 않지만 아이돌과 함께 K-POP을 함께 만들어가는 크리에이터들과 아이돌이면서 동시에 작곡가와 퍼포머, 또는 프로듀서로서 역량을 발휘하는 이들과의 인터뷰를 담은 세 권의 책은 지난 몇 년간 한국 아이돌 산업의 일부를 보여주는 동시에, 일하는 사람으로서의 아이돌에 관한 이야기를 드물게 길게 담아냈다. 한 분야에 대한 지속적인 인터뷰를 통해 인터뷰이는 물론 인터뷰어의 지난 시간들을 볼 수 있게 하는 것은 그 자체로 의미있는 일이라 생각된다. 이제는 하는 일이 달라 각자의 시간에서 살아가게 됐지만, 박희아 씨가 앞으로 맞이할 시간에도 그가 원하는 길이 있기를 바란다. 그리고 이 자리를 빌어 내가 담당한 섭외에 응해주신 방탄소년단의 제이홉 씨, 세븐틴의 호시 씨, 아이즈원의 채연 씨에게 다시 한 번 감사드린다.

강명석

- 노래 제목은 〈 〉로 표기, 앨범명은 [ ]로 표기.

- TV 프로그램, 영화, 기타 영상 콘텐츠의 제목은 ' '로 표기, 책과 뮤지컬 제목은 《 》로 표기.

- 그룹이나 인물명이 알파벳 약어로 발음되는 경우에는 영문으로 표기 (예: BTS는 '비티에스'가 아닌 'BTS'로 표기)
  하며, 그 외에는 인터뷰라는 특성을 살려 당사자가 제시하는 표기법 (예: VIXX는 '빅스'로 표기)을 존중했다.

다시, 채연의 도전

IZ*ONE LEE CHAE YEON

"저는 정말 인생의 그래프가 너무 오르락내리락 했던 것 같아요." 초등학교 6학년, 13세 소녀가 동생과 함께 처음 방송국 오디션 무대에 발을 디뎠을 때, JYP엔터테인먼트 대표이자 가수인 박진영은 이들을 자신의 회사로 데려오기 위해 안달했다. 하지만 6년여의 시간이 흐르고, 지금 자매는 각자 다른 회사에서 자기의 길을 걷고 있는 중이다. SBS 'K팝스타 시즌 3' 이후 그들은 트와이스TWICE의 멤버를 뽑는 Mnet '식스틴SIXTEEN'에서 탈락했지만, JYP엔터테인먼트에 남은 동생 채령과 달리 채연은 더 이상 같은 곳에 머무를 수 없게 되었다. WM엔터테인먼트에서 다시 1년 반의 시간을 보냈고, 2018년에는 또 한 번 서바이벌 프로그램 Mnet '프로듀스48'에 도전했다.

도전과, 도전과, 도전의 연속. 아이즈원IZ*ONE의 〈라비앙로즈La Vien Rose〉, 〈비올레타Violeta〉 무대에서 당당하게 앞으로 걸어 나오며 팔랑이는 긴 머리카락을 넘기는 채연의 모습은 처음 'K팝스타'의 무대에 섰을 때부터 음악이 나오면 돌변하던 소녀의 모습과 별반 다르지 않아 보인다. 그러나 '프로듀스48'에서 그는 결의에 찬 표정으로 어떤 음악에도 자신 있게 춤을 출 수 있음을 보여주고, 자신의 춤을 보며 즐거워하는 배윤정 트레이너를 마주하고 뿌듯하게 웃었다. 그 결과, 과감하게 전신을 활용해서 힘 있는 동작 위주로 춤을 추던 초등학생 이채연은 흩날리는 머리카락까지도 퍼포먼스의 한 조각으로 완성시키고, 부드러운 선을 보여주는 유려한 20대의 아이돌로 거듭났다.

JTBC '아이돌룸'에서 채연은 여성 아이돌의 퍼포먼스와 남성 아이돌의 퍼포먼스를 가리지 않는 능력을 보여준다. "여자도 보이그룹의 춤을 이 정도 힘 있게 출 수 있다는 걸" 알리고 싶은 마음에 시작했지만, 성별에 따른 물리적인 힘의 차이와 관계없이 그는 자기 식대로 퍼포먼스의 흐름을 재구성한다. 청하의 〈벌써 12시〉를 추다가 여성 댄서의 선을 활용해도 어색하지 않은 엑소의 〈러브 샷LOVE SHOT〉으로 넘어가되, 걸그룹의 춤보다 맺고 끊음이 두드러진 보이그룹 퍼포먼스의 핵심을 강조한다. 이어 태민의 〈원트WANT〉로 에너지를 간소화했다가, 몬스타엑스의 〈엘리게이터Alligator〉를 통해 가장 과격한 보이그룹의 안무를 소화함으로써 자신의 목표를 달성한다. 걸그룹의 메인 댄서는 어떤 안무를 추든 예쁜 모습이 먼저 드러나야 한다지만, 채연은 오롯이 춤에 집중하면서 걸그룹 메인 댄서가 아니라 춤을 추는 이채연이라는 사람으로 카메라 앞에 선다.

그렇다고 해서 채연이 걸그룹의 임무에 충실하지 않은 것은 아니다. 다만, 고개를 비스듬히 하고 사랑스러운 눈빛을 보내다가도, 카메라 따위는 신경 쓰지 않고 과감하게 춤을 출 줄 알기 때문에 자신을 좋아하는 사람들이 생겼다는 점을 알고 있을 뿐이다. 각기 다른 사람들의 취향이 모여 완성된 아이즈원의 멤버들 사이에서 채연은 걸그룹 메인 댄서의 새로운 모델을 만들었다. 외모에 대한 콤플렉스를 춤을 추며 해소하고, 다른 멤버들이 걸그룹의 다양한 캐릭터를 대변하는 동안 착실하게 화려한 그룹 퍼포먼스의 쾌감을 전달한다. 그동안 수차례의 오디션을 거치며 어떤 퍼즐의 한 조각이 될 수 있을지 기대하고, 때로는 좌절하던 채연은 아이즈원 안에서 탄탄하게 그룹을 지탱하는 실력자의 자리를 부여받았다. 화면에 비치는 시간보다 자기 자리를 묵묵히 지키는 시간이 길지만, 그는 분명 아이즈원이 그리는 그림의 밑바탕이 되었다.

아이즈원으로 활동할 수 있게 되어서 행복하지만, 어린 나이부터 경쟁의 굴레 안에서 자신을 갈고 닦아 온 채연은 "언니처럼 되고 싶어요"라고 말하는 소녀들을 볼 때 가장 기쁘다고 말했다. 무대 위에서 팔을 뻗어 큼지막하게 반원을 그릴 때처럼, 소녀들의 말에 짜릿한 쾌감이 몰려오면 채연은 또 한 번 도전을 꿈꾼다. 완벽하게 크고 둥근 원을 완성해서 혼자만의 춤을 출 수 있을 때까지, 멈추지 않을 것처럼, 오늘도.

이채연

세 번의 서바이벌

Mnet '프로듀스48' 이후에 여성 팬들이 굉장히 많아졌어요.

누군가의 롤모델이 되는 게 목표였거든요. 요즘에 저보다 어린 팬 분들이 "언니처럼 되고 싶어요"라는 말을 해줄 때마다 정말 기쁘더라고요. 이 말을 들었을 때가 가장 벅차요.

처음에 SBS 'K팝스타'에 나왔을 때만 해도 상상하지 못한 일이었을 텐데, 감회가 남다를 것 같아요.

아직도 V앱을 처음 했을 때가 생각나거든요. 다른 연예인 분들이 하신 영상을 얼마나 많이 찾아봤는지 몰라요. 요즘도 "촬영합니다!" 하고 옆을 봤을 때 강호동이나 유재석 선배님이 계시면 문득 놀라죠. 그런데 제가 신기해하는 티를 내면 선배님들도 불편해하실 것 같아서 '채연아, 침착해. 티를 내지 말자' 주문을 많이 걸어요. (웃음)

'K팝스타' 때의 모습이 아직도 생생하게 기억나거든요.

정말 오래 전인데 그걸 기억하고 계시다니 놀라워요. 제가 그 당시에 안경을 쓰고 다녔거든요. 그런데 주변에서 안경을 벗고 나가는 게 좋겠다고 하시더라고요. 문제는 제가 너무 어려서 렌즈를 못 끼는 상황이었거든요. 무대에 올라갔는데 정말 아무것도 안 보이는 거죠. 심사위원 분들 표정도 안 보이고, 스태프 분들이 몇 분 계신지조차도 안 보였어요. 그래서 그나마 자신감 있게 할 수 있었던 것 같기도 해요. 아마 지금까지 다들 모르셨을 걸요. 제가 아무것도 못 보고 있었다는 사실을! (웃음)

처음부터 댄스학원에 다니면서 꿈을 키웠던 건가요.

아니에요. 제가 제일 잘하는 게 뭔지도 몰랐을 때였어요. 엄마도 공부를 시켜야 할지, 예체능을 시켜야 할지 고민을 하고 계셨대요. 그러다가 길거리에서 저랑 동생인 채령이 사진을 찍고 싶다고 하시는 분을 만났거든요. 알고 보니까 아역 배우 학원이었는데, 기획사 시스템과 비슷하게 연기, 모델 워킹, 춤 이렇게 세 개의 분야를 가르치고 있었어요. 그 중에서 춤이 제일 재미있었어요. 춤 배우러 가는 날이면 상상도 못할 정도로 신이 나더라고요. 정말 행복했어요.

그게 몇 살 때의 일인가요.

초등학교 3학년 때예요. 경기도 용인에 살고 있었는데, 학원이 서울에 있어서 '놀토' 때마다 아빠가 저를 서울에 데려다 주셨어요. 그때마다 채령이가 쪼르르 따라와서 제가 하는 걸 문밖에서 쳐다보고 있었죠. 1년 정도 다닌 것 같아요. 그 다음에는 미술을 배웠고요. 댄스학원에 간 건 초등학교 6학년 때예요. 채령이와 같이 갔어요.

어릴 때부터 이것저것 많이 배우면서 자랐네요.

초등학교 3학년이면 진로를 정하기에는 너무 어리잖아요. 엄마가 다른 것도 해보자고 하셔서 아역 학원 레슨이 끝난 뒤로 여러 가지를 해본 거죠. 특히 미술을 잘해서 선생님께서 전문적으로 공부해보는 게 어떻겠냐고 권하시기도 했어요. 중학교에 가서는 공부를 열심히 했는데요. 거기서 느껴지는 성취감이 좋더라고요. 사회, 역사 과목이 가장 재미있었는데, 좋은 선생님을 만나서 공부가 훨씬 더 재미있게 느껴졌던 기억이 있어요. 도서관 메이트까지 만들어서 다녔을 정도로요.

그런데 결국은 춤으로 진로를 정하게 된 거군요. 'K팝스타' 때 두 자매가 워낙 뛰어난 실력을 타고나서 심사위원들이 굉장한 관심을 보였잖아요. 막내 동생이 한 명 더 있다는 걸

듣고 박진영 씨가 무척 궁금해하기도 했을 정도로.

사실 막내 동생도 춤을 추고 싶어 했어요. 어느 날에는 갑자기 장기자랑에 나간다고, 저 보고 춤을 알려달라고 했는데 절대 안 알려줬어요. 혹시라도 흥미를 가질까 봐 걱정이 되더라고요.

왜 그렇게까지 말린 거예요?

저랑 채령이 때문에 부모님이 워낙에 힘드셨으니까요. 세 명이 되면 지금보다 더 힘들어지실 것 같아서 막내 동생만큼은 춤을 추지 않았으면 좋겠다는 생각이 있었어요. 그런데 동생이 장기자랑 영상을 보여줬거든요. 아니, 눈에 띄게 잘하는 거예요. 진짜 남다르더라고요. 그걸 보는 순간에 '어떡하지?' 싶어서 되게 당황했어요. 다행히 지금은 공부하고 있어요. (웃음)

부모님이 많이 걱정하시는 게 느껴졌나 봐요.

'K팝스타' 때는 학원에서 "여기 한번 나가볼래?"라고 물어보셔서 가볍게 참가하게 된 거였거든요. 그런데 상상도 못할 정도로 좋은 평가를 해주셔서 제 입장에서는 정말 새로운 경험이었죠. 솔직히 그때는 처음이고, 어리기도 해서 겁이 없었던 것 같아요. 하지만 부모님은 걱정이 크셨어요. 남들 앞에서 평가를 받아야만 하는 일이고, 심사위원뿐만 아니라 대중의 반응까지 안 볼 수가 없잖아요. 집에서 재롱부린다고 춤을 추는 건 엄마, 아빠도 무척 좋아하셨는데, 막상 방송에 나온다고 하니까 걱정이 앞서셨던 것 같아요. 그러다가 Mnet '식스틴'에 나가면서 점점 더 걱정을 많이 하시더라고요. 그 마음이 저에게 깊이 와닿을 정도였어요.

'K팝스타'가 끝나고 난 뒤에는 이대로만 쭉 연습해나가면 잘 될 거라고 생각했을 텐데. 힘든 시기가 길었겠어요.

사실은 회사 들어갈 때부터 어려운 점이 많았어요. 여러 군데에서 연락을 주셨는데, 저랑 채령이가 가고 싶은 회사가 달랐거든요. 의견을 맞추는 일이 정말 힘들었어요. 그때가 아마 채령이랑 가장 사이가 멀어졌던 시기일 거예요. 진짜 많이 싸웠거든요. (웃음) 우여곡절 끝에 회사에 들어가고 나니까 트레이닝 시스템이 낯설었죠. 춤은 그래도 학원에서 배웠다고 생각했는데, 분위기가 너무 다른 거예요. 그리고 월말평가 때는 선생님과 같이 상의해서 곡을 정했는데, JYP엔터테인먼트는 무조건 팝송으로만 평가를 하거든요. 이래저래 열심히 해야겠다는 생각이 드는 환경이었어요.

트레이닝을 받으면서 가장 어려웠던 부분은 무엇이었나요.

월말평가가 항상 두려웠어요. 노래는 첫 번째 평가 때를 빼고는 단 한 번도 잘 해 본 적이 없을 정도예요. 첫 평가 때는 어떤 옷을 입고 있었는지까지 기억나거든요? 흰 티셔츠에 연한 청치마를 입고 키샤 콜Keyshia Cole의 〈폴링 아웃Fallin' Out〉을 불렀는데, 그때도 겁이 없어서 그랬는지 생각보다 다른 연습생들 반응이 괜찮았어요. 그런데 저는 제 나름대로 실수한 부분이 있다는 걸 알고 있잖아요. 그걸 깨닫고 나니까 다음 평가 때부터는 너무 긴장을 해서 성적이 점점 떨어지기 시작하더라고요. 카메라 앞에서 엄청나게 긴장한 건, 새로운 회사에 가서도 똑같았어요. 그래서 '프로듀스48' 전까지는 제 노래 실력이 어느 정도인지 몰랐어요. 항상 부족하다고 느꼈고, 한번도 만족한 적이 없었으니까요.

지금은 카메라 앞에서 긴장한 줄도 모르게 씩씩하게 움직이잖아요.

솔직히, 아직도 그때의 트라우마를 극복하지 못한 것 같아요. 진짜 이상해요. 월말평가 카메라 앞에만 서면 너무 심하게 덜덜덜 떨었어요. 입 안에 모든 침이 말라버리는 느낌이었어요. 5년 동안 그렇게 많은 월말평가를 했는데, 한번도 만족스러웠던 적이 없다는 게 놀랍죠. 그렇게 다이내믹한 연습생 기간을 보냈는데.

어릴 때 연습생이 되는 경우에는 변성기 때문에 스트레스를 받는 경우도 많더라고요.

저 같은 경우도 자라면서 목소리가 많이 변했거든요. 변성기를 극복하려고 많은 노력을 했는데, 일단은 테크닉보다 음역대 높이는 데에 신경을 썼어요. 그런데도 노래 실력이 늘었다고 생각했던 때가 단 한번도 없어요. WM엔터테인먼트로 옮겨갔을 때도 그랬죠. 음역대가 거의 그대로여서 스트레스를 많이 받았어요.

설마 춤을 출 때도 노래 부를 때만큼 긴장을 했나요.

아뇨. 춤은 원래 하던 대로 하면 된다고 생각하니까 긴장이 안 되더라고요. 제 실력을 다 보여줄 수 있었죠. 그런데 이것도 문제였던 게, 부족하다는 생각을 안 하니까 실력이 향상되는 속도가 굉장히 더뎠어요. JYP엔터테인먼트에 소속돼 있을 때 찍은 영상들을 다시 보니까 제가 추는 춤에 느낌도 없고, 머리카락은 묶지도 않은 채로 정신없이 날려서 이래저래 답답했어요.

노래에 신경을 많이 쓰느라 오히려 춤에 신경을 못 쓴 걸 수도 있잖아요.

부족하다고 느끼지 못하면 발전도 없는 거죠. 수업을 받으면 받는 거고, 월말평가가 있으면 있는 대로. 이런 식이었던 것 같아요. 자신감이 넘쳐서 그랬던 것도 아니에요. '그냥 하던 대로 하면 되겠지' 생각했어요.

하지만 지금 채연 씨의 춤 실력은 분명 '식스틴' 때보다 좋아졌어요. 무대 매너도 마찬가지고요.

새로운 회사에 들어와서 많이 늘었어요. 성인이 되기 직전에 회사를 옮겼는데, 1, 2학년 때 출결관리를 잘 해놔서 3학년 때는 조퇴하기가 쉬웠어요. 다른 친구들이 3교시 끝나고 나오면 저는 1교시 끝나고 조퇴했어요. 그러고는 바로 회사로 갔죠. 다른 친구들이 오기 전에 연습실에서 혼자 시간을 보내면서 실력이 많이 는 것 같아요. 그때가 저 자신한테 집중할 수 있었던 중요한 시간이었거든요.

회사를 옮기고 난 뒤에 채연 씨의 마음가짐이 전과는 달라졌나요.

'K팝스타', '식스틴'까지 나가면서 당연히 원래의 회사에서 데뷔할 거라는 확신이 있었잖아요. 그런데 데뷔가 현실적으로 불가능하다는 사실을 어린 나이에 깨달으면서 되게, 많이, 정말로 힘든 시기를 겪었어요. 회사를 옮기고 나서 계속 다짐했어요. 같은 실수를 반복하면 안 된다, 방심해서도 안 되고, 자만해서도 안 된다고요. 마음가짐이 달라질 수밖에 없는 상황이었죠.

WM엔터테인먼트에서 다시 데뷔를 준비하면서 지난 시간이 허탈했을 것 같기도 하거든요.

새로운 회사에서도 춤과 노래만 배웠다면 5년이라는 연습생 생활을 끝까지 견디지 못했을 수도 있어요. 중간에 포기하고 싶을 때도 많았거든요. 하지만 여기에 와서 연기와 일본어를 시작했는데, 그게 버틸 힘을 주더라고요. 처음부터 도전할 수 있는 게 새로 생겼다고 생각하니까 재미있었어요. 여기서는 내가 어디까지 성장할 수 있을지 궁금해지는 거죠. 다시 생각해봐도 그때 제가 포기하지 않은 게 신기해요.

왜 포기하지 않았을까요.

이 길이 아니면 갈 데가 없다고 생각했으니까요. 그렇게 생각했던 게 다행이에요. 무엇을 했더라도 지금만큼 행복하게 일을 할 수는 없었을 거예요. 얼마 전에 '식스틴' 때 영상을 보고 깜짝 놀랐어요. '내가 원래 저렇게 무표정이었나? 입꼬리가 저렇게 내려가 있었나?' 싶어요. 다른 사람 같죠.

우리의 무대는 계속될 거야

우여곡절 끝에 아이즈원에 합류했어요. 마음고생을 한 만큼 기쁨도 컸을 것 같아요.

아이즈원이라는 팀으로 활동하고 있는 것 자체가 무척 행복해요. 생각했던 것보다 훨씬 더 큰 사랑을 받고 있다는 게 신기하고, 팬 분들이 해주시는 말씀 하나하나가 감동적이에요. 여태까지 제가 버텨온 시간들을 인정해주고, 칭찬해주고, 보듬어주는 것 같거든요.

처음에 '프로듀스48'에 나오기로 결정한 일부터가 쉽지 않았을 텐데요.

회사에서도 굉장히 조심스럽게 물어봐주셨어요. "무려 세 번째 도전이니까 네가 힘들 수도 있을 것 같아"라고 미리 말씀을 해주시더라고요. 스스로 고민을 많이 했어요. 나가서 또 상처를 받게 되면 더 이상 이 생활을 하지 못할 것 같았거든요.

나가겠다고 마음먹게 된 계기는 뭔가요.

워낙에 주변 사람들이 많이 기다렸으니까요. 기대에 부응하기 위해 나간 거예요. 연습생 생활을 오래 하다 보면 "너 언제 데뷔해?"라는 말을 들을 수밖에 없거든요. 그런 질문을 하시는 분들에게 떳떳하고 싶었는데, 내가 잘하고 있다는 걸 보여주려면 매체를 통하는 게 가장 좋은 방법이었죠. 스스로에게도 확신을 주고 싶었어요. 아이돌로서의 내 매력을 찾아보자고 마음먹었고, 마침 제가 일본어도 1년 정도 배워둔 상황이었잖아요. 나가서 일본어 실력도 좀 보여주고, 그동안 얼마나 성장했는지도 대중에 보여주는 게 좋을 것 같다는 조언을 들었어요.

'프로듀스' 시리즈처럼 치열한 경쟁을 자처하면서 가장 부담이 된 부분은 무엇이었나요.

제 실력에 자신이 없었던 거요. '식스틴' 이후에는 다른 사람들과 경쟁을 하거나 제 실력을 보여줄 수 있는 기회가 아예 없었잖아요. 내가 이 정도로 연습을 했는데 아직 부족한 건지, 그렇다면 얼마나 더 해야 하는 건지 궁금하기도 했고, 남들과 비교도 해보고 싶었어요. 저에게 춤, 노래 이외에 어떤 매력이 있는지도 찾아야 했고요. 어떻게 해야 사람들을 끌어당길 수 있는 좋은 가수가 될 수 있을까 싶었죠. 자신은 없더라도, 여태까지 쌓아온 실력은 무조건 다 보여드리겠다는 생각으로 나간 거예요.

아이돌로서의 매력을 찾으려고 했다는 이야기가 조금 의외네요. 자신을 다른 시각으로 바라보려고 노력했다는 뜻이겠죠.

그래서 개인기 연구도 했어요. 보일러 광고 따라 하고, 새우 따라 하고. (웃음) 다른 연습생들에게 혹시 그 회사는 개인기도 월말평가로 보냐고 물어본 적까지 있어요. 그리고 저희들 중에서도 유독 사랑받는 친구들이 있잖아요. 어떻게 하면 저렇게 많은 사랑을 받을 수 있을지 그 친구들을 관찰했어요.

유독 눈에 띄는 동료 연습생들이 있었군요.

저처럼 인위적으로 뭔가를 보여주려고 하는 게 아니라, 자연스러운 모습에서 나오는 그 사람의 매력이라는 게 있더라고요. 아이즈원 멤버 중에서는 예나가 그런 친구였어요. 특별히 뭔가를 하려고 하지 않는데도 자기만의 매력이 나와요. 사랑받을 수밖에 없는 친구예요. 이런 부분을 깨닫고 나서부터는 저도 생각이 바뀌었어요. 다른 사람들의 매력이 무엇인지에 연연하지 않고, 나는 나의 매력을 보여주면 된다는 쪽으로요.

세 번째 서바이벌 프로그램 도전이 가져다 준 좋은 발견이네요. 그 프로그램이 아니었다면 얻기 힘들었을.

우리의 무대는 계속될 거야

'프로듀스48' 안에서는요. 세상이 정말로 거기뿐이에요. 밖에서 봤을 때는 굉장히 작은데, 그 안에서는 아주 크게 느껴져요. 그 안이 전부인 줄 알았어요. 슬플 때는 세상을 잃은 것처럼 슬프고, 기쁠 때는 세상을 다 가진 것처럼 기뻤죠.

세상을 다 가진 것처럼 기뻤을 때는 언제였어요.

생방송 마지막 무대에서 센터를 하게 되었을 때요. 가장 큰 희열을 느꼈던 것 같아요. 센터가 되었다는 게 '프로듀스48' 안에서 힘들었던 순간을 포함해서, 이제까지 해온 연습생 생활을 통틀어서 보상받는 느낌이라 개인적으로 굉장한 의미가 있었죠. 그리고 마지막 생방송 센터라고 하니까 뭔가 거창해 보이기도 했어요. 드디어 뭔가 해낸 것 같더라고요.

센터가 아니라도, 춤 실력으로 이미 충분히 주목을 받고 있었잖아요.

센터는 옷도 달랐어요. 스태프 분이 "이게 센터 옷이에요"라면서 액세서리를 더 달아주시는데, 부끄러우면서도 좋았어요. 하지만 제일 좋았던 건, 팀원들의 자체 투표로 뽑았다는 거예요. 센터로 결정되고 나서 다들 함께 기뻐해줘서 더 기뻤고요. 마지막이다 보니 서로 경쟁이라고 느끼기보다 애틋하다는 느낌이 컸죠.

반대로 가장 힘들었던 때는 언제였나요.

〈아이엠IAM〉 팀에서 인원조정을 해서 다른 팀으로 밀려났거든요. 그때는 많이 속상했던 것 같아요. 그 세상이 되게 크게 느껴졌으니까. 연습생 생활을 하면서 인간관계를 잘 맺는 게 너무 어려웠어요. 팀에서 인원조정을 하다 보면 충분히 일어날 수 있는 일인데, 트라우마가 생겼는지 안 좋았던 기억들이 다시 떠오르니까 심리적으로 너무 힘들었어요.

서바이벌 프로그램도 많이 나갔고, 회사도 옮겨봤으니까요. 그렇게 느낄 수도 있죠.

그 팀이 아니면 제가 데뷔할 수 없을 줄 알았어요. (웃음) 인원 재조정이 된 덕분에 방송에서 제 분량이 생기고, 저만의 이야기도 생긴 거라 결론적으로는 좋은 기회였죠. 그걸 알게 된 이후로는 당장 눈앞에 닥친 일이라도 좀 더 멀리서 볼 수 있게 된 것 같아요.

아이즈원의 마지막 멤버로 이름이 불렸을 때, 어떤 기분이 들던가요.

사실은요, 슬펐어요. 왠지 모르게 너무, 너무 슬펐어요. 엄청 기쁠 줄 알았는데. 이름이 불린 순간에 부모님이 절 보고 계실 거라는 생각이 드니까 눈물이 너무 많이 났어요. 조금이라도 빨리 불렸으면 엄마, 아빠가 덜 조마조마했을 것 같아서 죄송했어요.

기쁨보다 슬픔이 컸다는 게, 채연 씨의 입장을 생각하면 이해가 가요.

이런 시기를 겪은 게 '프로듀스48' 뿐만이 아니었잖아요. 너무 힘들었기 때문에 그 정도로까지 생각을 하게 됐던 것 같아요. 지난 5년 동안 엄마를 조마조마하게 만들었으니까……. '왜 이제야 된 거야?'라는 느낌도 들면서 많이 슬펐나 봐요. 하지만 이 기분을 다른 사람들에게 이야기할 수는 없었어요. 다들 제가 기쁘다고는 생각해도, 슬프다고 하면 이해하지 못할 것 같아서요.

아이즈원으로 첫 걸음

한국 데뷔곡이었던 〈라비앙로즈〉와 일본 데뷔곡이었던 〈좋아한다고 말하게 하고 싶어好きと言わせたい〉의 분위기는 생각보다 많이 달랐어요. 곡의 메시지부터 안무의 흐름까지 상당 부분 차이가 있었죠.

두 곡으로 보여드릴 수 있는 매력이 확실히 달랐어요. 〈라비앙로즈〉는 고급스러우면서도 아름다운 선을 강조한 퍼포먼스였다면, 〈좋아한다고 말하게 하고 싶어〉는 누구나 따라 할 수 있는 동작 위주의 안무라도 멤버들의 에너지와 카리스마가 드러나게 연습을 했어요. 하지만 어느 쪽이든 12명의 매력이 다 보이게끔 자기 파트에서 각자 느낌이 다른 제스처를 쓰려고 연구를 많이 했던 것 같아요.

두 곡의 퍼포먼스에서 신체를 활용하는 방식도 달랐잖아요.

〈라비앙로즈〉는 손을 많이 썼고, 〈좋아한다고 말하게 하고 싶어〉는 몸 전체를 좀 더 많이 썼어요. 개인적으로는 〈라비앙로즈〉에서 손으로 장미꽃을 표현하는 부분을 무척 좋아해요. 〈비올레타〉는 〈라비앙로즈〉의 연장선에 있는 것 같으면서도, 훨씬 가볍고 우아하게 움직였던 것 같고요. 〈비올레타〉를 연습할 때는 리듬을 가장 많이 신경 쓴 것 같아요. 후렴구에서 손을 같이 써서 움직이기는 해도, 몸 전체의 업다운up-down이 뚜렷하게 느껴져야 하는 곡이었거든요. 가볍게 움직이면서 싱그러움을 표현하려고 했던 거죠. 〈라비앙로즈〉보다도 밝은 느낌이었기 때문에 똑같이 아름다운 선을 표현하더라도 〈비올레타〉에서는 발을 좀 더 가볍게 띄우면서 산뜻한 느낌을 주려고 했어요.

데뷔 무대 때는 많이 떨었나요. 쇼케이스 현장에서는 전혀 긴장한 것 같지 않았어요.

많이 떨렸어요. 무대마다 긴장을 해서 항상 배가 아파요. 무대 할 때 보면 다리가 덜덜 떨리고 있을 거예요. 연습 때보다 항상 긴장을 많이 해서 잘 안 나와요. 중심을 못 잡는 날이 굉장히 많았어요. 박자가 빨라지거나, 힘이 너무 들어가기도 하고요.

좀 더 연차가 쌓이면서 무대가 익숙해지면 스스로 컨트롤할 수 있지 않을까요. 맡은 파트마다 당차게 걸어 나오는 모습에서는 이미 충분한 자신감이 느껴져요.

팬 분들 말씀으로는 머리카락도 춤을 춘대요. (웃음) 원래는 머리카락 컨트롤을 못했어요. 항상 한쪽으로 쏠려있든지, 심할 때는 얼굴을 가리고 있었거든요. 머리카락을 자유자재로 움직일 수 있게 되었다고 느낀 순간이야말로 스스로에게 있어서 가장 성장했다는 걸 느꼈던 때 아닌가 싶어요. 어느 순간부터는 그게 제 매력이라고 자신 있게 이야기할 수 있을 정도가 되었죠. 무대 위에서도 자연스럽게 계산을 할 수 있게 된 것 같아요. 이 부분에서는 좀 더 힘을 써서 머리카락을 이 정도까지 넘기겠다거나, 우연찮게 머리카락이 얼굴을 가렸을 때는 뒤에 나오는 어떤 동작에서 깔끔하게 휙 넘겨야겠다는 식으로요.

타고난 재능이 있었다는 점은 분명하지만, 스스로의 장점을 하나씩 연습해서 만들어 온 것 같다는 생각이 들어요.

스스로에 관해 연구를 많이 했어요. 제가 원래는 키가 정말 작았어요. 초등학교 6학년 때 139cm였고, 항상 맨 첫 줄에 있었거든요. 춤출 때에도 키가 작은 게 보여서 너무 싫은 거예요. 어떻게 하면 커 보일지 생각하다가 팔을 크게 쓰고, 뒤꿈치를 들어서 키가 좀 커 보이게 만들었어요. 그 습관이 지금까지도 남아있어서 요즘에도 뒤꿈치를 거의 든 상태로 춤을 춰요. 몸에 조금 무리가 가긴 하는데, 훨씬 가벼워 보이거든요. 어쩔 수 없이 감당해야 할 부분이죠.

노래를 할 때는 어땠나요.

녹음이라는 걸 처음 해봤는데, 제 목소리가 헤드폰을 타고 들리니까 너무 부족하다는 게 느껴졌어요. 곡의 느낌도 못 살리는 것 같았고요. '내가 이 곡을 망치면 안 된다'라는 생각이 강하게 들었어요.

'프로듀스48'을 하면서 칭찬을 많이 들었는데도 불구하고 여전히 부족함을 많이 느꼈군요.

거기서 처음으로 칭찬을 들은 거라 깜짝 놀랐어요. 그때가 〈1000%〉를 부를 때였는데, 후두염이 와서 많이 아팠어요. 연습하면서 살아남기 위해 정신을 붙들고 매달려 있는 느낌이었던 것 같아요. 민주가 함께 있었지만, 대부분이 일본 멤버들이었기 때문에 제가 맡은 부분을 꼭 살려야 한다는, 팀을 위해서 이걸 반드시 해내야 된다는 생각이 강했죠. 무대를 마치고 나니까 '아, 내가 아무리 아파도 이 정도 정신력을 가지고 있으면 무대를 할 수 있구나'라는 생각이 들면서 저에게 생긴 끈기가 느껴지더라고요.

연습생 생활을 오래 하면서 얻은 중요한 자산 아닐까요.

맞아요. 될 때까지 바짓가랑이 붙들고 늘어지는 거죠. (웃음) 멤버들이 이런 저를 신뢰해준다는 게 고맙고, '나를 필요로 하는 사람이 있구나'라는 걸 느끼면 뿌듯해요. 인생을 잘 살고 있다는 생각이 들어요.

일본인 멤버들과도 조화를 이루기 위해 많이 노력했을 것 같아요.

한국에서 활동할 때는 한국 멤버들이 일본 멤버들을 도와주고, 일본 활동할 때는 라디오 같은 곳에 나가면 일본 멤버들이 한국 멤버들이 하고 싶어하는 이야기를 대신 해줘요. 언어에서 서로 많이 도움을 주는 것 같아요. 저도 일본어 배우기를 잘 한 것 같아요. 제가 배워놓은 걸로 남을 도와줄 수 있다는 게 행복하고, 신기하거든요. 물론 제 일본어 실력은 아직도 많이 부족해요. 하고 싶은 말은 어느 정도 할 수 있지만, 문법적인 부분은 서툴러요.

중간에서 말을 옮긴다는 게 참 어려운 일이기도 하고요.

조심스러운 부분이 있죠. 일본어 실력이 아주 뛰어난 게 아니라서, 혹시 제가 한 말이 상황에 안 맞거나, 어울리는 단어가 아니라서 일본인 친구들에게 기분 나쁘게 들릴까 봐 걱정을 많이 해요. 그래서 말을 할 때마다 무조건 밝게 웃으면서 이야기해요. 실수를 해도 의도적인 게 아니다, 내가 정말로 몰라서 그런 거라는 점을 전달하려고 노력하고 있어요.

멤버들의 춤 선생님이기도 해요. 가르치는 입장에서도 조심해야 할 것들이 많죠?

제가 평가하는 사람의 입장이 되면 안 되잖아요. 상대방 입장에서 기분이 나쁠 수 있으니까요. "이건 틀렸어"라고 하는 게 아니라, 최대한 말을 돌려서 하려고 해요. "이런 부분은 솔직히 어떻다", "이런 부분은 부족한 것 같다" 이 정도의 말도 듣는 사람 입장에서는 기분이 나쁠 수 있거든요.

그럼 어떤 식으로 이야기를 하나요.

"여기서 팔을 조금만 더 길게 뻗으면 선이 예쁘다고 정말 많이 칭찬받을 것 같아." 이런 식으로요. 예전부터 남의 기분을 상하지 않게 말하는 훈련을 계속 했고, 그때 연습한 것을 지금 아이즈원 멤버들에게도 적용하고 있는 것 같아요. 최근에 일본에서 무대에 섰을 때도 이런 일이 있었는데요. 원샷이 잡히는 친구가 조금 딱딱하게 움직이는 것처럼 보여서 "살짝 웨이브를 넣어보면 좀 더 자연스럽게 나올 것 같아"라고 말했어요.

혹시 지금처럼 조심하게 된 특별한 계기가 있는 걸까요.

여태까지 "이건 이렇게 하면 안 돼"라고 말해주는 언니가 별로 없었어요. 집에서는 부모님이 가르쳐 주시지만, 여기서는 다르잖아요. 트와이스 언니들이 '식스틴' 이후에 바로 데뷔를 하면서 갑자기 제가 언니 역할을 맡았고, 그러면서 실수를 되게 많이 했어요. 리더가 아닌데도 리더 역할을 해야 하니까 '언니들은 이럴 때 어떻게 하지?' 생각하다가 동생들에게 계속 화만 냈던 것 같아요. 어떻게 이끌어 가야 할지 모르니까 엄격해야 된다는 생각이 머릿속에 박혀있었죠. 아마 그때가 동생들에게 가장 많이 미움을 받았던 시기일 거예요. 실수도 제일 많이 했을 거고. 솔직히 후회가 많이 돼요. 그런 실수를 반복하지 않으려고 춤을 가르쳐줄 때도 단어 하나하나 조심하게 된 거예요. 여전히 저는 배우는 입장이 되면 스스로 답답해하는 성격이고, 제가 알려주는 입장에 놓이는 게 좀 더 편하거든요. 독립적인 성격이라 다른 사람을 도와주는 게 더 잘 맞으니까 계속 조심하고, 또 조심하려고 해요.

이제는 서로 많이 가까워졌겠어요.

휴가를 같이 보낼 만큼 돈독해졌어요. 6개월 정도 활동한 그룹이 맞나 싶을 정도로 친하거든요. 서로를 생각하는 마음이 정말로 커요. 그게 아이즈원의 장점이에요. 되게 신기한 게, 〈라비앙로즈〉를 맞춘 시간보다 〈비올레타〉를 맞춘 시간이 더 짧아요. 그런데 〈비올레타〉가 더 잘 맞는다는 평을 들었거든요. 아마도 팀워크가 좋아졌기 때문에 그런 게 아닐까요. 서로 간의 약속은 더 잘 지키고, 마음은 전보다 훨씬 잘 맞으니까요.

아무래도 짧은 시간 안에 밀도 높게 활동을 한 게 도움이 되었군요.

그동안에는 우리에게 가장 잘 맞는 방법을 찾고 있는 중이었던 것 같아요. 〈라비앙로즈〉 때만 해도 효율적으로 연습할 수 있는 방법을 찾지 못했을 때니까 무조건 많은 시간을 투자했거든요. 그런데 〈비올레타〉 때는 좀 더 효율적으로, 그때보다 짧은 시간 안에 집중력을 발휘해서 완성하는 게 가능해졌더라고요.

민주 씨나 혜원 씨의 춤 실력도 많이 늘었어요.

민주는 개인 연습을 정말 열심히 해요. 불도저 같은 느낌이 있거든요. 〈1000%〉때도 그랬는데, 아이즈원 활동을 하면서 민주의 열정이 좀 더 많은 사람들에게 알려졌으면 좋겠다는 생각을 해요. 혜원이는 포기를 안 해요. 저는 그게 혜원이의 가장 큰 장점인 것 같아요. 춤에 있어서 엄청나게 성장하겠다는 생각을 하는 게 아니라, 아이즈원의 멤버가 되어서 스스로 해야 할 일들을 착실히 해내겠다는 의지가 강해요. 뭘 하든 절대로 포기하지 않아서 옆에 있으면 자주 놀라곤 해요. 제가 멤버들에게 배워야 할 부분이 많아요.

연습생 때는 채연 씨도 리더나 언니 역할을 많이 했는데, 지금은 은비 씨가 리더잖아요. 예능 프로그램을 보고 있으면 무척 의지하고 있다는 게 눈에 보이더라고요.

6개월 동안 은비 언니와 함께하면서 정말로 좋은 사람이라는 걸 느꼈어요. 평소에 저도 누군가를 리드하는 쪽이었지만, 은비 언니를 보고 있으면 진심으로 언니만 믿고 따라가 보고 싶다는 생각이 들어요. 그런 기분을 처음으로 느끼게 해준 사람이에요.

일본인 멤버들은 모두 아이돌 생활을 했던 사람들이잖아요. 거기서 배울 점이 생길 것 같아요.

일본 멤버들의 자신감은 정말 멋있어요. 카메라 앞에서, 무대 위에서 언제나 자연스러워요. 프로페셔널하죠. 아이돌 생활을 해본 친구들이기 때문에 주변 스태프 분들에게 예의도 바르고, 행동도 신중해요. '와, 연예인이다'라는 생각이 절로 들어요. 이건 경험이 없으면 절대 만들어질 수 없는 장점이라 보고 배우는 게 많아요.

그동안 큰 공연장에서 워낙 공연을 많이 하다 보니 멤버들끼리 인상 깊은 순간도 많았겠어요.

시상식은 팬 분들만 계신 게 아니라 다른 팬덤 분들도 계신 큰 공연장인 거잖아요. 그 순간만큼은 이 분들을 다 아이즈원 팬으로 만들어야겠다는 마음가짐을 갖게 되더라고요. 그런 날의 울림은 마음속에 아주 깊이 들어와서 영원히 잊히지 않을 것 같은 느낌이에요. 몇만 명의 사람들 안에 아이즈원 12명이 있는 거잖아요. 이걸 어떻게 말로 설명할 수 있을까요? 우주 속에 있는 느낌이라고 하면 될까요.

여전히 잘하는 사람

시상식 때 독무를 추기도 했어요. 팀의 안무를 할 때보다 강렬한 느낌을 주었어요.

저만 빛나고, 저만 눈에 띄고 싶었던 건 절대 아니고요. 저로 인해서 아이즈원 멤버들이 빛났으면 좋겠다고 생각했어요. 리믹스 버전을 선보이면서 곡 자체에도 새로운 느낌이 생겼는데, 안무에서도 저뿐만 아니라 멤버들 한 명, 한 명의 캐릭터가 모두 보였으면 좋겠더라고요. 제가 추는 춤이 아이즈원이 선보일 퍼포먼스의 시작 부분을 맡고 있지만, 그 에너지를 받아서 다음 친구로 이어지고, 팀 전체로 이어지기를 바랐어요. 저는 아이즈원이 없으면 안 돼요. 제 춤에서 그게 드러났길 바라요.

시상식 무대 뒤에서 함께 연습했던 동료들을 만났을 때는 기분이 어땠나요.

무대에서 내려온 다음에 예전에 같이 연습했던 친구들과 스쳐지나가면서 "진짜 잘한다", "여전히 잘하네" 이런 이야기들을 나누면 되게 짜릿해요. '내가 열심히 잘 해왔구나' 싶죠. 한번은 스트레이 키즈Stray Kids 현진이를 만났어요. 연습생 때 제가 춤을 많이 알려줬는데, 원래는 춤을 전혀 안 춰본 친구였어요. 그런데 그날 무대에서 독무를 추는 거예요. 혼자서 연습을 얼마나 많이 했을까 싶어서 깜짝 놀랐고, 발전한 모습이 멋지다고 말해 줬는데, 나중에 이런 얘기를 하더라고요. 그 말을 듣고 눈물이 날 것 같았대요.

그 말의 의미를 바로 이해할 수 있었겠네요.

스스로 실력이 느는 걸 얼마나 바랐을지, 또 독무를 했을 때 얼마나 짜릿하고 뿌듯했을 지 저도 겪어봐서 아니까요. 제가 조금이라도 도움이 된 것 같아서 무척 기뻤어요. '다행 히 내가 좋은 누나였나?' 이런 생각도 들었고요. 한 살 차이밖에 안 나지만. (웃음)

JTBC '아이돌룸'에서 랜덤 플레이 댄스로 화제가 됐잖아요. 심지어 '아이돌룸' 유튜브 동 영상 중에 가장 높은 조회수를 기록했다고요. 무려 1천 8백만 뷰였고, 지금은 더 늘었죠.

숫자에 대한 개념이 없어서 그게 어느 정도인지 잘 몰랐거든요. 그래서 되게 신기했어 요. 원래 영상 제목이 영어로도 되어있거든요. 제가 어떤 분의 춤을 췄는지 제목에 다 들어 가 있어서, 선배님들 이름을 검색하셨다가 우연찮게 나와서 많은 분들이 보신 것 같아요.

'아이돌룸'에 출연하기 위해서 따로 연습을 했던 거예요?

곡마다 어느 정도 아는 부분들이 있었어요. 방송을 몇 번 보다 보면 하이라이트 부분 정 도는 조금씩 따라 할 수 있게 되거든요. 하지만 방송에 나가게 된다는 이야기를 들으면 제 가 외웠던 걸 토대로 꼼꼼히 다시 연습을 해요.

커버 댄스를 출 때 가장 중요하게 생각하는 점은 뭔가요.

제가 평소에 쓰는 춤의 선을 안무에 많이 집어넣어요. 커버 댄스는 원곡자를 결코 따라 갈 수 없어요. 원곡자가 내는 느낌 이상을 보여줄 수 없다는 뜻이에요. 그러니까 원곡자 를 넘어서겠다는 생각을 하면 안 되고요. 같은 안무라도 저만의 스타일로 해석하는 게 좋 다고 생각해요.

모든 곡을 워낙 잘 소화했지만, 걸그룹 곡에서 보이그룹인 엑소의 〈러브 샷〉으로 넘어갈 때 완전히 다른 사람처럼 변화를 주는 모습이 탁월했어요.

엑소EXO 선배님들의 〈러브 샷〉과 몬스타엑스MONSTA X 선배님들의 〈엘리게이터〉는 가장 어려웠던 곡이에요. 아무리 제가 따라 춘다고 해도, 남자와 여자의 힘 차이라는 게 있거든요. 어떻게 하면 그 차이가 덜 느껴지도록 할 수 있을지 걱정을 많이 했어요. 많이 부족해 보이면 원곡 안무와 비교가 될 테니까요.

어려운 곡이었는데도 굳이 선택해서 연습했던 이유가 뭔가요.

남자와 여자의 힘이 다르다는 걸 넘어서서, 여자 아이돌도 남자 아이돌 선배님들의 춤을 이 정도까지 힘 있게 커버할 수 있다는 걸 보여드리고 싶었거든요.

그 느낌을 내기 위해서 따로 참고했던 영상이 있나요.

카이 선배님 영상을 정말 많이 찾아봤어요. 춤을 추실 때 표정이나 움직임이 하나하나 놀라워서 타고난 DNA가 다른 분인 것 같다고 생각했어요. '이런 건 정말 따라 할 수가 없겠구나' 싶더라고요. 무엇보다도 연습을 굉장히 많이 하신 게 눈에 보여서 그 부분이 존경스러웠어요. 제가 팬 사인회 때마다 이야기하는 건데, 사실 같은 이유로 태민 선배님도 정말 존경해요.

팀의 메인 댄서라는 점에서 닮고 싶은 부분이 있다면요.

메인 댄서 입장에서는 내가 속한 그룹에서 좀 튀어 보인다는 말을 들었을 때 굉장히 신경이 쓰이거든요. 그룹이면 다들 같은 안무를 하는 거고, 조화를 보여줘야 하는데 한 명만 튀어 보이면 팀에 피해를 주는 거니까요. 저도 마찬가지죠. 그런데 태민 선배님과 카이 선배님은 각자의 그룹에 어우러지면서도, 센터로 나온 순간에는 자기만의 아우라를 낼 수 있다는 점에서 정말 본받고 싶어요.

춤을 출 때 스스로가 지금보다 신경 써야 할 부분은 무엇이라고 생각하나요.

팔이나 몸을 꺾는 각도예요. 모니터를 보니까 멤버들 사이에서 좀 튀는 것 같아서 신경이 많이 쓰여요. 선생님이 가르쳐주신 그대로 하는 편인데, 사실 그대로 따라 하면 카메라 앞에서는 꺾이는 정도가 좀 과격할 정도죠. 별로 예쁘게 나오는 각도가 아니에요. 이럴 때 멤버들에게서 배워요. 아이즈원 멤버들은 카메라에 알맞은 움직임을 굉장히 여유롭게 해내거든요. 저는 좀 무식하게 하는 거고요. (웃음) 조금만 힘을 덜면 될 텐데, 쉽지 않아요.

댄서가 아니고 아이돌이기 때문에 반드시 고민해야 할 부분이네요.

자꾸만 각도를 칼처럼 지켜야 된다는 생각을 하게 돼요. 전문 댄서가 아니니까 그 정도까지 할 필요는 없는데……. 원래대로 춤을 추고 싶다는 아쉬움이 남을 때는 인스타그램에 혼자 춤추는 영상을 가끔씩 올리기도 해요. 예능 프로그램에서 랜덤 플레이 댄스 같은 코너를 하면서 보여드릴 수 있는 것도 좋더라고요. 하지만 이런 기회는 앞으로도 얼마든지 있을 테니까, 지금은 멤버들과 합을 맞춰가는 게 맞죠.

콤플렉스가 아닌 콤플렉스

데뷔를 하고 나서 채연 씨를 가장 고민하게 만든 건 뭔가요.

매번 무대를 할 때마다 리허설을 하고, 모니터링을 하잖아요. 화면 속에 비치는 제가 예뻐 보이지 않을 때가 많은 거예요. 〈라비앙로즈〉 때도, 〈비올레타〉 때도 그랬어요. 제 모습이 너무 별로라는 생각이 드니까 퍼포먼스 하는 모습이 안 보이더라고요. 춤추는 모습이 아니라 얼굴이 보이고, 표정이 보이는 거죠. 그럴 때마다 '아, 내가 아직 외모에 대한 콤플렉스를 극복하지 못했구나' 생각해요. 콤플렉스를 이겨내는 건 정말 어려운 일 같아요.

연습생들 중에서도 이례적으로 오랜 시간 대중 앞에 노출되면서 더 부담이 커졌을 거예요.

괜찮은 척 하지만, 아직도 마음속에서는 외모에 대한 압박이 큰 부분을 차지하고 있다는 걸 느껴요. 그만큼 걸그룹에게 외모가 중요하다는 것을 알고 있으니까요. 하지만 노력 중이에요. 조금이라도 아무렇지 않게 넘겨보려고요. 어차피 저를 좋아해주시는 분들은 저의 다른 매력을 좋아해주실 거예요. 싫어하시는 분들은 계속 싫어하실 테니까 그건 신경을 안 쓰는 게 맞는 것 같아요. 그런데 말은 이렇게 해도, 아직도 따끔따끔해요. (웃음) 멤버들이 장난을 치면서 "우리 멤버들 다 예쁘니까!"라고 말하면 그 순간에 마음이 따끔거려요.

팬들 앞에서는 전혀 티를 내지 않잖아요.

프레임에 갇히는 게 싫어요. 제가 외모에 대해 자신감이 없다고 인식하는 분들이 많아지면 저를 '자신감이 없는 애', '안타까운 애' 이렇게 보는 분들도 늘어나겠죠. 그런 이미지로 비춰지면서 사랑받고 싶지는 않은 거예요. 당당한 모습으로 사랑받고 싶어요.

어떤 순간에 자신의 콤플렉스를 잊고 씩씩해지나요.

팬 분들의 응원 소리를 즐기게 되는 순간부터는 제가 어떤 모습으로 비춰지는지 하나도 신경이 쓰이지 않아요. 예전에는 무대 아래에서 팬 분들이 카메라로 찍고 계시면 사진이 예쁘게 나오지 않을까 봐 스트레스를 많이 받았거든요. 아무리 무대에서 신이 나더라도 조금은 자제하면서 예쁘게 보이는 각도를 찾자는 마음이었는데, 이제는 그게 안 된다는 걸 알아요. 무대에서는 뛰어 노는 게 맞는 것 같아요. 눈만 뜨면 되죠. 요즘은 사진을 보더라도 "아, 눈 떴네!" 그러면서 넘어가요. (웃음)

춤이 오히려 콤플렉스를 극복하게 해주는 수단이군요.

그런 것 같죠. 처음에는 춤에 대해서 제가 가진 자신감이 어느 정도인지 잘 몰랐는데요. 많은 분들이 칭찬을 해주시고, 저를 좋아하지 않는 분들마저도 춤 실력에 대해서만큼은 뭐라고 안 하시더라고요. '아, 나 정말 춤은 괜찮은가 보다' 해요. (자신의 주변을 둘러싼 벽을 몸으로 표현하며) 춤이 저의 방패인가 봐요. '쉴드shield'라고 하죠.

스트레스를 받아도 춤으로 해소하나요.

네, 힘들거나 우울하면 무조건 춤을 춰요. 아무도 없는 연습실에 가서 불을 아주 최소한으로 켜두고요. 그 분위기 자체를 즐기면서 정말 화가 날 때는 몸이 부서져라 춤을 추고, 땀을 내요. 그러면 스트레스가 확 풀려요.

요즘은 주로 어떤 곡에 맞춰서 춤을 추나요.

노래 플레이 리스트와 춤 플레이 리스트가 따로 있는데요. 요즘은 아리아나 그란데Ariana

Grande의 곡에 맞춰서 많이 춰요. 청하 선배님, (여자)아이들(G)-IDLE의 수진 선배님도 〈세븐 링즈7 rings〉에 맞춰서 춤을 추시더라고요. 그래서 저도 저만의 안무를 짜보려고 해요. 내가 만들면 어떤 느낌일까 싶어서요. 요즘에 유행하는 팝송을 틀어놓고 느낌이 오는 대로 출 때도 있고요.

〈세븐 링즈〉를 추는 모습도 곧 SNS에 공개할 건가요.

너무 자주 보여드리면 안 될 것 같아요. '밀당'하는 느낌으로요. (웃음) 언젠가는 '아, 얘 또 똑같은 춤추네. 비슷하네' 이런 느낌을 받으실 수도 있잖아요.

노래도 스트레스 푸는 데에 도움이 될까요?

저에게는 도움이 되지 않아요. 노래를 부르다가 부족한 부분이 보이면 다시 스트레스를 받게 될 걸 알거든요. 편하게 부르다가도 '아, 이 부분 음정이 떨어졌어' 하면 바로 스트레스로 연결되니까 그냥 연습이라고 생각할 수 있을 때만 해요.

나이가 아직 어리지만, 자기 자신에 대해 많이 알고 있다는 생각이 들어요.

이제는 여유가 많이 생겼어요. 예전에는 뒤도 안 돌아보고 실력 키우는 데만 집중했거든요. 지금은 살짝 뒤도 돌아보고, 저의 내면이라든가 정신력 같은 부분에서 더욱 성장하고 싶어요. 남들에게 보이는 것 말고, 내면까지도 연예인을 할 수 있게 단단해져야 한다고 생각해요. 어떤 상황이 닥치더라도 흔들리지 않고 제 길을 갈 수 있으면 좋겠거든요. 그리고 연예인은 다른 사람들에게 영향을 많이 주는 직업이잖아요. 부끄럽지 않아야 한다고 생각해요. 보이는 모습도, 저 스스로만 아는 내면의 모습도 부끄러우면 안 될 것 같아요.

스무 살 인생의 그래프

좀 더 배워보고 싶은 장르의 춤도 있을 것 같은데요.

힙합을 더 배워보고 싶어요. 몸으로 신체의 선을 보여줄 수 있는 춤이 좋아서요. 그런데 춤에 있어서는 모든 장르가 요즘 K-POP 안무 안에 들어가 있는 것 같아요. 다행히 초등학교 6학년 때 만난 선생님이 굉장히 좋은 분이셔서 락킹Locking, 왁킹Waacking, 팝핀Poppin', 비보잉B-boying 등을 다 배워봤는데요. 항상 모든 장르를 해보는 게 도움이 된다는 점을 강조하셨고, 그걸 다 섞어서 출 수 있을 때 분명히 좋은 춤을 완성할 수 있을 거라고 말씀해주셨어요. 돌이켜보면 정말로 모든 장르가 도움이 되더라고요. 음악을 들으면서도 이 부분에서는 왁킹의 느낌을 넣고, 저기서는 힙합의 느낌을 넣을 수 있겠다는 식으로 생각하게 되니까요.

뭐든 잘 할 것 같지만, 혹시 마음대로 잘 되지 않아서 답답한 춤도 있었나요.

예전에 현대무용이 해보고 싶었거든요. 선배님들이 가끔씩 현대무용 추시는 걸 보면서 정말 멋지다고 느꼈어요. 현대무용의 요소들이 안무에 들어가면 정말 한 마리의 새처럼 보일 것 같아요. 하지만 현실에서는 몸이 뻣뻣해서 무리가 있더라고요. 제가 몸이 유연하지가 않아요. 다리도 90도 정도 밖에 못 찢고, 상체도 유연한 편이 아니에요.

그런데 춤을 출 때는 전혀 뻣뻣해 보이지 않아요. 놀랐어요.

뻣뻣해 보이지 않게 춤을 출 수 있는 게 저의 장점이 아닐까요? (웃음)

다른 장점으로는 뭐가 있는 것 같나요.

몸을 크게 쓸 줄 안다는 거요. 팔다리를 길쭉길쭉하게 잘 활용하는 것 같아요. 〈비올레타〉에서 '네 진심을 느껴봐'라는 은비 언니 파트에 팔을 쭉 뻗는 동작을 하는데요. 그 동작을 하면서 희열을 느껴요.

그동안 채연 씨가 보여준 무대 중에서 어떤 무대가 가장 자신을 잘 드러내 주는 것 같아요?

'프로듀스48'에서 처음 소속사 등급 평가를 할 때 나온 모습이 가장 중요한 무대였다고 생각해요. 직접 만든 안무로 무대에 섰는데, 저를 알아주셨으면 하는 간절한 마음과 이제껏 해온 연습량에서 나오는 내공을 보여드리고 싶은 마음을 함께 담았어요.

구체적으로, 어떤 이야기를 하고 싶었던 걸까요.

"저는 그동안 포기하지 않고 열심히 했습니다." 그 무대는 그동안 숨겨왔던 제 마음이 담겨있는 무대였기 때문에 저를 가장 잘 드러내주는 무대가 아닐까 싶어요. 제 퍼포먼스니까, 제 마음이 중요한 것 같아요.

채연 씨의 무대를 보면서 사람들이 어떤 생각을 했으면 좋겠어요?

저의 무대에서 노력, 도전 이런 키워드가 보였으면 좋겠어요. 미치지 않으면 아무 것도 얻을 수 없다고 생각해요.

이 정도 에너지라면, 무용에도 도전해볼 수 있지 않을까요.

실은 하고 싶은 게 정말 많아요. 현대무용, 한국무용, 폴 댄스^{Pole dance} 같은 거요. 폴 댄스 같은 경우에는 땅에서 추는 게 아니라 공중에서 추는 춤이잖아요. 몸의 선을 아름답게 쓰면서도 다양한 기술이 필요한 춤인데, 위에서 아래를 내려다보면서 추는 춤은 어떤 느낌일지 궁금해요. 위에서 관객들을 보면서 춤을 추면 정말로 기분이 어떨까요?

꼭 해보고 이야기해주세요. (웃음)

되게 멋있잖아요. 아직도 현대무용은 제가 표현하고 싶은 걸 자유롭게 표현할 수 있는 장르라고 생각하는데, 무용수 분들을 보고 있으면 흩날리는 천까지도 춤의 한 부분이라고 느껴져요. 사람의 동작이 있고, 옷이 나머지 빈 공간을 채우는 거예요. 그런 자연스러움이 너무나 좋아요. 바람 같아요.

한국무용도 해보고 싶다면서요.

한국무용은 해의 느낌이에요. 춤을 추는데 한복을 입고 있고, 화려한 부채를 들기도 하잖아요. 그 모습을 보고 있으면 빛이 드는 느낌이랄까, 해를 바라보고 있는 느낌이 들더라고요.

그럼 아이즈원의 안무는 어떤 느낌이에요?

아이즈원의 안무는 나무의 느낌이에요. 나뭇가지가 무성한 나무요. K-POP 안무에 한국무용의 요소도 넣을 수 있고, 현대무용의 요소도 넣을 수 있잖아요. 가장 여러 가지로 쭉쭉 뻗어나갈 수 있는 장르가 K-POP 퍼포먼스라고 생각해요. 안무에 쓸 수 있는 요소가 점점 더 다양해지고 있어서 현대무용과는 다른 의미로 자기가 표현하고 싶은 걸 모두 표현할 수 있는 것 같아요.

게다가 나무가 자라나려면 해도 필요하고 바람도 필요하죠! (웃음)

맞아요. 다 필요한 게 K-POP 퍼포먼스인 거예요!

무대 위에 올라가면 어떤 생각이 들어요?

아무 생각도 안 해요. 그 순간을 즐기려고만 해요. 다음에 나올 동작이 뭔지 생각한다 거나, 표정을 이러이러하게 해야겠다고 생각하는 것처럼 너무 여러 가지를 고려하다 보 면 오히려 틀리더라고요. 모든 동작이 자연스럽게 나올 때까지 연습을 하고 무대에 올라 가야 아무 생각 없이도 제 몸에 저를 맡길 수 있어요.

지금 무엇이 채연 씨를 가장 행복하게 하나요.

하고 싶은 일을 하고 있다는 게 좋아요. 아무리 힘들어도, 지쳐도 괜찮아요. 오로지 제 가 하고 싶은 걸 하고 있으니까요. 주변 친구들도 그걸 부러워하고, 스스로 가장 자랑스러 워하는 부분이기도 해요. 그게 저를 행복하게 만들어줘요.

다시 돌아봐도, 그동안 참 많은 일들이 있었죠?

'프로듀스48'에 나갈까 말까 고민할 때 부모님이 나가라고 해주신 순간이 떠올라요. "나가 서 네가 이제껏 쌓아온 걸 뭔 없이 다 보여주고 와." 제가 여기까지 이어온 인생의 그래프 에 정말 굴곡이 많았잖아요. 자식이 그 정도로 힘들어하면 그만두게 하실 법도 한데, 포기 하지 않게 저를 그대로 놔둬주셔서 감사해요.

동생도 성공적으로 데뷔를 했으니 더욱 기쁘겠어요.

다섯 명 안에 들기까지 얼마나 힘든 경쟁을 했겠어요. 제가 아이즈원이 된 것만큼 기쁘 고, 대견해요. 요즘은 자주 못 봐서 더 애틋하죠. 그런데 KCON 때 5분 거리에 서로의 호 텔이 있었거든요. 솔직히 만날 수 있었는데 둘 다 귀찮아서 안 만났어요. 진짜 자매 같 죠? (웃음)

〈라비앙로즈〉 댄스 브레이크
Mnet 아시안 뮤직 어워즈 인 재팬_20181212

공식적인 활동을 위해 발표한 타이틀곡은 〈라비앙로즈〉와 〈비올레타〉 두 곡뿐이지만, 이채연은 2018년 연말 시상식마다 댄스 브레이크의 주역을 맡으면서 메인 무대의 긴장감을 끌어올리는 역할을 했다. 가온차트 뮤직 어워드에서 이채연이 리더 권은비의 의자 춤에 이어 머리끝부터 발끝까지 쉼 없이 맨바닥을 활용해 동작을 극대화하는 독무를 보여주었다면, Mnet 아시안 뮤직 어워즈 인 코리아에서 그는 〈라비앙로즈〉 무대 도중에 삽입된 댄스 브레이크의 시작을 알리고 양쪽으로 나뉘어 춤을 추는 멤버들 사이에서 탄탄하게 균형을 잡았다.

군무를 이끌면서 오랜 연습생 시절에 갈고닦아 온 자신의 재능을 뽐내고, 오로지 그에게만 스포트라이트가 떨어지는 독무에서는 타고난 천재성을 표출한다. 그래서 일본 사이타마 슈퍼 아레나에서 열린 2018 Mnet 아시안 뮤직 어워즈의 퍼포먼스는 이채연이 지닌 두 가지의 장점을 모두 섞은 무대라는 점에서 중요하게 바라볼 수밖에 없다. '프로듀스48' 당시에 한국어를 못하는 일본인 멤버들에게 통역을 해주는 역할을 도맡았던 이채연의 서사는 커다란 원의 양끝에서 미야와키 사쿠라와 펼치는 독무로 설명된다. 이채연은 뼈에 마디라고는 없는 것처럼 부드럽게 팔과 다리를 뻗으며 원형 무대의 가장자리를 따라 무용을 하듯 사뿐하게 움직인다. 그들의 우정이 언어의 걸림돌 따위 상관없이 부드럽기만 한 감정이라는 점을 춤이라는 신체의 언어로 표현한 것이다.

그리고 일본인 멤버인 혼다 히토미가 한국인 멤버들을 이끌고 춤을 춘 뒤에, 이채연의 언어는 또 다른 뉘앙스를 띠기 시작한다. 조금 전까지만 해도 보드랍고 우아하게 자신들의 우정을 이야기하던 이채연은 더 많은 멤버들을 만나며 한껏 용기가 생긴 여성처럼 파워풀하게 뼈의 마디마디를 분절한다. 마치 없는 것 같던 그의 뼈의 마디가 살아날 때, 서바이벌 프로그램인 '프로듀스48'의 혹독함을 극복하고 하나가 된 아이즈원 멤버들의 열정과 끈기, 나아가 용기를 얻게 된 이채연만의 세상도 또렷해진다. 혼자일 때도 잘하고, 여럿이서도 잘하려면 나와 상대의 세상을 모두 이해해야만 한다. 어쩌면 이채연은 춤을 연습한 게 아니라, 주변을 이해하는 연습을 해온 것일지도 모른다.

벌써, 청하의 시간

CHUNG HA

청하에 관해 설명하려면 시간이 오래 걸린다. Mnet '프로듀스 101'에서 가장 극적인 순위 상승을 이뤄낸 사람, 트레이너들의 극찬을 받으면서 등장해 〈뱅뱅BANG BANG〉 무대에서 자신의 창작 능력을 마음껏 펼친 사람, 많은 이들이 솔로 가수로는 성공하기 힘들 것이라고 했지만 결국 대중에게 자신을 각인시키는 데에 성공한 사람. 결코 간단한 단어 몇 개로는 청하의 지난 시간을 설명할 수 없다. 더더군다나 가수 청하가 아닌 댄서 김찬미로 살아온 시간이 지금의 청하를 만들었다는 점을 알게 된다면, '춤꾼', '카리스마' 같은 말들이 오히려 그를 이해하는 데에 방해만 된다.

예고 없이 나온 비욘세Beyonce의 음악에 자유롭게 춤을 추던 청하는 아무도 주목하지 않았던 구석진 곳에서 뾰족하게 튀어나온 수정 같았다. 그가 골반을 움직일 때마다 정해진 순서인 것처럼 머리카락이 자유롭게 흩날렸고, 이 모습은 그동안 정해진 틀 안에서 연습생 생활을 해온 많은 이들에게 놀라움과 해방감을 동시에 안겨 주었다. 이 놀라움과 해방감은 모두 쾌감으로 연결됐다. 오랫동안 댄스 팀으로 활동하며 춤 그 자체에만 집중해 온 사람만이 줄 수 있는 격렬한 쾌감으로.

〈롤러코스터Roller Coaster〉는 청하가 아이돌 가수로서 얼마만큼의 기본기를 갖췄는지, 여성 솔로 가수로서 자리 잡을 수 있을 만큼의 대중 소구력을 갖추고 있는지 보여주는 작품이었다. 그리고 몇 차례의 활동을 거치며 〈벌써 12시〉에 이르렀을 때, 청하는 '보내주기 싫은데'라며 신데렐라가 아닌 왕자의 눈빛을 하고 있었다. 박수를 치고 나서 본격적인 프러포즈의 순간이 도래하면, 아쉬워하며 느릿하게 움직이던 청하는 어느새 속도를 내서 전진한다. 성별에 관계없이 더 큰 자신감을 지닌 사람이 승자가 된다. 지난 5년간 청하가 보여 준 퍼포먼스 안에서, 청하는 때때로 애달픈 공주의 마음을 대변해야 할 때도 있었다. 다만, 무대 위에서 그는 단 한번도 표현을 망설인 적이 없었고 그것이 〈벌써 12시〉의 청하를 만들어냈다.

우리의 무대는 계속될 거야

돌이켜 보면, 〈뱅뱅〉무대에서 청하는 다른 연습생들처럼 여유 있게 자신의 매력을 뽐내지 않았다. 대신에 그는 정확한 타이밍에 완벽한 동작을 선보이는 데에 집중했다. 그 모습을 지켜보던 트레이너들이 말했다. "쟤 미쳤어" 어떤 꾸밈보다도 오로지 춤 하나에만 집중한 청하에게서 나오는 아우라는 K-POP 시장에서 쉽사리 보기 힘든 여성 가수의 모습을 예견하는 듯했다. 청하가 솔로 데뷔 싱글로 〈월화수목금토일〉을 들고 나왔을 때, 반응이 극명하게 갈렸던 것도 그의 춤에 기대를 걸었던 사람들이 많았기 때문이다. 하지만 이런 선택은 청하의 퍼포먼스가 춤이 아니라 음악에 있다는 점을 보여주었다. 〈뱅뱅〉의 춤은 기억해도, 무대를 위해 녹음한 〈뱅뱅〉의 보컬리스트가 청하와 전소미라는 사실을 아는 사람은 별로 없었으니까.

"지난주까지만 해도 저는 평범한 아르바이트생이었거든요." 2015년 4월 2일, 청하를 처음 만났을 때는 '프로듀스 101'이 끝난 바로 다음 날이었다. 처음으로 정식 인터뷰를 한다며 신기해하던 그는 2019년 5월의 어느 날, 저녁 공연을 앞두고, 조그만 방 안에서 입을 열었다. "연예인이 굉장히 다른 직업인 줄 알았어요." 자신에게 전혀 허락될 것 같지 않던 무대 위에서의 시간이 이제는 청하의 시간으로 오롯이 주어진다. 모가 난 것처럼 보였던 수정은, 꿋꿋하게 자라나서 누구보다 화려한 빛을 내뿜고 있다. 자신을 바라보는 사람들의 선망 어린 눈길을 한층 반짝이는 에너지로 만든다. 당연히, 이 에너지는 청하 혼자만의 것이 아니다. 청하를 바라보고 있는 관객이 그와 함께 나누어 갖는 것이다.

청하

청하(CHUNG HA)는 2015년 Mnet '프로듀스 101'에 출연해 최종 4위로 걸그룹 I.O.I의 멤버가 되었다. 프로젝트 그룹이었던 I.O.I의 활동 기간이 만료된 후, 솔로 가수로 [월화수목금토일], [핸즈 온 미Hands On Me], [오프셋Offset], [블루밍 블루Blooming Blue], [벌써 12시], [플러리싱Flourishing], [스테이 투나잇Stay Tonight] 등의 앨범 및 싱글을 발표했다. 2020년 제29회 하이원 서울가요대상 본상, 2020년 제9회 가온차트 뮤직 어워즈 올해의 음반 제작상 (MNH엔터테인먼트), 2020년 제9회 가온차트 뮤직 어워즈 올해의 핫 퍼포먼스상 등을 수상했다.

춤을 추기 시작한 이유

벌써 5년차 가수가 됐어요. I.O.I로 데뷔하고 난 후에 많은 것들이 바뀌었는데, 공백기 없이 쭉 활동을 이어왔다는 게 놀랍더라고요.

얼마 전에 싱가포르 팬미팅 때 팬들이 만들어준 영상을 보고 감격했어요. 감사한 일이죠. 제가 그동안 활동을 쉬지 않고 이어 왔거든요. '프로듀스 101' 첫 촬영 날부터 한 번도 쉬지 않고 달릴 수 있게 해준 힘이 팬들에게서 나온 것 같아요. 사실 I.O.I 멤버들이 있을 때는 나눠서 했던 일이었는데, 저 혼자니까 더 열심히 하게 되더라고요.

지치지 않고 활동할 수 있었던 건 그만큼 무대가 간절했기 때문이겠죠.

솔직히 가수나 연예인이라는 꿈은 원래 누구나 한번쯤 꿔보는 거잖아요. TV에 내가 나오면 얼마나 좋을까 생각해 보는 거, 딱 그 정도죠. 노래 부르는 것도, 춤추는 것도 좋아했지만 그 세계는 닿을 수 없는 우주 같은 느낌이었어요. 내 미래라고 고민을 깊게 할 만큼 실현될 가능성이 있는 꿈이란 생각조차도 못했던 거죠.

댄서가 아니라 가수가 되고 싶었던 거고요.

가수가 되고 싶었던 거지, 춤에 이렇게까지 열정을 갖게 될 거라고는 상상을 못했어요. 그 정도로 관심이 많았던 건 아니었거든요.

그러다 댄스 팀으로 활동을 하게 된 건데. (웃음)

그러니까요. 신기하죠? 오히려 노래보다 춤과 거리가 멀었어요. 노래는 흥얼거릴 수 있는데, 춤은 막상 누가 시키면 대부분의 사람이 얼어버리잖아요. 저도 똑같았어요. 그런데 고등학교 때 기숙사에 살면서 갇혀 있는 기분을 느꼈거든요. 제가 졸업한 학교가 크리스천 학교라서 음악을 틀 수 없었어요. 친구들이 좋아하는 아이돌 노래를 몰래 녹음해 왔고, 다 외워 와서 부르고 그랬죠. 그때 친구들과 음악을 듣고 춤을 추면 기분이 좋아진다는 걸 알게 됐어요.

지금의 청하 씨를 생각하면 상상할 수 없는 모습이네요.

여기까지 오게 된 계기도 특이해요. 여름방학 때 숙제를 다 끝내고 나니까 너무 심심하더라고요. 무료한 것도 싫고, 시간 버리는 게 아까워서 친구랑 장난삼아서 그랬어요. "우리 기숙사 들어가기 전에 댄스학원 한번 가보자!" 마침 저희가 알아본 학원이 오픈한 지가 얼마 안 돼서 방학 때 학생들을 오게 하려고 '1+1' 행사를 하고 있었거든요. 돈도 아낄 수 있고 신나더라고요. 바로 가서 한 달 정도 방송안무와 걸스힙합을 배웠어요. 참, 걸스힙합이라는 장르는 원래 없어요. 여자가 추는 힙합에 이름을 그렇게 붙인 거죠.

장르와는 큰 상관없이 춤 자체에서 즐거움을 느낀 거네요.

힙합도 방송안무도 재미있었어요. 막상 학원에 가니까 춤이 저에게 잘 맞는다는 걸 제대로 알게 된 거죠.

칭찬도 많이 받았죠?

제가 귀가 좀 얇아요. (웃음) 어느 날엔가 학원 선생님과 화장실에서 짧은 대화를 나눴거든요. "몇 살이냐", "뭐 하냐" 이런 걸 물어보시더라고요. 그냥 평범한 학생이라고 그랬죠. 전문적으로 춤을 춰본 적이 있냐고 물어보시기에 "없어요" 했더니 "계속 해도 좋을 것 같아요"라고 딱 얘기하고 나가시는 거예요. 그때부터였던 것 같아요. 신기하게도 그 말을 듣고 나서부터 욕심이 생겼어요.

원래 칭찬을 들으면 더 잘하는 사람인가요.

맞아요. 칭찬을 들으면 해내겠다는 의지가 더 강해지는 편이에요. 그때부터 더 열심히 했는데 한 달이 너무 일찍 끝나버리더라고요. 기숙사로 돌아오고 나니까 춤출 때의 기분과 거울 속의 제 모습이 잊히지를 않았어요.

기숙학교라는 특성상 학원에 가려면 부모님을 설득해야 했을 텐데요.

엄마가 저와 했던 약속을 안 지키고 계시는 상황이었거든. 그래서 설득할 명분이 있었어요. 제가 미국에서 고등학교를 다녔는데, 엄마가 미국에서 저를 데려올 때 본인만의 계획이 있으셨대요. 저는 엄마와 같이 한국에 들어오고 싶어서 그냥 하라는 대로 서류 작성을 했는데, 그게 기숙학교 서류였던 거죠. 그때까지도 '엄마가 설마 나를 기숙학교에 보내겠어?'라는 마음으로 쓴 건데, 정말 보내신 거예요.

약간 속은 기분이 들었을 것 같기도 해요. (웃음)

얼마나 나오고 싶었겠어요. (웃음) 엄마가 성적을 높게 받아오면 제 뜻대로 해주겠다고 하셔서 진짜 엄마가 원하시는 만큼 성적을 받아서 갔어요. 그런데 안 내보내 주시는 거죠. 춤을 춰야겠다는 생각이 들었을 때 그걸 무기로 엄마한테 딱 선전포고를 했어요. 나는 약속을 지켰다. 약속을 안 지킨 건 엄마니까 약속을 지켜 달라고요. 나는 춤추는 게 정말 좋고, 선생님도 앞으로 계속 해봐도 좋겠다고 말씀을 해주셨다는 걸 그 자리에서 다 말씀드렸어요. 만약에 하다가 내가 재능이 없다는 걸 알게 되면 깔끔하게 포기하겠다고.

어머니께서 뭐라고 하시던가요.

춤은 춰도 된다고 허락해주셨어요. 하지만 한국에서는 어디를 가도 살아남기가 힘들다고, 한국에는 뭐든지 잘하는 사람이 너무 많으니까 너도 네가 잘할 수 있는 기술직을 찾아서 그걸 배우라고 하셨어요. 저 손재주 정말 없거든요. 그래도 약속을 하고 그때부터 죽을 등 살 등 물고 늘어진 것 같아요. 본격적으로 댄스 팀 생활을 하기 시작한 거죠.

그때부터 춤을 추게 된 거군요.

어렵게 시작한 거니까 '더 열심히 해야 된다', '더 해야 한다' 그런 생각만 들었어요. 제가 아주 열심히 해왔다는 건 지금에서야 알게 된 것 같아요. 솔직히 10대 때 즐길 수 있는 것들은 거의 안 해봤을 정도로 계속 춤만 췄어요. 심지어 춤을 안 춰도 댄스 팀 언니들이랑 계속 있었으니까요. 학원 근처 카페에 가서 좀 쉬고, 다시 와서 눈치 보면서 또 춤추고 그랬죠. 학원 끝나고 나서는 연습실 따로 잡아서 하고, 그 다음날 아침에 와서 청소 시작하고 선생님한테 과제 받고, 바로 동그라미 표시 해 가면서 하드 트레이닝 시작하고……. 저녁에 수업 받고, 잠깐 밥 먹다가 또 눈치 보이니까 들어오고요. 대회에 나갈 때가 되면 새벽에 동대문 시장에 가서 언니들하고 원단을 떼 왔어요. 옷을 만들고, 수선도 직접 했는데 가끔씩 "내가 왜 바느질을 하고 있어야 해? 언니, 이거 너무 웃기지 않아?" 하고 투정도 부리고 그랬던 것 같아요.

의상까지 직접 수선했다는 게 놀라워요.

춤이 몸을 움직이는 것만으로 완성되지 않는다는 걸 그때 배웠어요. 선생님이 바느질을 더 하라고 하시면 '내가 이걸 대체 왜 하고 있지? 무대 위에서 춤만 춰도 되는 것 아닌가?' 그랬거든요. 하지만 그 의상을 준비하는 과정 자체가 춤이 다가 아니라는 뜻이잖아요. 무대 위에 오르기 위해서는 내가 추는 춤, 내가 보여주고자 하는 퍼포먼스에 어울리는 의상과 소품도 필요했던 거죠. 친구들과 호흡을 맞추는 것도 중요했고요.

'프로듀스 101'이 남긴 것들

Mnet '프로듀스 101'은 청하 씨를 이야기할 때 빼놓을 수 없는 콘텐츠잖아요. 많은 무대를 보여줬는데, 예전에 한 인터뷰에서 인상 깊었던 순간으로 〈핑거팁스FINGERTIPS〉를 꼽은 게 좀 의외였어요.

예전에는 그렇게 생각했었나 봐요. (웃음) 지금 와서 생각해보면 처음 등장했을 때와 〈뱅뱅〉이 가장 인상 깊었던 순간인 것 같아요. 〈핑거팁스〉 때는 가장 힘들었기 때문에 기억에 남았을 수도 있어요. 다 끝났으니까 이제 와서 말할 수 있는 건데요. '이 프로그램을 내가 이렇게까지 해야 하나?' 싶었던 순간이 딱 그때였거든요. 각자 원하는 곡을 선택해서 방에 들어가면 모인 멤버들끼리 일단 연습을 진행해요. 그러고 나서 순위 발표식을 한 다음에 남아있는 사람들끼리 멤버를 재정비하는 거죠. 만약에 인원이 7명이면 정해진 인원수대로 맞춰야 하는데, 너무 많으면 방출을 해야 하고 적으면 데려와야 하는 시스템이에요. 심리적으로 너무 힘들었어요.

경쟁 시스템 자체가 부담스러웠던 걸 수도 있겠네요.

다 같이 힘들게 준비한 무대잖아요. 그런데 막상 첫 음원 공개를 앞두고 누군가는 방출이 돼서 헤어지게 되는 거라……. 서바이벌 프로그램이라는 점을 떠나서 일단은 나라는 사람이 너무 슬프더라고요. 세상이 돌아가는 이치가 이렇다면 어쩔 수 없지만, 그걸 받아들이는 것 자체가 무척 힘들었어요.

그렇다면 '프로듀스 101'에 참여한 것 자체가 조금 놀랍기는 해요.

처음에 PD님을 만났을 때도 그랬어요. "제가요? 저 101명과 경쟁을 한다고요? 저는 기획사도 없고요. 지금 막 만나서 저를 잘 모르셔서 하시는 말씀 같은데, 이쪽 일을 할 생각도 없고, 누구랑 싸울 마음도 없어요." 워낙 당황해서 크게 웃었던 기억이 나요. 그때는 아주 평범하게 아르바이트 하면서 살고 있었거든요.

막상 참여하고 난 뒤에도 심적으로 편하지는 않았겠어요.
11명 안에 들려면 표를 많이 얻고 다른 사람을 이겨야 되는 거잖아요. 그게 너무 싫어서 처음부터 그 프로그램에 출연할 때는 경쟁이라는 생각 없이 참여하려고 노력했던 것 같아요. 가끔씩 울거나 불안한 모습을 내비쳤던 이유도 제가 경쟁에서 져서 그런 게 아니고요. 주변에서 사람들이 떠나가거나 친구들이 불안해하는 모습을 봤기 때문에 슬퍼서 울었던 거예요. 제 순위가 불안해서 울었던 적은요, 정말 단 한 번도 없어요.

아무리 경쟁을 싫어하는 사람이라도 계속 프로그램이 진행되다 보면 나도 모르게 거기에 동화될 수도 있었을 텐데요.
순위는 올라가기도 하고 내려가기도 하는 거잖아요. 제가 특별히 한 게 없는데 50위권보다도 위에 있는 순위를 받으면 신기하다는 생각이 들었거든요? 딱 그 정도였고요. 나중에 순위가 쭉 올라가는 걸 보게 됐을 때는 '진짜로 점점 올라가네? 어쩌다가 이런 스토리가 만들어졌지?'라는 생각만 했죠. 신기하고 감사할 뿐이었어요.

가장 놀라운 성장세를 보인 연습생 중 한 명이었던 건 사실이죠. 그리고 '프로듀스 101' 안에서 청하 씨는 유독 창작자로서의 면모가 많이 부각됐고, 거기에 주목한 분들이 많았어요.
편집의 힘이라는 게 참, 좋기도 하고 동시에 무섭다는 생각이 들었어요. 제 입장에서는 감사하게도 짧은 시간 안에 저를 좋게 봐주신 PD님이 화면에 많이 내보내 주신 것 같아요. 그러면서 언급이 자주 됐고, 그 덕분에 좋은 결과를 얻게 된 거죠. 물론 창작 미션에서는 선생님들 도움 없이, 기존의 안무를 가져다 쓰지 않고 만들어낸 게 맞긴 하죠. 하지만 그런 평가도 제가 I.O.I가 됐기 때문에 받을 수 있었던 것 같아요. 멤버가 된 후에 저를 좋게 봐주신 분들이 생기면서 대중에 알려진 것뿐이에요.

TV에 드러나지 않았던 연습생 친구들을 보면서 안타까운 마음도 들었겠네요.

그 당시에 저보다 더 많이 성장한 친구들도 있었을 거고요. 더 좋은 창작을 해낸 분들도 많았을 거예요. 단지 I.O.I 멤버가 되지 않았다는 이유로 다른 연습생들의 활약을 잘 모르시는 분들이 너무 많아서 안타까웠어요.

〈뱅뱅〉 안무를 짤 때는 어땠어요. 많은 책임이 주어진 무대였고, 이 무대를 계기로 청하 씨를 주목하는 사람이 더 늘었죠.

〈뱅뱅〉 안무는 처음에 한 관계자 분이 보고 싹 다 고치라고 하셨거든요. 그때 처음으로 "싫다"라는 말을 했던 것 같아요. 멤버들의 의견이 많이 들어가 있는 안무였고, 모두 다 그 안무를 좋아했기 때문에 만약에 이걸 바꿔야 한다면 친구들의 동의를 얻어야 한다고 생각했어요. 그래서 그분께 말씀드렸죠. 저를 설득하기 전에 멤버들부터 설득시켜달라고요.

멤버들이 청하 씨에 대한 믿음이 강할 수밖에 없었겠는데요.

만약에 멤버들이 '원래 안무보다 더 좋아요!'라고 박수칠 수 있는 안무를 가져오셨으면 그걸로 바꿨을 거예요. 그게 아니라면 욕을 먹어도 멤버들이 마음에 들어하는 상태로 욕을 먹어야 마음이 편하잖아요. 만약에 멤버들도 마음에 안 들어하는데 나중에 비판까지 받으면 어떡해요. 일단은 저희가 만족하는 무대가 나와야 어떤 상황에서도 후회는 안 할 것 같았어요. 그래도 계속 걱정을 하시기에 결과는 제가 책임지겠다고, 무조건 이걸로 가겠다고 했어요.

굉장한 강단이 느껴지는 에피소드네요.

데뷔도 안 한 연습생이 방송국에서 그런 이야기를 하다니……. 솔직히 무슨 정신으로 말했는지 아직도 모르겠어요. 잠을 너무 못 자서 그랬을 수도 있고요. (웃음) 멤버들과 있었기 때문에 더 힘을 낼 수 있었던 거죠. 안무를 본 멤버들이 "언니, 좋아요" 이 말을 해주니까 힘이 났거든요.

청하의 춤

춤을 배우면서 가장 집중해서 익힌 요소는 뭐였나요.

춤은 귀도 좋아야 하지만 눈이 중요해요. 관찰력이 좋아야 빨리 늘어요. 자기 모습이 거울 안에 있을 때 이건 별로다, 저건 예쁘다, 옆에서 하는 저 사람은 저게 예쁘다, 저 부분이 좋다 이런 걸 빨리 판가름할 수 있어야 내 것으로 습득이 되고 자연스럽게 늘어요. 노래도 빨리 늘려면 귀가 좋아야 한다고 하잖아요. 춤도 그래요. 선생님들이 설명하실 때 각자의 손짓 하나하나까지 다르거든요. 저는 그 손짓도 굉장히 중요하다고 생각해서 관찰을 많이 하는 편이었어요.

말만으로는 그 사람의 의도를 읽기도 어렵죠.

배울 때도 선생님과 소통하는 데에 있어서 사소한 행동들이 무척 중요한 역할을 한다고 봐요. 이 선생님은 설명을 하실 때 어떻게 움직이시는지 보고, 나는 저걸 어떻게 활용해야겠다고 생각을 하죠. 또 선생님의 스타일링을 보면서 공부할 수도 있어요.

자기 색깔을 만들어가기 위해서 선생님들의 이미지를 공부한 거네요.

보지 않고 귀로 듣기만 해서 이미지 트레이닝이 가능하다면 당연히 좋겠죠. 하지만 춤뿐만 아니라 대부분의 공부에서 처음에는 자기가 배우는 선생님을 따라가게 되잖아요. 그때 관찰력이 좋아야 나의 것으로 만들 수 있는 거죠. 예를 들어서 손을 옆으로 뻗었을 때도 모양이 조금씩 다르거든요. 팔꿈치를 끝까지 뻗는 동작도 있고, 조금 굽혀서 남겨두시는 경우도 있죠. 한 번은 제가 "선생님, 왜 다 안 뻗으세요?" 하고 여쭤보니까, 뼈가 갈리면 안 되니까 다 안 뻗는 거래요. 그래서 팔굽혀펴기도 계속 시키는 거라고 하더라고요. 처음으로 동작들이 조금씩 다 다른 이유를 알게 됐죠.

청하 씨의 눈썰미가 유독 좋은 것 같아요.

선생님도 눈과 귀가 좋다고 말씀해 주셔서 기뻤어요. 사실은 제가 사람들 관찰하는 것도 좋아하고, 누구 흉내 내는 것도 좋아해요. 발걸음, 제스처 같은 행동을 따라 해요. 친한 친구들이랑 평소에도 높은 카페에 가서 사람들을 내려다보고 흉내를 내요. 예전에는 밴디트[BVNDIT] 이연이랑 되게 자주 그러고 있었어요. 진짜 하는 일도 없는 애들 둘이서 아침 일찍 카페에 갔어요. 곧 아르바이트 하러 가야 되니까 신세한탄도 하면서. (웃음) 그렇게 보고 있으면요, 연인도 있고, 싸우는 사람도 있고 그래요. 그런 모습들을 둘이 묘사하면서 놀고는 했어요.

학원에서 배운 것들이 무척 많겠어요. 동작의 기본기도 그렇지만, 이연 씨와의 관계도 그렇고, 지금 맺고 있는 대부분의 인간관계도 거기서 만들어진 거잖아요.

왁킹 클래스에 굉장히 유명한 선생님이 오셨던 적이 있거든요? 그런데 백날 팔 뻗기만 알려주시는 거예요. 이미 다 할 줄 아는 건데도요. 그러다 한 달짜리 레슨이 끝나 버리니까 솔직히 돈이 좀 아까웠어요. 10만 원 넘게 내고 다니는데 너무 배운 게 없잖아요. 하지만 잘 생각해 보니까 배운 점이 있더라고요. '아, 레슨은 이렇게 하면 재미가 없겠구나.' 다 얻어가는 게 있는 거죠.

아이돌 가수로 일을 하다 보면 그런 생각이 들 때가 많을 것 같은데요.

그렇죠. 겉으로는 배울 게 없는 것 같은 사람을 봐도, 어쨌든 배울 게 있어요. 그 사람에게 좋은 모습도 있고, 안 좋은 모습도 있는데 만약에 제가 본 게 안 좋은 모습뿐일 수도 있잖아요. 그걸 보면서 '나는 나중에 저렇게 하지 말아야지' 그런 마음을 먹게 돼요.

춤을 추면서 가장 힘들었던 때는 언제예요?

어릴 때는 잘해야 한다는 압박감이 심했는데 그걸 이겨내는 것 자체가 힘들었어요. 제가 배틀을 싫어했거든요. 프리스타일 댄스를 좋아해서 배틀에 강한 편인데도 성격에 너무 안 맞았어요. 아까 말씀드린 것처럼 경쟁을 해야 되는 상황 자체가 싫거든요. 특히 춤으로 다른 사람을 이겨야 된다는 건 더 싫어요.

배틀 상황에 놓이면 어떤 기분이 들던가요.

오로지 제가 할 수 있는 테크닉만 갖다 박는 느낌이었죠. 에너지를 받는 게 아니라 에너지를 쏟아붓기만 하는 거라고 보시면 돼요. 물론 배틀을 좋아하는 사람들은 저와 반대예요. 내가 어떤 동작으로 공격을 했을 때 상대방이 더 큰 동작으로 공격을 하죠. 그러면 거기서 에너지를 받고 한 번 더 공격을 할 수 있는 힘이 생기는 거죠.

'프로듀스 101' 이야기를 할 때도 느꼈지만, 경쟁 자체가 주는 압박감을 싫어하는 거군요.

사람을 이기는 것뿐만 아니라 내 앞에 놓인 뭔가를 뚫고, 뛰어넘고 이겨야 한다는 생각이 드는 걸 별로 좋아하지 않나 봐요. 춤출 때 이게 경쟁이라는 생각이 들면 그때부터는 음악도 잘 안 들려요. '이 사람을 어떻게 이겨야 하지?' 같은 질문부터 하게 되니까 동작의 흐름을 정해놓게 되거든요. 그 순간에는 재미도 없고, 새로운 제 모습을 발견할 수도 없어요.

춤을 추는 사람에게는 개성이라는 게 무척 중요한 요소잖아요. 그게 경쟁 대상이 되는 게 싫은 것 아닐까요?

차트도 마찬가지예요. 1위를 했던 곡도 언젠가는 100위권 밖으로 나가게 마련이고, 100위권 바깥에 있던 곡도 갑자기 상위권으로 올라올 수 있어요. 세상은 자꾸 비교를 원하는데, 제발 안 그랬으면 좋겠어요. 개인의 모습을 존중했으면 해요. 저 사람은 저 사람의 스타일이 있고, 이 사람은 이 사람의 스타일이 있다고요. 1위부터 100위까지 누가 더 잘하나 순위를 매길 수도 있겠죠. 그런데 그 숫자가 평생 동안 그 사람을 말해주는 건 아니잖아요. 춤도 완벽하게 점수를 매길 수 있는 건 아니라고 생각했는데, 어느 날부터 점수제가 되고, 선생님으로부터 너무 많은 평가를 받는다고 느껴지니까 재미가 없어지더라고요. 게다가 재미가 없는데도 불구하고 저는 그걸 뛰어넘고 뭔가를 해내야 하는 거고. 그런 상황들이 너무 싫었죠.

프리스타일 댄스에 자신이 있다고 했는데, 요즘은 즐기는 것도 쉽지 않겠어요. 주목하고 있는 눈이 너무 많아서요.

요즘은 연습을 못해서 조금 걱정돼요. 관심도 많이 떨어졌고요. 아무래도 프리스타일 댄스보다는 가수로서 먼저 해야 할 일들이 많다 보니 그렇게 된 것 같아요. 이제는 나의 안무, 퍼포먼스에 대해 고민을 해야 하는 시기이기도 하고. 인터뷰든, 라디오든 자칫 말을 잘못해서 기사가 이상하게 나가지 않을까 신경 써야 하니까 말하는 연습을 하는 데에도 시간을 많이 써야 하죠. 아, 그리고 방송 활동을 하면서도 프리스타일이 배틀처럼 변했다는 게 느껴질 때가 종종 있어요. 예능 프로그램에 나가면 "한 명씩 프리스타일 해 볼게요!" 하는 경우가 있거든요. 그때도 재미있어서 하는 것 같지는 않아요. 압박처럼 느껴지고, 배틀을 하는 것처럼 생각하게 돼요.

아무래도 현장에서 춤을 추다 보면 반응도 바로바로 느껴지니까요.

현장에서만 느껴지는 분위기가 있죠. 카메라 바깥에 계시는 스태프 분들을 비롯해서 많은 분들이 자기도 모르게 표정이라든가 제스처로 반응을 하고 계시거든요. 내가 잘하는지 못하는지 금방 알 수 있어요. 만약에 그때 제가 만족스러운 반응을 못 얻으면 슬럼프가 오죠. 고민이 시작돼요. '아, 내 실력이 줄었구나. 청하야, 네가 방금 뭘 놓쳤지? 음악이 잘 안 들렸나?' 이런 식으로 사소한 것까지 고민하게 되는 거예요.

슬럼프가 왔다는 걸 어떻게 알게 되나요.

바로 이어폰을 끼고 다른 팝을 틀어요. 그 다음에 머릿속으로 나의 몸이 움직여지나 안 움직여지나 그려보는 거죠. 만약에 그 순간에 브레인 프리즈brain freeze: 두뇌가 작동을 멈추는 것, 머릿속에서 아무 생각이 떠오르지 않는 상태를 의미가 오면, 스스로 여유가 정말 없는 걸 수도 있고요. 재미를 잃은 걸 수도 있어요. 아무튼 뭔가 이유가 있겠죠. 그럼 전 또 그 이유를 찾느라 바빠요. 별명이 '걱정인형'인데, 그 말이 딱 맞는 것 같아요.

〈롤러코스터〉 안무 오프닝은 인상적이라는 평과 선정적이라는 평이 함께 있었어요. 그때도 걱정이 많았겠어요.

그게 2~3초 밖에 안돼요. 옷을 아예 짧게 입고 춤을 추거나, 노출이 심한 옷을 입고 하는 것도 아니었기 때문에 사실 큰 문제가 될 거라고 생각하지는 않았어요. 아니, 솔직히 아무 생각 안 했어요. 그렇게 생각하려고 애를 쓴 거지만……

노력한 거네요.

'선정적이라는 말을 들을 수 있겠구나. 그래도 난 이게 좋아' 되뇌는 거죠. 나중에 둘러보니까 긍정적인 의견이 반, 부정적인 의견이 반이더라고요. 제가 눕는 게 싫어서 팬 분들이 일부러 거부감을 표현해주신 것도 있었고요. 하지만 정작 저는 〈뱅뱅〉 때와 똑같았어요. 내가 좋아서 했으니까 된 거예요.

〈와이 돈 츄 노우Why Don't You Know〉, 〈롤러코스터〉, 〈벌써 12시〉 등 섹시한 느낌의 안무를 선호하는 것 같아요. 〈러브 유Love U〉에서도 발랄하지만 팔과 골반의 움직임이 눈에 잘 띄었어요.

개인적으로 섹시한 안무를 좋아해요. 다리를 위로 뻗는 안무는 일부러 야하게 추고 싶어서 의도한 게 아니에요. "난 야하게 출 거야!" 이러고 춤을 추는 게 아니라는 거죠. (웃음) "언니, 나 처음부터 섹시하게 눕고 시작할 거야" 이런 식으로 정해놓고 시작한 게 아니기 때문에 지금처럼 스스로를 다독일 수 있는 것 같기도 해요. 그냥 신기하지 않아요? 그 동작을 할 때는 롤러코스터를 타면서 다리가 흔들리는 기분이 들어요.

설명을 들으니 안무의 흐름이 더 잘 이해돼요. 다만 댄서의 의도가 어떻든 대중은 다르게 받아들일 수도 있다는 점을 감안해야겠죠.

그래서 더욱이 "야하다", "선정적이다" 같은 말을 듣는 것에 대해 두려움이 있으면 안 된다고 생각해요. 춤에는 정답이 없잖아요. 추는 사람마다 표현 방식이 다를 뿐이죠. 물론 불편해하시는 분들이 너무나 많아지면 당연히 고민을 해 봐야죠. 그런 부분을 넣지 않으려고 자제도 할 거고요. 저는 대중음악을 하는 사람이니까요. 하지만 〈롤러코스터〉 같은 경우에는 많은 분들이 커버를 해 주시기도 했고, 노래에도 좋은 반응을 보여주셔서 저도 저만의 중심을 지킬 수 있었던 것 같아요.

그럼요. 모든 사람들을 만족시킬 수는 없으니까요.

어떤 경우에도, 누구나 100% 만족할 수는 없을 거예요. 〈벌써 12시〉를 생각해봐도 그래요. 후렴구 춤이 심심하고 재미없다고 생각하실 수도 있거든요. 특별한 동작도 없고, 걷는 동작을 반복하다가, 손짓 한 번 줬다가, 시선 처리하는 게 끝이잖아요. 보시는 분들이 본인의 생각을 계속 말씀해주시는 것 자체가 감사한 일 같아요. 만약에 제 무대를 보고 누군가가 악성 댓글을 썼다고 쳐요. 그 댓글을 쓰기까지 굉장한 노력이 있었을 거거든요. 무대도 봤을 거고. 좋은 댓글은 더더욱 많은 정성이 들어간 거라고 생각하기 때문에 악성 댓글보다 감사한데요. 개인적으로는 댓글을 써본 적이 없어서 그런지 악성 댓글을 다는 것조차도 굉장한 노력이라는 생각이 들어요. 상처도 가끔 받죠. 대신에 많은 분들이 좋아해 주시는 만큼 금세 회복되고요.

그동안 보여준 안무 중에서 가장 마음에 들었던 건 뭔가요.

이게 가장 어려운 질문인 것 아세요? (웃음) 다 좋은데. 〈벌써 12시〉도 정말 좋아했고요.

〈벌써 12시〉는 의상으로도 많이 화제가 됐어요. 시상식에 제복을 입고 황제처럼 등장했잖아요. 여성 아이돌 중에서 그 정도로 위압감을 주는 제복을 입고 등장한 사례는 처음이었다고 해도 과언이 아니죠.

처음에 저도 그 의상을 보고 놀랐어요. '프린스 차밍prince charming' 같은 느낌으로 하면 된다고 하시더라고요. (웃음) 솔직히 저도 공주보다는 왕자가 좋아요. 공주 캐릭터 중에서 가장 좋아하는 캐릭터를 꼽으라면 아나스타샤이기도 하고.

〈벌써 12시〉라는 곡이 가진 매력 중에 하나가 성별에 관한 편견을 깬 가사이기도 한데요.

처음에는 작사가 분이 남성이라 그런 가사가 나온 건가 싶기도 했어요. '어떡해 벌써 12시 네 보내주기 싫은데'는 일반적으로 여성이 얘기하는 대사가 아니고 남성 입장에서 얘기하는 대사잖아요. 인상적이었죠.

청하 씨는 섹시한 안무를 많이 추는데, 거기에서도 자기만의 주관이 뚜렷한 여성의 모습이 더 강조돼요. 그게 건강하다는 느낌을 주고요.

팬 분들이 디제이 스네이크^{DJ SNAKE}의 〈타키 타키^{TAKI TAKI}〉 같은 댄스 브레이크 영상들을 많이 좋아해 주시는 것 같아요. 그런데 〈타키 타키〉는 그 당시에 제가 봐도 선정적이라는 생각이 들더라고요. 그래서 후반부에서 지나치게 섹시하다는 느낌이 드는 안무는 의도적으로 빼려고 했어요. 이런 식으로 많은 고민을 거치면서 보여드린 것들이기 때문에 곡의 길이와 상관없이 거의 다 마음에 들어요.

시상식이나 단체 콘서트에서 잠깐 보여주고 끝낸 게 아쉬울 만큼 만족스러운 퍼포먼스도 많았겠어요.

너무 잠깐 보여드리니까 슬플 정도죠. 그래서 팬미팅 때 주구장창 해요. 시상식 때만 하는 안무들도 정말 좋은데, 짧은 시간 안에 준비해서 화려한 연말 무대에서 한 번 딱 보여드리고 끝인 게 아쉽잖아요. 특히 시상식 같은 경우에는 '별하랑(청하의 공식 팬클럽 이름)' 뿐만 아니라 많은 가수 분들의 팬덤이 와 계시기 때문에 그날 상황에 따라서 제가 뭘 하는지 팬 분들 눈에 잘 보이지 않을 가능성이 높죠. 이런 경우에는 나중에 팬들이 "언니, 팬미팅 때 다시 해 주세요! 가까이에서 보고 싶어요!" 하면 그대로 다시 보여드리는 편이에요. 팬미팅을 위해서 새로 만드는 것들도 있지만, 아쉬워하는 분들에게 기존의 것들을 다시 보여드리는 것도 중요하다고 생각해요.

반대로 청하 씨 입장에서 제대로 보여주지 못해서 아쉬움이 남는 곡은 무엇이었나요.

모든 곡이 늘 아쉬워요. 활동했던 곡들은 싹 다 아쉬운 것 같아요, 완벽했던 게 없죠. 그중에서도 제가 가장 어려워한 곡은 〈러브 유〉예요. 하트 그리는 동작이 부끄러워서 잘 못

했어요. 아직도 할 때마다 어색해요. 저와의 시간이 좀 더 필요한 친구랄까……. 계속 방방 뛰는 동작 위주라 숨이 차기도 하고요.

솔로 가수이지만, 솔로 가수가 아닌

청하 씨의 댄서 구성이 좀 독특하다고 들었어요. 모두 친구들이라면서요.
지금 저랑 무대에 같이 서는 분들은 다 그때부터 저와 댄스 팀을 함께했던 댄서 친구들이에요.

각별한 사이일 수밖에 없겠어요. 사적으로 친구이면서, 일도 같이 할 수 있는 사람들은 드물잖아요.
정말 친하게 지내요. 10년이나 됐기 때문에 가족 같고, 없으면 불안해요. 댄서들과 같이 하는 스케줄이냐 아니냐에 따라 저의 컨디션이 달라지기도 해요. 해외에 나가도 꼭 제 방에서 같이 룸서비스를 시켜 먹고요. 스케줄 없어도 심야영화 보러 가고, 집에서 같이 놀고, 자고 하는 사이에요. 잠깐이라도 같이 했던 언니들이 있으면 그분들과도 꾸준히 안부를 나누고요.

솔로 가수로 활동하면 많이 외롭다고들 하잖아요.
저는 멤버가 없지만, 있기도 해요. 물론 공식적인 자리에 함께 앉아있을 수는 없겠죠. 그런데 그 외의 스케줄에는 꼭 함께해요. 혼자 있는 시간이 생각보다 적어요. 사람들이 생각하는 것보다 외롭지 않은 이유예요. 실제로 가끔씩 '내가 발라드 가수였으면 어땠을까?' 생각해 보는데요. 너무 외로웠을 거 같아요. 개인적으로는 그 외로움을 견디기 힘들었을 수도 있어요. 왜냐하면 저는 I.O.I로 데뷔했잖아요. 11명이었다가 혼자가 된 거라 남들보다 더 허전한 게 컸어요. 그 외로움을 댄서 분들이 채워주고 계시는 거죠.

처음에 친구들을 댄서로 데려온다고 했을 때 회사에서 놀라지는 않았나요?

놀라지는 않으셨던 것 같아요. 워낙에 제가 과거부터 어떻게 해왔는지 여러 차례 말씀드렸고, 회사에서도 댄스 팀 멤버들과 저의 관계성을 다 알고 나서 솔로로 데뷔시켜 주신 거라서요. 남미 언니도 제가 연습생 때 데려온 분이거든요. 그리고 남미 언니를 데려왔을 때 다른 댄서 친구들에 대해서 설명을 해둔 상태였어요. 나중에 정식으로 데려올 때 "이분들이 그때 말씀드린 그분들이에요"라고만 하면 됐죠. 지금은 스태프 분들도 댄서 친구들을 다 좋아해 주시니까 감사하고 기뻐요.

최남미(최리안) 안무가와 가장 많은 작업을 함께했죠?

맞아요. 데뷔 때부터 같이 했고, KCON 갔을 때 보여드린 댄스 브레이크 같은 건 거의 다 언니가 짰어요. 〈타키 타키〉도 좋았고, 아리아나 그란데의 〈세븐 링스〉 같은 거요. 이런 무대는 제 의견보다는 언니 의견으로 가요. 그런데 언니도 생각이 많은 편이라, 여러 가지 보기를 놓고 저에게 어떤 게 좋은지 물어보죠. 그럼 제가 "이거랑 저거가 좋아" 하고는 한두 번 해본 다음에 우리 콘셉트에 더 맞는 걸 찾아가는 거예요.

청하 씨의 춤에도 많은 영향을 끼친 분이겠어요.

어릴 때부터 언니의 '춤선'을 굉장히 좋아했어요. 정말 예쁘게 춤을 췄거든요. '이렇게 예쁘게 춤을 추는 사람도 있구나' 하고 저에게 충격을 안긴 사람 중 한 명이기도 해요. 아직까지도 언니만큼 춤을 예쁘게 추는 사람은 없다고 생각하고요. 앞으로 더 유명해질 수 있는 안무가라고 보는데, 함께하지 못할 수도 있었던 사람이라 더욱 소중해요. 지금 댄서 친구들은 학원 시절부터 같은 팀이었는데, 언니와는 다른 팀이었거든요. 게다가 언니가 선배이기도 했고요. 나중에 언니가 학원 일을 다 그만뒀다는 소식을 듣고 냅다 연락해서 "언니, 나랑 같이 일하자" 그랬죠.

두 사람의 작업은 왠지 다른 안무가와 아티스트의 작업에 비해 수월하게 진행될 것 같아요.

진행하는 과정 자체는 비교적 수월한 편이에요. 재미도 있어요. 언니와는 레슨을 한다거나 각 잡고 이야기를 하기보다 앉아서 둘이 수다를 떨다가 자연스럽게 나오는 게 많아요. 〈벌써 12시〉의 박수 동작도 그랬고, 〈롤러코스터〉의 '룩LOOK' 파트도 그랬고요. 보통 팬 분들이 좋아해 주시는 포인트가 언니나 댄스 팀과 장난치면서 놀다가 나온 게 많아요. 그러니까 회사에서 컴플레인complain이 조금 덜 오면 좋겠다는 바람이 있죠. (웃음) 보통은 제 의견으로 다 가는 편이긴 한데, 회사 입장에서는 더 좋은 걸 고민하다 보니까 다른 안무가 분들에게 시안도 받아보고, 이런저런 노력을 많이 해 주시거든요. 여러 과정을 거치면서 결국에는 저희의 작업이 가장 낫다는 걸 알아주시게 된 것 같기는 해요. 베스트를 찾아가는 과정이죠.

솔로 퍼포먼스를 기획할 때와 단체 퍼포먼스를 기획할 때 고려하는 것들이 많이 다른가요.

비슷한 것 같아요. 〈뱅뱅〉 때 "한 명을 살려줄 때 나머지가 죽자" 이런 의도로 만들었거든요. 솔로 안무일 때도 그래요. 한 명이 살고, 댄서 분들이 받쳐 주면서 멋있는 그림을 만들어 주시죠. 이게 제대로 이뤄져야 가수가 좀 더 웅장해 보이는 느낌이 생기는 거거든요. 예를 들어서 〈벌써 12시〉에 앞으로 전진하는 안무가 있어요. 그때 다 같은 방향으로 움직이지만 댄서 분들은 옆을 보고 저만 앞을 보는 거예요.

누가 중심이 되는지에 따라 달라지는 거라고 생각하면 되겠네요.

구성 자체는 안무가의 취향에 따라 많이 바뀌는 부분이기도 해요. 안무가가 이 퍼포먼스에서 어떤 분위기를 내고 싶은지가 중요하죠. 또 키도 많은 영향을 끼쳐요. 제가 키가 작은 편이라서 전체적인 구성을 짤 때도 좀 더 변화가 필요하거든요. 만약에 제가 댄서 분들만큼 키가 크면 다 같이 앞을 볼 때도 굉장히 강렬한 아우라가 나올 거예요. 하지만 저는 키가 작고 체형도 조그맣다 보니까 다 같이 앞을 보면 제가 좀 더 작아 보이죠. 안무가 언니들이 이런 부분을 많이 고려하시는 것 같아요. 어떻게 해야 얘를 조금 더 잘 보이게 할 수 있는지 생각하시는 것 같았어요. 사실 I.O.I에서 제가 튀는 멤버는 아니었잖아요.

4위로 그룹에 합류했는데도 그런 생각이 들었어요?

제가 한 번 11등 후보로 떴거든요. 그때 많이 도와주신 것 같아요. (웃음) I.O.I를 하면서 스스로 느끼기에도 그랬어요. 멤버들 사이에도 인지도 차이가 있는데 저는 인지도가 없는 편에 속했죠. 처음 발탁된 순위를 떠나서, 이건 어느 그룹이든 마찬가지인 것 같은데요. 조금 더 튀는 멤버가 있고, 아닌 멤버가 있는 것 같아요. 거기서 저는 뒤쪽에 있던 사람인 거고요. 예능 멤버도 아니었고, 메인 보컬도 아니었으니까. 그렇다고 귀여운 이미지도 아니었고요.

안무가 분들이 그 부분을 많이 신경 써 주신 거군요.

언니들 입장에서는 제가 그룹에 있었을 때 많은 것을 보여주지 못한 게 아쉬우셨던 것 같아요. 제가 혼자가 됐으니, 어떻게 하면 저를 솔로로 더 돋보이게 할 수 있을지 고민을 많이 해주신 거죠.

청하 씨의 퍼포먼스는 단순히 춤만으로 완성되는 게 아니라는 생각이 들어요. 소중한 사람들이 많아서요.

스스로도 자부하는 건데, 인복이 참 많은 것 같아요. "나는 주변에 좋은 분들밖에 없어서 좋은 기운을 받을 수밖에 없는 아이야." 그렇게 말할 정도예요. 여기까지 올 수 있었던 것도 중학교, 고등학교 때 좋은 분들을 만나서 성인이 돼서까지 일을 함께하고, 싸우지도 않고, 심지어 재미있게 지낼 수 있었기 때문이잖아요. 이렇게 사는 사람들이 몇 명이나 있을까 싶더라고요. 자기가 좋아하는 직업을 갖고 있으면서 좋아하는 사람들과 일할 수 있다는 것만으로도 저희는 복 받은 사람들이죠.

다른 아티스트들과 구별되는 지점이 확실히 있네요. 솔로 가수이지만, 팀워크가 퍼포먼스를 완성하는 데에 가장 중요한 요소 중 하나라는 걸 보여주는 게 청하 씨의 사례예요.
이 친구들이 좋아서, 이 친구들과 함께하는 시간이 좋아서 춤을 좋아하게 된 거라고 해도 과언이 아니에요. 너무 바쁜 와중에 반나절이라도 시간이 나면 예쁜 곳에 가서 같이 밥을 먹어요. 거기서 아주 큰 행복을 느끼고요. 그러면서 저희끼리 문득문득 돌아보는데, '10년 동안 함께해 준 사람들과 아직도 이렇게 행복하게 일을 하고 있구나' 싶더라고요.

TAKE. V

아이돌로서의 삶

처음에 1위를 했을 때, 당황해하는 모습을 봤어요.
저를 부르시는 줄도 몰랐어요. 구석에서 다른 사람들하고 이야기하고 있었는데, 김신영 언니가 "청하 어딨니!" 그러시는 거예요. "저, 저, 저 여기 있어요!" 그랬죠. (웃음) 언

니는 제가 처음으로 상을 받는 건지 모르셨대요. 그래서 '애가 왜 저기에 가 있나', '애기를 하는데 왜 횡설수설하고 있나' 그러셨다는 거예요. 나중에 언니가 저한테 처음으로 음악방송에서 상을 주신 거라고 말씀드렸더니 "어쩐지 횡설수설하는 것 같더라!" 하면서 무척 놀라시더라고요.

1위 하고 난 다음에 댄서들과 함께 즐거워하는 모습도 눈에 띄었어요. 솔로 가수인데도 정말 외로워 보이지 않았던 순간이었다고나 할까요.

그때 1위 공약을 네이버 V앱으로 했거든요. 댄서 분들이 저를 던지고 장난치는 모습을 보면서 팬 분들도 좋아해 주시더라고요. 사실 댄서 분들이 앵콜 무대에 올라와서 장난치는 걸 좋아해요. 그런데 혹시나 저한테 민폐가 될까 봐 신경을 많이 쓰더라고요. 상 받고 나서 바로 올라와도 되는데, 꼭 가수 분들 다 내려가시고 한참 후에, 그것도 노래가 다 끝날 때쯤에 올라와요. 너무 조심스러워하는 것 같아서 안 그랬으면 좋겠죠.

똑같이 무대 위에서 친구들과 함께 있는데도 예전과 기분이 다를 것 같네요.

많이 달라요. 단순히 그때의 기분과 지금의 기분을 비교하는 건 어렵지만, 지금은 솔직히 하루하루 일어나고 있는 일들이 잘 믿어지지 않는 것 같아요. 자주 멍한 기분이 들어요. 어릴 때는 마냥 즐겼던 것 같고. 어린 마음에 "우리 상 받았다!" 소리치면서 기뻐하는 게 전부였고, 우리가 직접 짠 안무로 상을 받았다는 사실만으로도 신나할 수 있었어요.

지금 상을 받을 때는 어떤 느낌이에요?

무게감이 느껴지죠. 그때는 상에 무게가 있다는 걸 몰랐어요. "우리끼리 해냈어! 진짜 좋아!" 하면서 손잡고 빙글빙글 도는 게 다였어요. 그런데 지금은 이걸 받기까지 수많은 분들의 희생과 노력이 있었다는 걸 너무나 잘 알고 있고, 그 노력에 대한 대가가 상으로 온다는 것도 알죠. 거기에 제 이름을 대표로 적어서 주시는 거잖아요. 너무나 무거운 의미를 담고 있다는 걸 모를 수가 없어요.

책임감이 생긴 거죠.

기쁨과 책임감을 동시에 느껴요. 지금 나에게 주어진 무게감을 잘 견뎌내야겠다는 생각이 들고요. "감사합니다. 더 열심히 하겠습니다." 이 말은 다들 많이 하는데요. 너무 당연한 말 같지만, 이것보다 제 마음을 더 잘 전달할 수 있는 말이 없다는 게 안타깝더라고요. 언어의 한계라고 생각해요. 그 한계가 다음 앨범에서 더 잘하고, 더 좋은 걸 보여드리겠다는 각오로 일을 하게 만드는 동력이 되고요.

앨범을 만드는 과정에서 과거에 춤만 추던 시절과는 다른 부분을 많이 고려하게 됐을 텐데요.

일단은 무대 위에서의 춤과 언더그라운드에서의 춤이 너무나 다르다는 점에서 고민을 많이 해요. 처음에는 그 중간 지점을 찾는 게 너무나 어려웠어요. 아예 힙합으로 갈 수도 없고, 바닥에서 거꾸로 기는 퍼포먼스를 할 수는 없는 일이니까요. 예뻐 보이기도 해야 하고, 노래도 불러야 하고, 노래 부르는 와중에 포인트 안무도 보여줘야 하니까 너무 어렵더라고요. 1분짜리 퍼포먼스를 대회에서 보여주는 것 말고 다른 세상이 있어요. 여기서는 옷도 화려하게 입고, 화장도 진하게 하면서 이 노래에 맞게 안무를 하고, 어울리는 표정을 짓는 게 다 퍼포먼스에 들어가요. 음악도 대중들이 좋아하는 곡이 있고 조금 더 어려운 곡이 있잖아요. 그 중간 지점을 찾는 데에도 시간이 많이 걸렸어요.

답답할 때는 누구의 조언을 들었나요.

회사 분들의 말씀에 귀를 기울이려고 했어요. 그분들은 댄서가 아니라 완전히 대중 분들이니까요. 안무를 보여드렸을 때 "여기서 뭐가 잘 안 보여" 하시면 '아, 뭔가를 너무 많이 넣었구나' 하고 빼고요. 음악에서 안무에 활용할 만한 소스가 너무 많아서 모두 다 집어넣을 때가 있어요. 그럴 때 평가해주시는 것을 듣고 다시 짚어보면서 과했던 것들을 내려놓고, 버리고 해요.

빼는 과정이 쉽지는 않겠어요. 채우는 것보다 어렵다고들 하잖아요.

제가 가지고 싶은 걸 쥐었다 놨다 하는 방법을 아직까지도 고민해요. 색깔이 다양한 것은 좋지만, 너무 많은 걸 집어넣으면 정신이 없어지죠. 포인트 컬러를 하나 정하고, 거기에 어울릴 만한 작은 요소들로 색을 채워나가는 게 정답인 것 같아요. 맨 처음으로 어렵게 찾아나가야 하는 색깔이 바로 타이틀곡인 건데요. 메인이 되는 거니까 생각하는 데에 시간이 더 오래 걸려요. 이때는 나 자신에 대해서도 잘 알고 있어야 해요. 그래야만 나의 앨범으로 퍼포먼스를 보여줄 수 있으니까요.

앨범 작업 과정에서 청하 씨의 의견을 많이 제시하는 편인가요.

꼭 하고 싶은 부분은 반드시 말씀드리죠. 딱히 그런 부분이 아니라면 최대한 전문가 분들의 이야기를 따라가려고 해요. 〈롤러코스터〉를 예로 들면, 메이크업을 할 때 "화려하게 해 주세요", "글리터 사용해 주세요" 이렇게 말씀을 드려요. 그러면 색감이라든가, 글리터 사용법에 관한 부분은 모두 선생님이 정해 주시는 거죠. 스타일리스트 언니에게는 "언니, 나 이번에 반짝반짝한 느낌을 내고 싶어. 내가 글리터 좋아하잖아"라고 전달하는 거죠. 그 다음부터 본격적인 스타일링은 언니에게 맡기고요. 헤어 스타일리스트 선생님에게는 "선생님, 저 이번에 올림머리를 특이하게 하고 싶어요" 하는 거예요. 제가 생각하는 방향성만 딱딱 전달하는 거죠.

솔로 가수면 혼자서 결정하고 싶다는 생각이 들 때가 많을 것 같은데, 대부분을 전문가들에게 맡기는군요.

오히려 혼자다 보니까 다른 분들과 함께 힘을 합칠 때라야 좋은 결과를 낼 수 있다는 걸 알게 됐어요. 만약에 제 의견대로만 다 할 거면 왜 주변에 전문가 분들을 두겠어요? 물론 하나부터 열까지 모두 혼자서 하는 분들도 계시고, 그만큼 훌륭한 능력을 갖고 계신다면 혼자서 모두 소화하는 것도 좋은 방법이라고 생각해요. 하지만 제가 그런 스타일은 아닌 것 같아요. 음악을 고를 때도 마찬가지예요. 별로 하고 싶지 않았던 스타일의 음악도 "해봐, 반응 좋을 거야"라고 말씀하시는 걸 듣고 진행해요. 그런데 실제로 반응이 좋으면 바로 반성을 하죠. 제가 하기 싫다고 끝까지 안 했으면 이런 결과는 얻지 못했을 테니까요. 춤도 그렇죠. 내가 하기 싫다고 해서 이 부분의 레슨을 한 번도 안 받았다면? 아, 그러면 지금과 같은 결과는 안 나왔겠구나. 그럴 때가 있어요.

앨범 준비할 때 누구보다도 주변인들과의 소통이 중요하겠네요.

안무 같은 경우에는 "언니, 이런 것도 해보고, 저런 것도 해보고 싶은데, 내가 이런 거 찾아봤거든요?" 하면서 적극적으로 이야기를 하고. 프로듀서, A&R 분과도 새벽까지 메시지를 주고받으면서 "오빠, 이런 트랙을 보내 주셨는데 여기서는 이런 멜로디 라인도 괜찮은 것 같아요" 하고 제 생각을 말해요. 뮤직비디오 색감은 이러이러했으면 좋겠다고 말씀드리기도 하고요. 당연히 이렇게 말씀드리기 전에 감독님 생각을 먼저 들어보고, 그 다음에 제 의견은 살짝만 추가하는 쪽이고. 아마 앞으로도 제가 프로듀싱을 다 하려고 할 것 같지는 않아요. 말씀드렸다시피 각 분야의 전문성은 전문가 분들에게 있는 거라고 봐요.

아이디어 소스를 직접 찾잖아요. 퍼포먼스에 대해 구체적인 그림을 이미 그려보고 있는 거니까.

그렇죠. 매번 퍼포먼스 재료를 찾고 있죠. 앨범 준비할 때는 더 이상 없을 정도로, '이것보다 이 노래에 맞는 게 더 이상 없지 않을까?' 싶을 정도로 집요하게 소스를 찾아요. 100퍼센트까지는 아니더라도 80퍼센트는 나와야 그 앨범을 편하게 진행할 수 있더라고요. 나머지는 활동을 하면서 채워갈 수 있잖아요. 만약에 안 채워져도 제가 배우는 부분이 있고요.

20퍼센트를 비워둔다는 말에 놀랐어요.

춤에 있어서만큼은 요즘 들어서 조금씩 놓는 것들이 있어요. 놓을 줄 알아야 다시 잡을 것도 있고, 잡을 줄도 알게 되더라고요. 10대 때는 몰랐어요. 그냥 주먹에 피가 날 때까지 꽉 쥐고 있었던 것 같아요. 조금이라도 느슨하게 놓으면 손가락과 손가락 틈 사이에 약간의 공기라도 들어가니까, 그 불안이 싫었어요. 죽어라고 쥐어서 피가 나면 굳은살이 생기고, 그러면 내가 더 단단해질 거라는 마음으로 살았던 것 같아요. 하지만 이젠 알죠. 거기에 예쁜 생살은 다시 돋지 않아요.

중요한 것을 알게 됐군요.

너무 늦게 알아버린 것 같아요. 그래서 요즘에는 조금 더 놓아보려고 해요. 어차피 지금 활동하면서 완전히 댄서로서의 방향성을 추구하는 게 아니잖아요. 춤 이외에도 퍼포먼스적으로 보여드릴 수 있는 게 뭐가 있는지 다른 방향도 고민을 해보게 되고, 조금 더 팬 분들, 대중에게 다가갈 수 있는 방법을 생각해보게 됐죠. 앨범 짜임새나, 목소리 톤이라든가, 라이브라든가……. 여러 가지가 있잖아요.

스스로 많이 자랐다고 느낄 것 같아요.

이제는 그런 고민을 할 시기가 된 것 같아요. 의외로 저의 발라드로 팬이 되신 분들도 많더라고요. 타이틀곡보다 수록곡을 좋아해서 팬이 되셨다고 하는 분들도 꽤 있고, 그냥 소파에 누워있는 모습을 보고 자기 모습이랑 비슷해서 팬이 됐다는 이야기도 해 주세요. 그러니까 퍼포먼스라는 게, 제가 무대에서 보여드리는 모습만 퍼포먼스가 아닌 거예요. 괜찮은 사람이 되어야겠다는 생각을 해요. 제가 언제 어디에 영향을 끼칠지 모른다는 생각을 하면 행동을 조심하게 되죠.

우리의 무대는 계속될 거야

청하의 현재

만약에 댄스 팀으로 활동하던 때로 돌아갈 수 있다면, 그때로 돌아가고 싶은 생각이 있어요?

돌아가 보고 싶기는 한데요, 하루 이틀 정도면 돼요. 돌아가서 다시 살지 않아도 될 만큼 정말 열심히 했거든요. 새벽에 집에 있었던 날이 거의 없었어요. 연습실에서 매일 언니들과 부둥켜안고 잘 정도로 계속 춤을 췄기 때문에 미련이 없나 봐요. 만약에 돌아간다면 엄마와 데이트를 좀 더 하고 싶은 정도죠. 더 열심히 해야 한다면 할 수는 있겠지만, 너무 힘들 것 같아요. 아침부터 그 다음날 아침까지 집에 안 들르고 짐을 싸서 다니고, 연습실에서 생활을 하는 거나 마찬가지였으니까. 그때로 다시 돌아가면 초심을 찾아오는 정도가 아닐까요. (웃음)

그때, 청하 씨가 춤을 추고 싶었던 가장 큰 이유는 뭐였을까요.

지금 제가 하는 말이 좀 닭살 돋을 수는 있지만요, 저는 정말로 매 순간마다 춤을 추고 싶었어요. 춤을 출 때만큼은 거울 속의 내 모습이 언제나 새롭게 느껴졌거든요. 나에게도 이런 모습이 있다는 걸 처음 알게 됐고, 점차 시간이 흐르면서 새로운 나 자신을 많이 발견하게 됐던 것 같아요. 무엇보다 그걸 즐겼던 것 같고요. 거울 속에 있는 내가 여기 이렇게 존재하는 평범한 나보다 더 예뻐 보이기도 했고, 앞으로는 더 예뻐 보이고 싶었어요. 원래의 내 모습보다 거울 속에 있는 나 자신이 더 멋있어 보인다는 거, 그게 좋아서 계속 춤을 췄던 거죠.

호불호가 강한 성격이라는 생각이 들어요. 춤을 추게 된 계기도 그렇고, '프로듀스 101' 때 안무 수정을 하지 않겠다면서 보여준 강단도 그렇고요.

하기 싫은 건 정말 안 하는 스타일이거든요. 그런데 데뷔하고 나서는 좀 달라지긴 했죠. 일단 하고 보는 것도 좋더라고요. 일단 해 두면 뭔가 남아요. 사실은 제가 겁도 많고, 남들 눈치도 정말 많이 보는 성격이에요. 걱정이 참 많고요. 청하는 당당하지만, 찬미 (청하의 본명)는 좀 달라요. 그래서 제가 찬미에게 미안한 게 많거든요. 힘든 시간은 다 찬미의 몫이었는데 제가 등한시한 것 같아서요. 청하는 나름대로 복 받은 삶을 살고 있는데, 찬미보다도 청하를 더 예뻐해 준 것 같더라고요.

청하와 찬미를 분리해서 바라보는 특별한 이유가 있나요.

저에게 찬미는 좋은 추억이 있는, 강한 버팀목이 되는 사람이에요. 다시 제가 찬미로 돌아갈 수 있을지는 모르겠어요. 같은 사람인데 과거의 나만큼 열심히 할 수 있을지 돌이켜보면 두렵기도 해요. 조금 더 강해 보이는 사람은 청하지만, 실제로 더 강한 친구는 찬미라고 생각해요. 그래서 찬미라고 불리면 뭉클할 때가 많아요. 그때마다 느껴요. '아, 내가 과거의 나에게 많이 미안해하고 있구나.' 과거에 그 친구가 없었다면 지금의 청하는 있지 못했을 테니까요. 둘 다 똑같은 저이지만, 과거의 저를 좀 더 아껴줄 필요가 있는 것 같아요.

지금은 청하인가요, 찬미인가요.

무대 위에서 노래할 때는 모두 청하지만, 저의 이야기를 할 때는 청하와 찬미의 중간 정도 되는 것 같은데요. 개명도 고민해봤는데, 돌아가신 할머니가 저를 찬미로 알고 계시기 때문에 바꾸는 게 마음에 걸리기도 하고 찬미라는 친구를 잃을까 봐 걱정도 돼요. 계속 망설이고 있어요.

과거의 찬미부터 지금 청하에 이르기까지 쭉 돌아봤어요. 여기에 오기까지 춤을 열심히

추고, 자기만의 무대를 만들어 낼 수 있었던 동력은 뭐였던 것 같아요?

옛날에 댄서 선생님이 물어보셨어요. "너는 춤이 좋아, 튀는 게 좋아?", "춤이 좋아, 유명해지는 게 좋아?", "춤이 좋아, 가수가 되고 싶어?" 저도 지금 춤을 추고 싶다고 말하는 친구들이 있으면 스스로에게 이 질문을 해보라고 조언해요. 만약에 다른 요소 때문에 춤이 좋아 보이는 거면 네가 끌리는 그 부분을 더 돋보이게 만들 수 있는, 너에게 맞는 다른 게 있을 테니까 잘 찾아보라고 하죠. 그럼에도 불구하고 춤이 정말 좋으면 그걸 계속하는 게 옳다고 말해줘요. 실제로 뉴욕에서 유명한 대학교에 다니다가 춤이 너무 좋아서 다시 한국으로 돌아온 친구도 있어요.

청하 씨는 저 질문을 들었을 때 어떤 대답을 했어요?

처음에는 고민을 많이 했어요. 그러다가 "노래가 좋은 만큼 춤이 좋아요. 저는 무대가 좋아요. 재미있어요" 그랬어요. 저는 여전히 무대 위에서 땀 흘리고, 바쁘게 움직이는 그 과정 자체가 너무나 좋고요, 무대가 끝나고 숨이 찬 순간조차도 재미있어요. 그게 다 춤의 일부라면, 정말로 다 좋아요. 몸을 움직이는 것만이 춤이 아니라 여러 가지 요소들이 모여서 '춤'이라는 좋은 에너지를 가진 하나의 단어가 되는 거라고 생각하니까요.

팬들도 청하 씨의 퍼포먼스를 보면서 에너지를 받을 수밖에 없겠어요.

저도 팬 분들에게 많은 에너지를 받죠. 얼마 전에 싱가포르 팬미팅에서는 마지막에 눈물이 났어요. 그 정도로 큰 자리에서 팬미팅을 진행하는 게 처음이었어요. 재미있었고, 자유로웠어요.

어떤 의미의 눈물이었나요.

무서움과 고마움이 섞인 눈물이었던 것 같아요. 하마터면 지금 이 자리에 있지 못했을 거라는 생각이 들었죠. '이분들이 안 계셨으면 난 지금 뭐하고 있었을까?' 싶더라고요. 아직까지 제 자리를 찾지 못하고 아르바이트만 하면서 엄마에게 효도 한 번 못했을지도 모르죠. 그런데 지금 저는, 이렇게 좋은 무대에서 팬 분들과 저의 모습이 담긴 영상을 보고 행복해하고 있는 거잖아요. 그걸 느끼는 순간에 정말 감사하더라고요.

그동안 아주 많은 공연을 했잖아요. 그만큼 다양한 규모의 공연장에도 섰고요.

공연장 크기마다 매력이 다 다른데요. 사실 공간과 퍼포먼스의 완성도는 상관이 없는 문제인 것 같아요. 그날의 제 에너지와 관객의 에너지에 따라 달라지는 것 같거든요. 커다란 공연장이라도 관객과 소통이 잘 안될 때가 있어요. 그러면 재미가 없죠. 서로 얻어가는 것도 없고요. 반대로 조그만 버스킹 자리에서도 좋은 에너지를 주고받을 수 있다면 그것보다 더 좋은 무대는 없는 거예요. 관객과 퍼포머 사이에 얼마나 에너지가 받쳐주는지, 우리가 함께 얼마나 시너지를 내는지에 따라 그날의 무대가 재미있는지 없는지가 갈리는 것 같아요.

실제로 퍼포먼스를 하면서 관객들과 소통이 잘 안된다고 느꼈을 때도 있었겠어요.

"아침 일찍부터 OT를 하셨대요. 청하 씨가 신나게 해주세요" 이러면 고민이 되는 거죠. OT를 7시부터 하면 저 같아도 공연 안 보고 집에 가서 자고 싶을 것 같거든요. 제 일반인 친구들만 생각해도 그래요. 가수에 관심도 없어요. 제가 뭐하고 다니는지도 모른다니까요. (웃음) 하지만 관객들이 다 그러면 무대에 서는 사람 입장에서는 조금 힘든 게 사실이에요. 예전에 친구들이 "오늘 학교에 누구 왔는데 너무 졸린 거야" 이래서 제가 "야야, 졸려도 반응하라고" 하면서 뭐라 그랬어요. 그래도 다행인 게, 무대에 오르면 격렬하게 환영해주시는 분이 한 분은 꼭 계시거든요. 그분을 보면서 열심히 해요.

청하 씨는 무대 위에서 가장 짜릿한 기분이 들 때가 언제예요.

무대 위에서 제가 어땠는지 기억이 안 나면 짜릿했던 거예요. '내가 좀 전에 뭐했지?' 싶으면 잘한 거죠. 댄서 분들과 정신없이 휘몰아치듯이 춤을 췄을 때, 무대 위에서 땀을 흘리잖아요. 그때 기분이 굉장히 좋아요. 안무 생각할 틈 없이 몸에서 저절로 나와서 움직일 때는 정말로 최고죠. 하지만 지금은 무대에서 보여드려야 할 퍼포먼스에 팬 분들과의 소통이 들어갔고, 전처럼 바쁘게 움직이지는 않게 됐어요. 춤 자체에서 느껴지는 짜릿함은 다소 줄어들었다고 생각하지만, 다른 종류의 짜릿함이 생겼어요.

여러 가지로 짜릿한 순간을 맛보고 있는 중이네요.
짜릿함을 여기저기서 계속 찾아내고 있는 중인가 봐요. 앞으로 10년 정도 지났을 때, "아, 그동안 지루하지는 않았다"라고 말할 수 있다면 좋겠어요. 블랙, 화이트, 레인보우 등 여러 가지 색채로 표현할 수 있는 나의 퍼포먼스를 떠올리는 거죠. 메이크업이 화려했던 무대도 있고, 아니었던 무대도 있겠죠. 그때의 장면을 떠올렸을 때 촉감까지도 달랐으면 해요. 지금보다 더 많은, 다양한 일들이 생겼으면 좋겠어요.

청하 씨의 춤에 숨어 있는 이야기가 더 많아질 것 같아요. 기대돼요.
늘 생각하는 건데요. 지금 저의 목소리를 많은 분들이 들을 수 있는 기회가 생겼기 때문에 '춤=청하'라고 기억해 주시는 것 같거든요. 사실 저보다 리안 언니가 춤에 대한 지식도 많고, 다른 댄서 분들만 생각해도 저와 달리 매일같이 춤에만 매달리시는 분들이 많죠. 저 말고, 춤 그 자체인 사람들이 많아요. 정말 '리얼'인 사람들이 있다는 거예요.

자신이 댄서였기 때문에 할 수 있는 이야기네요.
그분들보다 제가 이렇게 춤을 추는 사람으로 알려져도 되나 싶을 때가 많아요. 앞으로는 뛰어난 댄서 분들이 더 많이 빛을 발했으면 좋겠어요.

〈벌써 12시〉
제33회 골든디스크 어워즈 _20190105

자신의 몸집보다 족히 세 배는 클 것 같은 거대한 왕좌에 앉아, 청하는 인트로 음악에 맞춰 춤을 추는 댄서들 사이로 비스듬히 카메라를 바라본다. 어느새 자리에서 일어난 청하의 뒤로 퍼지듯 대형을 만든 댄서들은 붉은 휘장을 두른 그를 따라 질서정연하고 힘 있게 움직인다. 이 모습은 마치 거대한 전투를 앞두고 출정식을 거행하는 것처럼 보인다. 청하의 자그마한 체구에서 나오는 힘은 자신을 떠받들 듯 움직이는 댄서들의 어깨에 팔을 올리고 여유롭게 권위를 뽐내면서, 카메라를 넘어 관객에게 전달된다.

왕좌, 제복, 휘장. 그리고 벌써 12시가 되어서 남성을 집에 보내야 하는 걸 안타까워하는 여성 아이돌의 모습은 그동안 남성 아이돌들에게서만 볼 수 있던 권력의 이미지를 형상화하고 있다. 〈벌써 12시〉의 무대는 각종 음악방송에서 보여준 무대를 비롯해 이미 여러 개가 존재하지만, 연말 시상식의 거대한 규모가 갖는 의의를 자신의 음악이 전달하고자 하는 메시지와 합치시켰다는 점에서 뛰어나다. 당연히, 어떤 여성 솔로 가수도 보여주지 못한 퍼포먼스에의 도전이라는 점에서 더더욱 압도적인 에너지를 뿜어내고 있다는 사실은 말할 것도 없다.

팔을 옆으로 뻗거나 앞으로 웨이브를 타며 움직이는 단순한 몇 개의 동작만으로도 청하는 중대를 하나씩 이끄는 강하고 용감한 지도자가 된다. 검은 장막을 활용해 청하의 뒤로 어둠이 왔다가 사라지는 장면은 그동안 꿋꿋하게 버텨서 현재 한국에서 가장 뛰어난 여성 솔로 아이돌 가수 중 한 명이 된 청하의 현실처럼 보이기도 한다. 앞서 그가 보여준 〈벌써 12시〉가 전초전이었다면, 이 무대는 고지를 두고 벌이는 중요한 전투다. 단연 승리가 예상되는.

오늘, 찬희의 시작

SF9 **CHANI**

말갛다는 표현이 딱 어울리는 찬희의 얼굴은 아직 모든 일에 서툴고 난감한 일 앞에서 바들바들 떠는 여린 소년의 것처럼 보인다. 교복을 입고 JTBC 'SKY캐슬'에 출연했을 때나, tvN '시그널'에서 누명을 쓰고 경찰에 잡혀가면서 동생에게 위로를 건네던 얼굴이 "같이 장 보러 갈래?"라며 좋아하는 여성에게 다정하게 말을 거는 남성의 얼굴로 변했을 때도 마찬가지였다. 최근에 출판된 SF9의 화보집 속 찬희의 얼굴도 그렇다. 부드럽고 여려 보이는 인상은 언제든 누군가가 도움을 줘야 할, 어리고 약해 보이는 아이의 것만 같다.

그러나 이런 얼굴 뒤에 춤을 추는 찬희의 모습이 있다는 것을 아는 사람이라면, 지금껏 읊은 수식어는 찬희에 대한 편견 중 하나에 불과하다는 점도 잘 알고 있을 것이다. "너는 춤을 못 출 것 같다"는 말 때문에 용기를 잃었던 소년이 결국에는 팀의 메인 댄서로 성장했고, 샤이니의 태민에게 반해서 컴퓨터 앞에 서서 혼자 춤을 따라 하던 아이는 이제 자신의 우상과 같은 프로그램에 출연할 수 있을 정도의 위상을 갖게 되었다.

여려 보이고 약해 보이는 찬희의 얼굴은 야역 배우였고, 최근에 출연했던 몇 편의 드라마에서 교복을 입고 나오면서 만들어진 정형화된 이미지에 불과하다. SF9의 메인 댄서 중 한 명인 찬희는 〈질렀어〉에서처럼 예상치 못한 순간에 세련된 스텝으로 시선을 잡아끌기도 하고, 〈맘마미아Mamma Mia!〉나 〈화끈하게〉에서처럼 모든 동작을 가뿐하게 소화하는 장난스러운 발재간으로 웃음을 자아내기도 한다. 수트 차림으로 〈굿가이Good Guy〉를 부르며 웃음기 없이 보이그룹의 성장을 고스란히 보여주는 무대에서는 다른 멤버들과의 합을 통해 자신의 부족한 부분을 메우며 어느새 자라난 초등학생이 카메라 앞에서 그리게 된 다른 미래를 암시한다.

더 이상 어딘가에 기대지 않아도, 차분하고 느린 듯 보여도 춤을 출 때만큼은 숨어있던 강단을 꺼내놓는 그가 비로소 아이가 아닌 어른이 되었다는, 평범해 보이지만 찬희이기에

우리의 무대는 계속될 거야

특별한 전개. 어릴 때부터 많은 이들에 의해 발자취가 기록된 그의 삶은 그 자체로 퍼포 먼스다. 대중이 따라가게 될 그의 성장사에 어떤 이야기가 쓰이든, 늘 찬희는 관심을 받는 퍼포머일 수밖에 없다는 뜻이다. 카메라 앞에 선 그는 가수로서, 연기자로서 강찬희가 보 여줄 모습이 무엇인지 궁금할 수밖에 없고, 교복을 벗고 그 다음에 입을 옷은 무엇인지, 아홉 장의 앨범을 내면서 가장 좋은 성적을 거둔 〈굿가이〉 이후로 어떤 퍼포먼스를 또 보여주게 될지 모든 것을 또다시 기록으로 남겨야만 한다.

그러나 정작 그는 의외의 말을 던졌다. 느리고 차분하며, 자신감이 없는 사람이라며 몇 차 례나 스스로의 가능성을 확인하려 애를 쓴다고. 그의 말에서 오랫동안 연예계 생활을 한 사람의 농익은 태도는 찾아볼 수 없다. 상대방이 자신의 이야기를 잘 듣고 있는지 끊임없 이 확인하고, 말이 길어지면 자신이 무례한 것이 아닌지 걱정하는, 어쩌면 연예인에 어울 리지 않을 것 같은 사람. 그렇지만 찬희에게서 발견할 수 있는 반짝임은 그 신중함과 배려 심, 여유를 사랑하는 마음에서 나온다. 늘 백지 같은 사람으로 남아서 자기 안에 많은 것 을 그리고 싶다던 그의 말은 여전히 유효하고, 인터뷰를 할 때마다 중요한 것들을 하나씩 그려온 그의 모습을 들여다보며 함께 정직하게 기록을 남기는 사람이고 싶었다. 그 마음 이 통했을 거라고 믿는다.

찬희

찬희CHANI는 2016년 [필링 센세이션Feeling Sensation]으로 데뷔한 9인조 보이그룹 SF9에서 메인 댄서를 맡고 있다. SF9은 데뷔 앨범인 [버닝 센세이션Burning Sensation]을 비롯해 [브레이킹 센세이션Breaking Sensation], [나이츠 오브 더 선Knights of the Sun], [나르키소스NARCISSUS], [알피엠RPM], [퍼스트 콜렉션FIRST COLLECTION] 등 여러 장의 앨범을 발매했으며 2018년 아시아 아티스트 어워즈 가수부문 라이징상을 수상했다. 아역 배우로 데뷔한 찬희는 tvN 드라마 '시그널', JTBC 'SKY캐슬' 등에 출연하며 SF9 활동과 배우 활동을 병행 중이다.

차분하고 느린 사람

활동 끝나고 나니 좀 허전할 것 같아요. 뭐 하고 지냈나요.

영화를 많이 봤어요. '노트북'이나 '클래식' 같은 로맨스 작품들을 주로 봤는데, 제 감성이 그쪽인 거 같아요. 액션 영화도 좋아하기는 하는데, 막상 재미있게 본 작품들은 로맨스 영화들이더라고요.

'클래식' 같은 경우에는 이제 한국 로맨스 영화의 고전 같은 느낌인데. 그런 게 좋은가 봐요.

그런 거 있잖아요. 뭔가, 최신 영화들은 극장에서나 볼 수 있지만, 오래 된 영화들은 집에서 볼 수 있는 게 좋아요. 영화관에서 볼 수 없는 것들, 옛날 감성이 담겨 있는 것들이 좋다고 해야 하나. 음악도 그래요.

요즘 음악들보다 예전 음악들을 좋아하는군요.

네, 뱅크 선배님이라든가. (웃음) 7080부터 8090까지 그 세대 느낌들이 담긴 음악이 좋아요. 신승훈 선배님의 〈보이지 않는 사랑〉이라는 곡을 정말 좋아하고요. 이선희 선배님의 곡들도 참 좋아해요. 그래도 요즘 댄스곡들이나 해외 팝도 잘 듣기는 해요. 어쨌든 뭐가 유행인지 알아야 하기도 하고, 그 트렌드에 맞춰서 저도 성장할 궁리를 하고 변화할 궁리를 해야 하니까요. 힙합도 한창 유행할 때 많이 들었어요.

휘영 씨하고 음악 작업도 같이 했다면서요.

아직은 보여드릴 만한 게 아니라는 생각이 들긴 하지만요. '아, 이것도 보여드려야지' 하고 만든다기 보다는 저희끼리 '어, 만들어볼래?' 같은 느낌이죠. 저희 둘이서 듣고 저희 둘이서 "어, 좋네?" 하고. (웃음) 나중에 기회가 된다면 팬 분들에게도 들려드리고 싶은 마음은 있어요.

두 사람이 함께 믹스테이프 같은 작업을 해봐도 좋을 것 같은데요.
좋죠. 그런데 저는 휘영이 곡에 피처링을 할래요. 휘영이가 음악을 훨씬 더 잘하니까요. 지금 휘영이가 자신이 담당하고 있는 래퍼 포지션에서 정말 잘 해내고 있기 때문에 많이 배우고 있어요.

찬희 씨는 그럼 곡을 쓸 때 어떤 부분을 주로 담당하나요.
저는 후렴구를 주로 만들어요. 탑라인을 짜고 가사를 쓰기도 하고요. 그다음에 녹음을 해봐요. 만약 마음에 든다면 휘영이한테 벌스 부분을 좀 써달라고 부탁하죠. 휘영이가 벌스를 잘 쓰니까. 휘영이는 개인 곡들이 있어서 이미 자기 혼자 다 만드는 것들도 이미 많아요. 그냥 재미있게 놀면서 둘이 이것저것 하고 있는 것 같죠.

혹시 휘영 씨가 마음에 안 든다고 벌스를 안 써준 적은 없나요. (웃음)
마음에 안 든다고 한 적은 없는데, 솔직히 귀찮다고 안 써준 적은 있어요. 자기 거 해야 된다고. (웃음) 제 거는 안 해주고 자기 거 열심히 하더라고요. 저 같은 경우에는 순간적으로 재미있다는 생각이 들면 거기에 빠지게 되거든요. 음악 같은 경우에는 처음에 그냥 제 노래를 한 번 만들어보고 싶어서 시작했어요. 재미를 느껴서라기 보다는 한번 해보고 싶어서요. 혼자 녹음도 하고, 비트도 찾아서 그 위에 가사도 쓰고 탑라인 멜로디를 입히고 랩도 짜고 그랬죠. 그러고 혼자 들어보니 재미있었던 거예요. 뿌듯하기도 하고요.

해냈다는 느낌이 들었군요.

아, 내가 하나를 만들었구나. 실감이 났죠. 제 이야기를 가사로 썼으니까 다른 분들이 써주신 가사보다는 스스로 더 공감이 많이 되잖아요. 그게 즐거워서 계속 해보기 시작했어요. 대중에 공개하게 될 때는 당연히 최대한 많은 분들이 공감할 수 있는 곡을 만들어야겠지만, 처음에 시작할 때는 사실 저 자신이 공감할 수 있는 정도의 음악으로도 재미를 느낄 수 있는 것 같아요. 그렇게 하다 보니 좀 더 잘하고 싶다는 생각이 들어서 연습도 더 열심히 하게 되고, 다른 해외 래퍼들 노래도 많이 들어보게 됐죠. 조금씩 해나가고 있는 중이에요.

음악을 만들면서 무대 퍼포먼스에도 도움이 되는 부분이 있던가요.

비트 듣는 거, 박자 감각이 좋아진다는 장점이 있더라고요. 음악 속에 숨어있는 비트를 좀 더 섬세하게 듣게 되는 거죠. 듣는 귀가 좋아졌다고 할 수 있을 것 같아요. 하지만 더 직접적으로 도움이 된다고 말할 수 있는 부분은 아직 못 찾았어요. 왜냐하면 제 실력이 아직 그런 걸 판단할 정도는 안 되니까요. 하지만 나중에 음악도, 춤도 정말 잘할 수 있게 되면 제 음악에 제가 안무를 짜서 퍼포먼스를 완성시켜보고 싶기는 해요. 무대 위에서 그렇게 할 수 있다면 되게 뿌듯할 것 같아요.

잘 추고 싶다는 마음만으로

매사를 낙천적으로 보는 성격인 것 같아요. 말하는 내내 차분하고 편안하지만, 웃음을 잃지 않아요.

그런 성격이에요. 좀 부정적으로 말하면 생각이 많지 않은 편이라고 들릴 수도 있을 것 같은데, 여유를 좋아하는 편이라 그래요. 어딘가에 얽매여 있는 느낌을 받는 게 싫고, 제가 하고 싶은 거 하는 게 좋은 사람.

사실 찬희 씨는요, 제가 인터뷰를 하면서 만났던 분들 중에 가장 느리고 차분해요. (웃음)

타고난 성격이에요, 진짜로. (웃음) 급한 걸 안 좋아해요.

그런 사람이 메인 댄서인 게 얼마나 흥미로운 부분인데요. 처음에 춤에는 어떻게 관심을 갖게 된 거예요?

태민 선배님 보고서요. 정확히 제가 기억해요. 초등학교 2학년 때였는데, 그때 샤이니 선배님의 〈링딩동Ring Ding Dong〉이 나왔어요. 그걸 보고 진짜 너무 멋있어서 반했어요. 집에 컴퓨터가 한 대 있었는데, 그 컴퓨터로 우연히 봤던 영상이 〈링딩동〉이었거든요? 그 퍼포먼스가 정말 멋있어서 나도 저렇게 되고 싶다고, 저런 춤을 한 번 배워보고 싶다는 생각이 들었어요. 그 어린 나이에 컴퓨터로 동영상을 보면서 춤을 따라 춰봤죠. 그리고 든 생각이 '잘 추고 싶다'였어요. '나도 저렇게 잘 추고 싶다.'

그러면서 학원에 찾아가게 된 거예요?

아뇨. 학원에 다닐 여력은 안됐어요. 그래서 혼자 조금씩 안무를 따면서, 카피하면서 시작했죠. 그러다가 처음으로 회사에 들어가게 된 게 싸이더스였죠. 아스트로의 문빈 형, 라키 형과 같이 싸이더스에 있다가 지금의 판타지오인 NOA로 갔어요. 그 시점부터 춤을 정식으로 배우게 됐어요.

재미있어야 하고 싶어진다고 했잖아요. 춤에도 재미를 많이 느꼈나 봐요.

사실 재미있다는 생각은 안 했어요. 태민 선배님처럼 잘 추고 싶다는 생각만 했죠. 되게 잘 추고 싶다, 나도 저분처럼 정말 잘 추는 사람이고 싶다는 생각만 가득했어요. 그래서 초반에 굉장히 열심히 배웠어요.

그럼 정말로 재미를 느낀 건 언제부터예요.

어느 날 거울에 비친 제 모습을 봤는데 실력이 조금 늘어있는 거예요. 계속 그렇게 거울 속 제 모습을 보면서 조금씩 조금씩 발전해나가는 재미를 알게 됐어요. 안무 하나를 배우면 그 동작에 조금씩 익숙해지는 재미인 거죠. 음악에 제가 춤을 맞추고 있다는 생각이 들면서부터 흥미가 생겨났던 것 같아요.

특이한 게, 다른 분들은 처음에 춤이 재미있어서 열심히 추기 시작한 거라고 말씀하셨거든요. 그런데 찬희 씨는 잘 추고 싶어서 시작했다는 게 조금 다른 부분이에요.

진짜로 잘 추고 싶었어요. 처음에 재미를 느끼기는 어려웠고요. 그냥 자연스럽게 음악 듣는 걸 좋아하니까, 그렇게 좋아하는 음악에, 예를 들어서 맨날 제가 듣고 다니는 음악에 춤을 맞춰서 춰보는 것 자체에만 흥미를 느꼈죠. 제가 열정이 넘치는 타입의 사람은 아니었어요. 성격이 그래요. 한 가지 일에 이를 갈면서 뛰어드는 편은 아니에요.

여유로움이 찬희 씨의 최대의 강점이라고 생각해요. 아무나 가질 수 있는 게 아니에요.

감사합니다. 너무 좋게 말씀해주셔서요. (웃음) 실제로 무언가에 꽂혀서 열심히 매달리는 경우는 정말 가끔이에요. 그냥 재미있을 때 하는 거고, 해야할 일이 주어지면, 이걸 해내야 한다는 생각이 들면, 그 순간부터 열심히 하기 시작하는 타입이죠.

꼬마신기 때는 기억이 나나요? 워낙 많은 사람들의 뇌리에 강하게 박혀있어서요.

문빈 형은 그 시절에 대해서 또렷하게 기억을 하고 있을 거예요. 초등학교 4학년이었으니까요. 저는 그때가 초등학교 2학년이었어요. 기억이 안 나는 게 많죠. 그런데 빈이 형이 춤을 잘 췄던 건 또렷이 생각나요. 그때도 팝핀, 스트리트 댄스 등 여러 가지를 학원에서 배우고 있었거든요. 그래서 형이 좀 부러웠어요. 춤을 잘 추니까.

문빈 씨가 어린 찬희 씨에게 도전 의식을 심어준 사람이네요.

정말 빈이 형처럼 잘 추고 싶더라고요. 처음 형한테 춤을 배웠던 순간이 아직도 기억나는데요. 문워크였어요. 초등학교 3학년 때인가. 제가 춤을 진짜 못 출 때 형이 문워크를 알려줬는데, 〈질렀어 Now Or Never〉의 문워크가 빈이 형으로부터 시작됐다고 해도 과언이 아니죠. (웃음) 와, 아직도 그게 다 기억이 나요. 꼬물꼬물거리면서 빈이 형이 "야, 이렇게 하면 돼!" 그러고, 저는 형이 알려주는 방법대로 따라하고.

굉장히 재미있는 인연이네요. 그 두 사람이 모두 메인 댄서가 돼서 같은 책에 실리는 것도 신기하고요.

그러게요. 벌써 10년 넘게 알고 지낸 사이네요. 사실은 제가 언젠가는 빈이 형보다 키가 클 날을 기대하고 있었는데, 형이 엄청나게 커버렸어요. (웃음)

이전까지는 부모님을 따라서 연기를 하러 다닌 거잖아요. 언제부터 스스로 춤을 추고 싶다, 가수가 하고 싶다 이렇게 느꼈어요?

초등학교 5학년 때였나, 6학년 때였나. 잠깐 NOA를 나와 있었어요. 그때 형들이랑 춤추던 생활이 그립더라고요. 아, 형들이랑 다시 연습하고 싶다. 그 생각에서 출발해서 무대 위에 서 있는 제 모습을 상상하기 시작했어요. 그게 시작이었던 것 같아요. 무대 위에 서 있는 내 모습이 얼마나 멋질지 생각하니까 가수가 되고 싶더라고요.

어릴 때 상상하는 걸 좋아하는 편이었나요.

네, 되게 좋아했어요. 스케치북에 상어를 그리는 걸 정말 좋아했던 아이였고, 이건 좀 재밌는 이야기인데요. 졸라맨을 그렇게 많이 그렸어요. (웃음)

졸라맨이요?

제가 만들어낸 졸라맨들이었어요, 다. 기본적으로 선 그어서 만드는 졸라맨이 아니라 제가 걔한테 옷도 입히고 신발도 그리고……. 멋있게 꾸며놓는 걸 좋아했어요. 어린 마음에 제가 되고 싶은 모습을 거기에 투영해서 그린 것 같아요. 제가 하면 좋을 것 같은 모습들을 거기에 그리고 저만의 개성대로 꾸미는 거죠. 그림 그리는 걸 참 좋아했어요.

그때 상상했던 모습들 덕분에 지금처럼 춤도, 연기도 할 수 있는 것 아닐까요.

사실 저는 어릴 때 잘한다는 칭찬을 많이 들어보지 못했어요. 춤을 처음 시작했을 때도 그렇고, 연기를 처음 시작했을 때도 그렇고요. 그렇게 좋아했던 그림도요. 공부는 물론이고. 주변을 보면 항상 어디서든 빠르게 적응하고, 빠르게 성장하는 친구들이 있잖아요. 그런 친구들 옆에서 저는 늘 중간 정도에 머무르는 사람이었어요. 1, 2등 하는 친구들 옆에 있는 5, 6등 하는 애. 그게 스스로에게 늘 서운했던 것 같아요.

더 잘하고 싶은데 마음대로 안되니까…….

네, 뭔가를 하면서도 '왜 나는 이렇게 못하지?', '왜 나는 이렇게 느리지?'. '왜 나는 이렇게 성장하지를 못하지?' 이런 생각을 계속 하고 살았어요. 춤을 처음 출 때도 되게 잘하는 친구들이 옆에 있었거든요. 라키도 그렇고, 빈이 형도 그렇고요. 그때 선생님께 들었던 말이 아직도 생각나요. "너는 춤추기 어려울 것 같다."

지금은 메인 댄서잖아요. 그러니 더 칭찬을 들어 마땅하죠.

지금은 물론 열심히 하고 있지만, 처음 시작했을 때는 정말로 그랬으니까요. 박자 감각도 없고, 리듬 탈 줄도 모르고. 한 마디로 몸을 잘 쓸 줄 몰랐던 거, 타고난 기질이 없었던 거죠. 운동 신경이 뛰어나게 좋은 편도 아니었기 때문에 정말 춤을 되게 못췄어요. 그러니까 춤이 재미있다가도 그런 이야기를 들으면 '아, 나는 진짜 안되나?' 싶기도 하고, 아무리 열심히 해도 성장 속도가 원체 느리다 보니까 다른 친구들이 이만큼씩 발전할 때 저는 조금씩 발전하는 게 답답했어요. 그걸 스스로 알고 있다는 게 너무 힘들었죠.

포기하고 싶었을 때도 있었을 것 같아요.

맞아요. 그 힘듦이 느껴지면 포기하고 싶다는 생각도 들었어요. 꽤 많이 그런 생각을 했던 것 같아요. 제 느긋한 성격에도 막상 그런 말을 들으니 나는 안되나 보다, 싶었던 거죠. 그래도 어떡해요. 해봐야지, 나는 해봐야지, 하면서 열심히 하다 보니까 어느 순간에 조금이나마 실력이 느는 게 눈에 보이더라고요. 그전까지는 몇 년에 걸쳐서 정말, 되게 힘들어했었어요. 타고난 게 없는 것도 아는데 선생님이 기질까지 없다고 생각하시니까.

물론 저 말은 누가 들어도 상처가 될 말이기는 하지만, 원래 유독 상처를 잘 받는 성격이기도 해요?

마음이 여린 편이기는 해요. 그래서 저는 지금 제 모습이 너무 대견해요. 팀 내에서 메인 댄서 중 한 명이 됐고, 다른 분들에게 인정을 받기도 하니까요. 그때는 너무 인정을 못 받았으니까. 신체조건도 안 좋았잖아요. 되게 말랐으니까 춤을 춰도 힘이 없고 그랬죠. 그런데 이렇게 계속 제 이야기만 해도 되는 거예요?

그럼요. 얼마든지요.

신기한 게요, 그러면서 제 춤 스타일이 만들어진 것 같아요. 저는요, 춤에서 사람의 성격이 나온다고 생각해요. 개인적인 생각이기는 한데, 저 같은 경우가 그렇거든요. 다른 분들을 봐도 그런 분들이 많아요. 어떤 분이 굉장히 열정적인 성격을 갖고 계신다 그러면 춤이 화려하고 힘 있는 안무에 강점이 있으시더라고요. 반대로 저 같은 경우에는 성격 자체도 느리고 차분하다보니까 빠른 템포의 춤보다는 선을 깔끔하게 정리해서 다듬는 춤을 좋아하거든요.

지금 얘기하는 것만 들으면, 어떻게 이런 차분하고 여유로운 성격으로 연예인이라는 꿈을 꿨을까 싶기도 해요. 놀라워요.

그러니까요. 저 사실은 어릴 때부터 튀는 걸 별로 안 좋아했어요. 그래서 연예인을 해야 하는지에 관해서도 많이 생각했거든요. 사람들 앞에서 관심을 받는 걸 무서워했으니까요. 그 관심이 너무 무서워서 춤을 출 때도 그래요. 튀는 동작보다는 깔끔하게 정리가 되고, 부드러운 느낌으로 연결 짓는 그런 동작들이 들어가는 걸 선호해요. 몸의 힘 같은 경우에는, 옛날에 선생님이 말씀하셨던 것처럼 지금도 별로 없는 편이거든요. 제가 춤을 추면서 보면 다른 분들은 무대 위에서 굉장히 파워풀한 느낌인데 저는 그거랑 거리가 멀어요. 하지만 그 사실을 알게 된 후로 조금씩 제 스타일을 잡아갈 수 있지 않았나 싶어요.

찬희 씨는 자기객관화가 잘 되어 있는 사람인 것 같아요. 어릴 때부터 그런 과정을 겪어와서 그런가. 아직도 힘이 없는 게 자신의 약점이라고 생각하나요?

물론 약점이 될 수 있죠. 하지만 약점보다 강점을 돋보이게 하고 싶어요. 사람들이 볼 때 굉장히 빠르고 바쁘게 흘러가는 것처럼 보이는 춤도 저는 가볍고 정교하게, 그리고 부드럽게 연결할 수 있는 장점이 있어요. 힘이 부족한 걸 그 장점으로 채울 수 있지 않을까 해서 연습할 때도 그 부분에 신경을 많이 쓰는 편이에요. 템포가 빠른 춤도 여유가 있어 보이게 추고, 보는 사람들로 하여금 빠르다고 느껴지지 않을 정도로 차분하게, 느긋하게 소화해 내는 느낌을 주려고 해요. 저만의 장점이 돋보이는 지점이 뭐가 될 수 있을까 찾고 있죠.

맞아요. 단점은 장점으로 상쇄시키면 돼요.

춤을 추시는 분들을 보면 자신의 느낌에 의존해서 멋있게 춤을 추는 분이 계시고, 선을 깔끔하게 정리해서 멋있는 느낌을 주는 분도 계시거든요. 저는 후자인 것 같아요. 선에 중점을 두고, 동작 자체가 군더더기 없이 깔끔한 거요.

선을 정리한다는 게 어떤 의미인지 설명해줄 수 있나요.

동작 하나하나를 다 체크하고, 꼼꼼하게 잡고 넘어간다는 뜻이에요. 더 예쁘게 보이도록, 좀 더 깔끔해 보이도록 정리를 하는 거죠. 동작이 어색해 보이지 않도록 하나 하고 멈춰서 체크하고, 또 하나 하고 멈춰서 체크하고 잡고 넘어가는 거예요.

그걸 반복적으로 하는 거예요?

네. 특정 파트에서 고개를 조금 더 돌려 본다든지, 골반을 조금 더 올려본다든지, 아니면 가슴을 좀 더 밀어 넣어본다든지, 왼쪽 어깨를 조금 더 올려본다든지. 이렇게 해서 조금씩, 조금씩 정리한다는 거죠.

굉장히 계획적이네요.

철저하게 연습했어요. 아, 여기서 발을 좀 더 들어볼까? 아니다, 여기서 무릎을 좀 더 구부려볼까? 이런 식으로 거울을 보면서 동작을 꼼꼼히 정리하고 넘어가는 거죠. 최대한 멋있어 보이도록.

또 다른 찬희 씨의 장점에는 무엇이 있을까요.

어릴 때부터 다양한 장르를 배웠더니 그게 지금 제 스타일을 완성하는 데에 도움이 많이 된 것 같기도 해요. 행운이죠. FNC엔터테인먼트에 들어온 게 중학교 때였거든요. 제가 어릴 때부터 춤을 추다 보니까 많은 선생님에게 배웠거든요. 그런데 아까 말씀드렸다시피 춤은 추는 사람마다 자기 스타일이 있어서, 각 선생님들의 장점을 많이 배우면서 그걸 제 것으로 만들어가는 과정이 굉장히 도움이 많이 된 것 같아요. 다양한 장르를 접해보고 춤에서도 한 가지에 얽매이지 않고 여러 가지로 몸을 자연스럽게 쓸 수 있는 느낌을 찾게 된 거예요. 하우스House, 팝핀, 재즈, 힙합 등 재미있는 게 많았어요.

일을 하면서 자신의 실력이 늘었다는 생각이 들었을 때는 언제였나요.

제 무대 영상이나 직캠을 보다가 그런 생각이 들 때가 있어요. 옛날 것들을 보면 '아, 나 지금 많이 늘었구나' 생각하게 되고, 똑같은 춤을 추는 영상을 봐도 그렇죠. 그 당시 영상과 지금 영상을 비교해보면 어떤 부분에서 제가 늘었는지 알게 돼요. 예전에 태양이 형이랑 춘 안무 연습 영상을 SF9 공식 트위터에 올린 적이 있거든요. 그게 2년 정도 됐어요. 얼마 전에 그 영상을 우연히 다시 보게 됐는데, 그때도 둘이 안무를 짜서 찍었던 건데도 최근에 올린 것하고 실력차가 많이 나더라고요. 최근에 제가 인스타그램에 올린 영상도 함께 안무를 짜서 올린 건데 눈에 띄게 실력이 늘었어요.

영상으로 직접 비교를 해보는 게 확실히 눈에 잘 들어오는 것 같죠.

예전에 안되던 동작들이 지금은 된다는 게 눈에 보이기도 해요. 이게 연습하다 보면 갑자기 되는 것도 아니라서요. 처음에는 정말 안 되다가, 연습을 꾸준히 하면서 그 동작에 적응하는 속도가 점점 빨라진다는 걸 느낄 때라야 알게 되는 거거든요. 다른 분들은 어떠실지 모르겠어요. 그런데 저 같은 경우에는 예전에 이 동작을 소화하는데 한 달이 걸렸다면, 지금은 조금 적응이 돼서 새로운 동작을 배울 때 일주일이 걸리고, 그 다음에는 조금 더 적응이 됐는지 하루밖에 안 걸리고. 이런 식이에요.

〈굿가이〉 때는 얼마나 걸렸나요.

그때는 다른 형들도 굉장히 빨라져서 거의 일주일 만에 안무 배우고, 길게 잡아서 2주 안에 다 끝냈던 것 같아요. 예전에 데뷔했을 때만 해도 〈팡파레Fanfare〉를 거의 석 달, 넉 달씩 했으니까요. 지금은 되게 빨라진 거죠.

데뷔곡 이야기가 나와서 말인데, SF9이 되게 여러 콘셉트를 했잖아요. 그중에 찬희 씨의 퍼포먼스 스타일에 가장 잘 맞았던 건 뭐였나요.

저는 〈질렀어〉요. 제 입장에서 상대적으로 표현하기 쉬웠고 잘 맞았던 것 같아요. 안무와 제 춤 스타일이 잘 맞았던 것 같죠.

구체적으로 어떤 면에서 〈질렀어〉가 표현하기 좋았던 거예요?

원래 안무가 자기한테 잘 맞으면 되게 쉽게 배울 수 있거든요. 그래서 일단 굉장히 쉽게 배웠고요. 하지만 제 파트에서 앞으로 나간 다음 후렴 부분에 고개를 밀면서 문워크를 하는 안무가 있어요. 여기서 고개를 옆으로 미는 안무가 되게 어려웠는데, 어떻게 할까 하다가 제 몸에 제일 잘 맞는 동작으로 만들려고 몸에 익히는 연습을 정말 많이 했어요. 발부터 손가락 각도, 어깨와 가슴의 높이와 방향, 골반의 위치 등 구체적으로 제 몸에 맞추는 연습을 해간 거죠. 물론 팀의 퍼포먼스이니까 기본적인 틀은 지켜야 하지만, 그 안에서 제

스타일을 살릴 수 있게 최선을 다했죠. 예전에 라키가 해줬던 조언도 도움이 많이 됐어요.

어떤 조언이었나요.

예전에 둘 다 데뷔하고 나서 라키가 저한테 해줬던 말이 있어요. "틀은 지켜가면서 그 안에서 네 스타일을 살려봐" 라키는 워낙 어렸을 때부터 같이 춤을 춰서 제가 깔끔하게, 튀지 않게, 무난하게 춤을 추는 걸 알고 있는 사람이잖아요. 그래서 그런지 그때 해준 말이 기억이 남아서 그 말 때문에라도 제 몸에 더 잘 맞게 춰보려고 해요. 사실 신체적인 조건도 춤을 출 때 많이 중요한 요건 중에 하나잖아요. 그런데 말씀드린 것처럼 굵직굵직하고 파워풀한 느낌을 내기는 어려우니까, 날렵한 느낌을 안무에 적용시키려고 한 거죠. 그게 〈질렀어〉였던 거고요.

그러면 어려웠던 퍼포먼스는요?

어려웠던 건 〈굿가이〉예요. 최근 퍼포먼스가 어려웠다고 하면 의외라고 생각하실 수도 있는데, 실제로 제일 어려웠어요. 물론 노래 파트마다 안무가 다 다르니까 제가 자신 있어 하는 동작이 나오는 부분은 괜찮았어요. 하지만 후렴으로 넘어가는 시작 부분이 진짜 잘 안돼서 고생을 너무 많이 했어요. 지금도 영상에서 그 부분만 보면 왜 저렇게 못 추나 싶어요. 편하게 보시는 분들은 흘려서 보실 수도 있지만 저는 하나하나가 다 보이니까 너무 마음에 안 들어요. 확실히 이런 동작의 느낌은 태양이 형이 잘 살린다는 생각도 들고요. 태양이 형의 춤 스타일 중에서도 배울 게 정말 많아요.

두 사람의 춤 스타일이 어떻게 다른 것 같아요?

태양이 형은 춤에 열정이 담겨있는 느낌이에요. 그래서 느낌으로나 몸의 그루브를 쓰는 방식이 되게 좋아요. 저는 동작이 다 정리가 된 깔끔한 느낌이라면 태양이 형은 자유롭게 자신의 그루브를 보여주는 느낌이죠.

본인이 느끼는 바를 고스란히 드러내는 느낌이에요. 그렇죠?

네. 저는 딱딱 정해져 있는 느낌인데, 태양이 형은 정해져 있는 춤을 추는 느낌이 아니라 표현을 자유롭게 하는 사람의 느낌인 거죠. 그래서 형을 보면 '어? 저 느낌도 정말 좋은데' 라고 생각하게 되고.

반대로 찬희 씨의 춤은 굉장히 모범생의 춤 같은 느낌이 있죠. 잘 다져진.

맞아요. 그래서 태양이 형의 스타일을 좀 배우고 싶어요. 형이 몸을 쓰는 느낌이 너무 멋지거든요. 굉장히 유연한 사람이라 웨이브도 좋고요. 힘도 잘 써요. 그렇다 보니 안무에서 포인트를 주는 부분도 예리하게 잘 알고 있고요.

서로 많은 걸 배울 수 있을 것 같아요.

실제로 그래요. 태양이 형이 저에게 선의 움직임을 배운다면, 저는 태양이 형에게 바이브를 배우는 거죠. 서로 같이 안무를 짜고 춤을 출 때 실력이 느는 게 느껴져요. 최근에 인스타그램에 올린 영상은 거의 태양이 형이 안무를 짠 거거든요? 왜 그렇게 했냐면요, 제가 태양이 형이 짜는 안무를 배우고 싶었어요. 그 '느낌'이라는 걸. 예전의 저는 아예 형처럼 춤을 추는 방법을 몰랐는데, 요즘에는 형을 보면서 힙합의 느낌과 자유롭게 움직이는 느낌을 배워서 시도해보게 돼요. 물론 이미 습관이 돼버려서 형이 가르쳐줘도 저는 자꾸만 선을 정리하게 되지만요.

반대로 태양 씨도 찬희 씨에게 많이 배웠겠네요.

이게 제 자랑 같은데요. (웃음) 형도 많이 배웠다고 해요!

멤버나 친구 외에는 어떤 콘텐츠들을 보면서 춤을 익히나요.

외국 댄서분들 중에 멜빈 팀팀Melvin Timtim이라는 분이 있어요. 힙합을 되게 잘하시는 댄서

분인데, 안무 영상을 보면서 다소 거친 바이브를 제 결로 만들어보려고 노력해요. 그리고 그 사람의 시선 처리 방식을 관찰하기도 하고요. 어디서 힘을 주는지, 어디서 힘을 푸는지 이런 것들을 느낌으로 많이 카피해서 제 거가 될 수 있도록 노력하는 거죠. 그래야 제가 성장할 수 있다고 생각해요. 옛날에는 소화하지 못했던 춤도 지금은 소화할 수 있게 되면서 이런 훈련까지 계속하면 어느 순간에는 또 많이 성장한 제 모습을 볼 수 있을 것 같아요. 힙합의 그루브는 전혀 소화하지 못하고 재즈의 선을 따랐던 제가 이제는 카피를 열심히 하면서 전보다 잘하고 있다는 기쁨을 맛보기도 하니까.

사실 신기한 게, 보통 팀의 메인 댄서라고 하면 굉장히 적극적으로 앞에 나서서 춤을 추고, 자신의 캐릭터를 보여주려고 하는 경우가 대부분이거든요. 그게 주어진 역할이라고 볼 수도 있고요. 그런데 찬희 씨는 독특한 게, 춤에서 야망이라는 게 느껴지지 않아요. 이게 성격과 연결된 부분 같아요.

그게 제가 튀는 걸 좋아하지 않아서 그래요. 정말, 최대한 튀고 싶지 않아요. 무대 위에서 메인 댄서 역할을 해야될 때가 있잖아요. 솔로 무대를 해야 한다거나. 그럴 때 오히려 저는 춤을 잘 못 춰요. 혼자 무대에 서 있으면 괜히 긴장되고 움츠러들어서 연습실에서 출 때보다 훨씬 실력을 못 보여주는 편이에요. 예를 들어서 예능 프로그램에 나갔을 때 메인 댄서니까 춤을 보여달라고 하시잖아요. 그러면 저는 평소보다 못 춰요. 부끄럽지만 그렇더라고요.

개인적으로는 찬희 씨의 장점이 다 드러나지 못하는 게 아쉬워요.

저도 이런 제 모습을 좀 고치고 싶어서 일단 최대한 연습을 많이 하는데요. 그래도 잘 안 되더라고요. 무대 위에서 단체로 있을 때 오히려 춤이 더 잘 나와요.

사실 야망이 없어 보인다는 말이 연예인 입장에서는 좀 속상하게 들릴 수도 있을 거라고

생각해요. 그래서 굉장히 조심스럽게 여쭤본 거기도 하고요. 그런데 본인이 더 안타까워 해서……

그러니까요. 그래도 소소한 주장은 있어요. (웃음) 말씀해주신 '야망'에 가깝게 '내가 뭔가 보여주겠어!' 이런 느낌보다는 기술적으로 성장한 모습을 보여드리고 싶다는 생각이 있어요. 좀 어려운 기술, 신기한 기술 같은 걸 여유롭게 소화해 냄으로써 제가 춤을 잘 춘다는 걸 증명하고 싶어요.

자연스럽게 성장하는 모습. 되게 찬희 씨다운 모습이에요.

그 느낌이 저에게는 더 멋있게 느껴지는 것 같아요. 물론 사람마다 멋있다는 기준은 다르겠지만, 저는 그런 느낌이 멋져 보여요. 되게 어려운 동작을 어렵지 않은 척 쉽게 해내는 거요. 그런데 가끔은 살짝 속상하기도 해요. 제가 춤을 출 때 무대 위에서 너무 안 힘들어 보인다더라고요. (웃음) 아직까지 저는 너무 힘들거든요.

무대 위에서 실제로 다른 멤버들에 비해 숨차하는 모습이 눈에 잘 안 띄어요.

그게요, 제가 춤을 출 때 숨을 거의 다 참아서 그래요. 최소한의 호흡 조절만 해요. 미리 숨을 쉬어놨다가 숨을 참고 춤을 추고, 그리고 잠깐 다른 부분에서 숨을 쉬었다가 다시 참고 춤을 춰요.

철저히 하는 편이네요.

예를 들어서 뒤돌아 있을 때 굉장히 크게 들이마셨다가 다시 돌았을 때 여유로운 척 다시 숨을 좀 참아요. 이런 식으로 해나가면서 무대를 완성하는 거죠. 저는 무대에서 안 힘들어 보인다는 얘기가 열심히 안 한다는 이야기라고 생각해서 속상했던 건데요. 보실 때는 그렇게 생각하실 수도 있지만, 전혀 아니에요. 속으로는 진짜 죽을 것 같아요. (웃음) 그 느낌은 조금 알아주셨으면 좋겠어요.

우리의 무대는 계속될 거야

연습할 때부터 호흡 조절하는 연습을 꾸준히 하나요.

네. 연습할 때부터 해요. 무대 위에서 제가 힘들어 보이면 무대를 보는 분들도 힘드실 수 있잖아요. 그래서 최대한 안 힘들어 보이게 연습을 하는 거예요. 표정 연기라든가 다른 부분도 마찬가지고요. 춤출 때 호흡을 조절하는 건 정말 중요하다고 생각해요. 퍼포먼스의 느낌을 완전히 전달하기 위해서도 그렇고, 춤의 동작을 하나하나 잡기 위해서도 그렇고요. 제가 야망도 없고, 자신감도 없는 성격이지만 호흡 조절에 있어서 만큼은 자신있게 말할 수 있어요.

자신감도 없다고 생각하고 있나 봐요!

쑥스러움도 많고, 사실은 예능 프로그램에서 "한 번 보여주세요!" 하면 속으로 '과연 내가 잘할 수 있을까?'부터 생각해요. 마인드 컨트롤이 너무 어려워서 지금도 애를 많이 쓰고 있죠. 최소한, 연습했던 만큼만 하자고. 그런데 신기한 게 뭐냐면요. 무대 위에 올라가면 달라져요. 너무 흥분되고 재미있어요.

역시 무대 위에 올라가면 다른 사람이 되는구나. (웃음)

그런가 봐요. 무대 올라가기 전까지는 긴장이 정말 많이 되는데, 일단 무대 위에 올라가서 조명이 딱 켜지고 노래가 들리는 순간 모든 생각이 다 없어져요. 그 변화가 너무 신기하고 재미있어요. 좀 이상하죠? 어떻게 보면 춤추는 공간이 다 무대인데, 왜 그럴까요.

아뇨, 이상하지 않아요. 괜찮아요.

진짜로 좀 달라요. 그래도 어디든 무대라고 생각하면서 좀 더 연습하고, 또 연습하면서 열심히 하려고 노력하는 거고요.

그러면 SF9의 퍼포먼스를 완성하기 위해 멤버들과 어떤 식으로 회의를 하나요.

가장 중요한 게 그 곡의 느낌을 퍼포먼스로 살리는 거잖아요. 그래서 안무 시안을 받으면 일단 이 곡에서 우리가 무엇을 살려야 할지 얘기해요. 좀 더 구체적으로는 파트마다 나눠서 이 부분에서는 우리가 어떤 느낌으로 움직여야 할지, 어떻게 동작을 맞춰야 할지 의견을 나누죠. 그리고 늘 하는 말이 "열심히 하자!"예요. 그런데 저희 팀 같은 경우에는 좀 특별한 게, 모든 사람의 동작을 하나로 맞추기보다 개인의 장점을 살려주자는 쪽이에요.

아, 개성을 살리는 쪽이군요.

네, 리더 형인 영빈이 형이 멤버 개개인의 춤 스타일을 살리는 걸 중요하게 생각해줘요. 전체적으로 봤을 때는 조금 엇나가 보이는 부분이 있을 수도 있죠. 하지만 그 부분을 감수하면서 최대한 자신이 잘 출 수 있게, 자신 있게 보일 수 있게, 재미있게 보일 수 있게 하는 무대를 만들고 싶어해요. 저도 정해져있는 대로 갇혀서 춤추는 것보다는 나름대로 제 스타일을 살리는 게 좋거든요. 태양이 형도 마찬가지고요. 각자 제일 멋있어 보일 수 있게, 성격이 드러날 수 있게 만들어 주는 것 같아요. 하지만 그 안에서도 당연히 큰 틀은 맞춰야 되니까 그건 저희끼리 조절을 또 하죠. 다들 알고 있어요. 중요한 틀이 있다는 건.

아까 잠깐 나왔던 얘기이기는 한데, 사람의 성격이 춤에서 드러난다고 했잖아요. 멤버들 한 명 한 명에 관해 이야기해 보면 어때요?

일단 태양이 형은 되게 열정도 있고 야망도 있는 사람이에요. 그래서 춤추는 걸 보고 있으면 뜨겁다는 생각이 먼저 들어요. 에너지가 가득하죠. 그래서 동작도 시원시원하게 뻗고요.

선이 좀 굵은 것 같아요, 태양 씨는.

맞아요. 손도 다른 멤버들보다 좀 더 높게 들고, 내리칠 때도 좀 더 세게 내리치고요.

다른 멤버들은요.

영빈이 형은 굉장히 정교해요. 그 느낌을 무게감 있게 담아내는 것 같아요. 원래 성격도 칼 같고, 정확하거든요. 다원이 형은 성격대로 춤도 굵직굵직하고 직설적으로 추는 느낌이고요. 휘영이는 자유로워요. 성격이 온순하고 자유로운 분위기를 좋아하는 게 춤에서도 그대로 드러나요. 인성이 형은……. 춤이 착해요. (웃음) 진짜예요. 재윤이 형도 춤이 순수해요. 맑고 투명하죠. 그대로 성격들이 드러난다니까요? 있는 그대로 춤 동작들이 깨끗하게 보여요. 특히 재윤이 형 같은 경우에는 상대방을 잘 배려해주는 성격이 춤을 출 때도 그대로 보이거든요. 주변에 다른 멤버가 있으면 그 멤버를 위해서 동선도 살짝 피해주고 최대한 춤추기 편하게 만들어줘요.

재미있는 부분들이 많네요.

로운이 형은 깔끔해요. 정리를 되게 잘하는 성격이거든요? 숙소 청소도 너무 잘하고요. 어질러져 있는 걸 별로 안 좋아하는 사람이에요. 그래서 춤도 어질러진 부분이 없어요. 단체 직캠이나 안무 영상을 보면 로운이 형은 딱딱 맞춰서 다 정리가 돼 있어요. 그리고 주호 형은 자기 주관이 뚜렷해요. 자기 자신을 잘 믿는 편이라 그런지, 동작이 각진 느낌으로 맞춰져 있죠.

막상 이렇게 정리하고 보니 SF9 멤버들의 성격이 한 번에 이해가 돼요.

저는 그게 너무 신기해요. 한창 춤 스타일이 왜 나뉘는 건지에 대해 생각을 해봤거든요. 같은 춤을 춰도 왜 저렇게 다 다르게 나오나 싶었어요. 춤을 춘다는 사람들은 이렇게나 많은데 스타일이 다 다른 게 신기하잖아요. 그러면서 나 자신에 대해 생각을 해보게 됐죠. 제 춤 스타일을 돌아보니 알겠더라고요. 어, 이게 성격이 달라서 그런 거네. 이 사람이 가지고 있는 성향이 춤으로 표현되는 거네. 그 순간부터 춤에 더 매력을 느끼게 됐어요.

SF9 멤버들은 키가 작고 크고를 떠나서 신체조건이 무척 좋은 팀이에요. 흔히들 말할 때 소위 '비율이 좋다'고 하잖아요. 그래서인지 보이그룹의 상징인 수트도 일찌감치 소화했던 팀이죠.

사실 수트 입고 춤추는 게 조금 갑갑하기도 하고, 옷 자체가 갖춰져 있는 유니폼 같은 느낌이다 보니 갇힌 느낌도 나요. 수트를 입을 때는 최대한 춤을 잘 출 수 있도록 옷을 수정하기 때문에 큰 불편함은 못 느껴요. 무엇보다 정갈하게 갖춰진 수트의 느낌도 춤 스타일로 살려보면 〈굿가이〉 같은 게 나올 수 있는 거거든요. 이 옷을 입고 힙합을 췄으면 안 어울렸겠지만, 거기에 딱 어울리는 퍼포먼스를 기획하다 보니까 힘들다는 느낌보다는 즐겁다는 느낌이 더 많이 났던 것 같아요.

수트를 입으면 구두를 신어야 하잖아요. 걸그룹들도 구두를 신고 춤을 추면 무척 힘든데, 보이그룹도 구두를 신으면 발이 많이 아플 것 같아요.

불편한 느낌이 있죠. 뒤꿈치가 까지고 복숭아뼈 근처의 피부가 까져요. 그런데 그건 당연히 감안해야 하는 부분이라고 생각해요. 그래서 예전에 춤을 배우고 무대 위에 올라가기 전에는 일부러 무대에서 신는 신발을 신고 연습하기도 했어요. 〈질렀어〉 때도 신발이 불편하다, 구두를 신는 날이 있다 그러면 다같이 안무 연습 때도 구두를 신고 연습했고요. 미리 몸을 적응시키는 거죠.

제일 춤추기 편했던 스타일링은 뭐였나요.

〈맘마미아〉가 제일 춤추기 편했어요. 운동화를 신고 춤을 추니까 일단 편했죠. 하지만 구두도 괜찮아요. 저희가 무대를 준비하는 열정에 비하면 구두 때문에 아픈 거나 옷 때문에 불편한 건 정말 아무것도 아니에요. 아무 영향을 끼치지 못한다고 할 수 있을 정도로요.

SF9으로 여러 장의 앨범을 냈고, 〈굿가이〉에 이르러서 가장 좋은 성적을 거뒀잖아요. 그런데 1위 수상을 하는 장면에서 찬희 씨가 의외로 덤덤해 보이는 거예요. 아역 때부터 연예계 생활을 오래 해와서 일희일비하지 않는, 그런 여유를 갖게 된 걸까 싶었어요. 실제로 어땠나요.

그런 느낌이 없었던 건 아니에요. 하지만 제일 크게 들었던 생각은요, 이제부터 시작이라는 거였어요. '아, 드디어!' 이 느낌이 아니라 '그래, 이제부터 시작이야'라는 느낌이었던 거죠. 그래서 그 순간에 되게 감동도 받고, 감사했지만 이 느낌을 눈물보다는 앞으로의 성실한 무대들로 전달하고 싶었어요. 1위라고 불리는 순간에는 진짜 얼마나 놀랐는데요. (웃음)

그게 표정으로 잘 드러나지 않아서 많은 분들이 차분한 찬희 씨의 성격이 그대로 드러났다고 생각하셨을 거예요. (웃음)

티를 내고 싶지는 않았어요. 동생도 있고 그래서, 어릴 때부터 자기감정을 내비치는 것보다 동생을 잘 챙기고 성숙하고 차분한 성격이어야 한다는 얘기를 들으면서 자랐어요. 1위 때도 일단은 놀라서 우는 멤버들을 달래줘야 한다는 생각이 먼저 들었던 것 같아요.

역시 오래 전부터 연예계 생활을 한 게 영향을 끼쳤을 거라는 생각이 드네요.

맞아요. 아무래도 방송 활동을 해봤으니까 어떤 부분이 어려운지, 어떻게 하면 안 되는지 조금씩 배워온 것 같죠. 그걸 잘 활용했던 것 같아요. 무대 위에서 카메라가 있을 때 춤을 추면서 최대한 긴장을 안 하는 방법을 터득했던 것 같고요. 무대에 올라가기 전에 춤을 한 번 더 춰보고 올라간다든지, 마인드 컨트롤로 '지금 이 순간만큼은 내가 최고야'라고 생각을 한다든지 저만의 노하우를 만들어온 것 같아요.

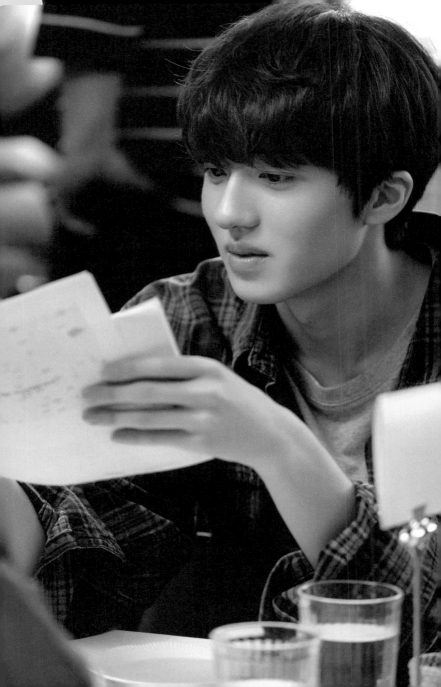

연기자 강찬희, 가수 찬희

연기에 대한 이야기도 같이 해보면 좋겠더라고요. 똑같이 표현을 하는 일이라는 점에서.

처음에는 부모님께서 권유하셔서 시작한 거였고요. 그러다가 형들이랑 연습생 생활을 하면서 초등학교 고학년 때부터 저 스스로 재미있어서 하게 된 것 같아요. 연기도 처음에 배울 때는 아무것도 몰랐죠. 초등학교 2학년 짜리가 연기가 뭔지 어떻게 알았겠어요. 덧셈, 뺄셈하고 국어 공부부터 해야 하는 아이였는데요. 그냥 '연기가 뭐지? 일단은 엄마가 시켜주시니까 해봐야지' 이런 마음이었어요.

얼결에 시작했고, 워낙 어릴 때라 싫증이 날 수도 있었을 것 같아요.

그래서 가끔은 '아, 엄마한테 하기 싫다고 말할까?' 생각하기도 했어요. 그런데 그러다가도 막상 촬영을 하면 재미있게 했죠. 스스로도 뭐하는 건지 잘 모르면서 그냥 했고, 그렇게 자연스레 재미를 붙였죠. 사실 제가 자신감이 없고 튀는 것도 좋아하지 않는다고 말씀드렸잖아요? 처음에는 얼마나 무서웠는지 몰라요. 긴장도 너무 많이 하는 편이라서 제가 잘할 수 있을지 너무 두려웠어요.

아역 배우였기 때문에 성인 배우로 성장하는 것에 대한 두려움을 토로하는 분들도 많죠. 찬희 씨는 어때요.

살짝 걱정이 되는 부분은 있어요. 어린 이미지를 벗어야 하니까요. 교복을 입는 역할도 많이 했었고, 아역 시절이 워낙 많이 알려져 있기도 하니까요. 그런 부분 때문에 고민하시는 연기자 분들이 많고, 잘 적응하신 분들이 많지만 저는 아직 시험 중인 단계라고 생각해요.

어떻게 해야 조금씩 자연스럽게 시청자 분들이 어린 찬희의 이미지를 잊게 할 수 있을까. 그래도 걱정을 지나치게 하는 편은 아닌 것 같아요. 오히려 그런 부분보다는 연기를 조금 더 잘해야겠다는 생각을 많이 하죠. 어떤 부분을 노력해야 제가 진정성 있게 연기를 하는 것처럼 보일지, 얼마나 감정을 제어하며 내비쳐야 시청자 분들이 제가 하는 연기에 더 공감을 하실 수 있을지 고민하죠.

찬희 씨의 눈빛이 좋다는 평가가 많았잖아요. 그러면서 붙은 별명이 '누명 전문 배우'였어요. 하지만 이런 별명이 찬희 씨에게는 부담이 될 수도 있을 거라고 생각했어요. 눈빛만으로 연기를 할 수도 없고, 한 가지 역할 안에 갇힐 수도 없는 일이니까요.

제가 평소에 화를 내 본 적이 별로 없거든요. 오열하듯이 화낸 적이 별로 없었어요. 그런데 영화나 드라마를 보면 항상 극의 캐릭터들이 절정의 감정을 느끼기도 하잖아요. 문제는 제가 그런 감정을 느껴본 적이 없으니까 '아, 이걸 어떻게 해야 하지? 그냥 막 화내볼 수도 없고' 이런 생각을 하게 된다는 거였어요. 그래서 요즘에는 여러 작품을 보면서 다른 분들이 연기하시는 걸 보고 따라하기도 해요. 방에서 혼자 화를 내보기도 하고요. 화내는 역할이 안 어울릴 것 같다, 찬희가 감정을 터뜨리는 모습은 이상할 것 같다 이런 편견을 벗어던지고 싶어서 연습을 많이 하고 있는 것 같아요.

연기할 때 자세를 신경 쓰기도 하나요? 춤출 때와는 좀 다를 것 같아서요.

어, 저는 자세를 신경 쓰는 편은 아니에요. 왜냐하면 오히려 연기하는 데에 방해가 된다고 생각해서요. 그보다는 평소에 습관을 잘 들여야 한다는 생각을 하는 편이에요. 그렇게 연습해서 만들어진 게 연기할 때 자연스럽게 나와야 자연스러운 연기가 가능해지는 것 같거든요. 그게 캐릭터마다 또 다르고요.

예를 들면요?

'SKY캐슬'의 우주를 예로 들어볼게요. 우주는 되게 모범적이고 정직하잖아요. 그 캐릭터를 연기하기 전에 평소 습관을 들이는 거죠. 바르게 서 있는 모습으로요. 습관을 만들어 놓고 나서 촬영을 할 때는 자세에 대한 압박을 배제하고 우주라는 역할에 빠져드는 거예요. 만약에 학교에서 불량한 학생을 연기해야 한다면 그 연기를 하기 몇 달 전부터 평소에도 그 역할처럼 자세를 잡고 다니는 거죠. 사실 현장에서 다른 분들은 잘 되실지 몰라도요. 저는요, 그렇게 똑똑한 편이 아니고요. 이해력도 좋은 편이 아니에요. 몸도 적응을 빨리하는 편이 아니라서 연기할 때까지 자세 하나하나 일일이 생각하면 아마 잘 못할 거예요. 그러니까 평소에 열심히 해둬야 해요.

춤출 때도 마찬가지겠네요.

맞아요. 습관처럼 동작을 만들어두는 거예요. 춤을 출 때도 항상 꼿꼿하고 바른 자세를 유지하라고 배웠기 때문에 그 기본자세를 아직도 가지고 있어요. 이건 연기도 그래요. 벽에 서서 뒤통수부터 다 일자로 몸을 붙인 다음에 한 시간 동안, 두 시간 동안 서 있었어요.

춤을 출 때와 연기할 때는 마음가짐이 어떻게 다른가요.

춤을 출 때는 최대한 즐겨야겠다는 생각을 해요. 재미있게 하고 내려오자고. 반면에 연기를 할 때는 좀 다른 집중력이 발휘되는 것 같아요. 모든 것을 내려놓고 그 캐릭터에만 온 신경을 쏟는 거죠. 저 자신까지도 내려놓고요. 물론 저도 완벽한 사람은 아니라서 연기를 할 때 나 자신이 문득 튀어나오고 조금씩 드러날 때가 있지만, 그런 모습조차도 오히려 저만의 색깔이라고 생각을 하고 개성이라고 바라보고 싶거든요. 그래서 최대한 그런 모습도 놔두고 캐릭터에만 집중을 하려고 노력해요.

춤을 출 때라도 즐길 수 있어서 다행이에요.

춤을 출 때는 나 자신을 내려놓기보다 즐거운 마음으로 믿어야 하더라고요. 연기할 때는 최대한 내려놨던 나 자신을 춤출 때 데려와서 믿어주는 거죠. 그리고 SF9의 찬희로서 춤을 출 때는 책임감이 더해지고요. 팀으로서 화면에 비치고, SF9이라는 이름이 중요하니까 책임을 져야해요. 어릴 때는 그저 잘 추겠다는 생각과 재미있다는 생각만으로 춤을 추던 아이였지만 지금은 달라졌죠. 원밀리언^{1million} 분들과 〈예뻐지지마〉를 췄을 때도 춤을 직업으로 갖고 계신 분들이니만큼 SF9의 멤버로서 더 완벽해지기 위해 많은 걸 배워가야겠다는 생각을 했어요.

무대에 올라갈 때도 마냥 즐길 수 있는 입장은 아닌 거네요.
그래도 그때만큼은 제가 제일 춤을 잘 춘다고 생각하고 자신감을 불어넣으려고 해요. 제 입으로 말하기 좀 부끄럽지만요. (웃음) 워낙에 자신감이 없는 성격이라 최대한 내가 제일 잘 춘다는 마음으로.

TAKE. V

백지 같은 미래

춤을 추고 있을 때 어떤 느낌이에요?
(한참을 고민하다가) 어, 굉장히 어렵네요. 어떻게 표현해야 좋을까요?

천천히, 편하게 이야기해주세요.
되게 단순한데요. 재미있어요. 흥분돼요. 그리고 많은 생각이 들기도 하죠.

우리의 무대는 계속될 거야

어떤 생각이 들던가요.

오로지 느낌에 기댈 수 있다면 좋겠지만, '아, 여기서 조금 더 몸을 낮춰야지' 혹은 '올려야지', '가볍게 쥐야지', '조금 더 숨을 머금어야지' 같은 생각들이 나요.

이성의 끈은 절대로 놓지 않는 모범생 같아요. (웃음)

모범생은 아닌데! (웃음) 아주 많이 흥분하면 그런 생각이 적어지기는 하는데, 이성에 좀 붙들려 있으면 여기서는 뭘 좀 더 해볼지, 어떤 느낌을 길게 가져갈지 같은 생각을 안 할 수가 없어요. 그래서 아마 제 영상을 보시면 이제 알게 되실 거예요. 같은 안무를 해도 무대마다 약간씩 다르다는 걸요. 어느 날에는 특정 동작을 좀 길고 가볍게 하고, 또 다른 날에는 그 동작을 좀 더 짧게 혹은 무겁게 했을 거예요. 그게 순간적으로 내리는 판단에 의해 그렇게 되는 거예요.

굉장히 치밀한 성격도 엿보여요.

성격은 참 단순한데, 춤을 추면서는 정확하게 짚고 넘어가려는 생각을 많이 하는 것 같죠. 애매한 것도 별로 안 좋아하고요. 기면 기고 아니면 아닌 것 같아요.

찬희 씨는 어떤 사람이고 싶어요? 두 번의 인터뷰 동안, 정말 많은 모습을 봤어요.

편안한 사람이요. 그냥 친근한 사람. 연예인으로서도 그렇지만, 연예인이기 전에 강찬희라는 사람이 친근하고 친숙한 친구였으면 좋겠어요. 그리고 안에서부터 빛이 나는 사람이고 싶어요. 되게 어려운 목표지만, 그게 배울 점인 사람이 되고 싶어요.

멋진 목표네요. 이 인터뷰 전에 우리가 1년 전에 했던 인터뷰를 다시 봤어요. 그때 "백지 같은 사람이고 싶다"고 했더라고요.

그건 항상 전제로 깔고 있어요. 백지 같은 사람이 궁극적인 목표인 것 같아요. 지금도 확실히 변함없는 목표예요. 그런데 생활하다 보니까 그 백지에 뭘 그리면 그릴수록 지우기는 좀 힘들더라고요. 그래서 욕심 부리지 않고, 많이 그리지 않으려고 해요. 제가 쓰고 그렸다가 지울 수 있을 만큼, 항상 썼다가 지웠다를 반복할 수 있을 만큼의 사람이고 싶어요. 너무 많이 그리니까 나중에는 조금 지쳤어요. 계속 그리기만 하니까.

한창 지쳤던 때가 있군요.

그럼요. 작년에 드라마 끝나고, 앨범 활동도 끝나고……. 그런 과정이 두어 번 반복되면서 잠도 많이 못 자고 고민을 했어요. '이제 나 뭐 해야 하지?' 마음만 조급해지고. 괜히 다른 걸 열심히 찾게 되더라고요. 열심히는 했지만 제 마음의 여유가 너무 사라지는 것 같았죠. 연기할 때 그걸 바로 느꼈어요. 작년에 영화를 한 편 찍었는데, 그걸 찍을 때 제 감정이 더 이상 남아있지 않은 느낌이었거든요.

안이 텅 빈 느낌이었죠?

네. 너무나 다 소모해버렸나 봐요. 그래서 휴식 기간이 좀 필요하다고 느낀 것 같아요. 그게 아까 말씀드린 백지 얘기예요. 너무 그리니까 더 이상 그릴 데가 없어서 힘든 거죠. 연기도 잘 안 나오더라고요. 나 자신에게 각박하게 굴기보다 조금 텀을 두고 여유 있게 일을 해야할 것 같다는 생각을 하게 됐죠.

성격에 딱 맞는 만큼만 하는 게 맞다고 생각해요.

맞아요. 너무 오버하면 안돼요.

찬희 씨가 생각하는 찬희 씨의 템포는 어느 정도예요?

굉장히 느립니다. (웃음) 뭐, 1/4 박자 이렇게 이야기할 수는 없는데요. 되게 느려요. 그냥 치고 싶을 때 치는 악기 같은 느낌이에요. 장구보다는 북 같은 사람이죠. 둥 소리가 나게 쳤다가 한참 기다리고 다시 둥 하는. 비유가 좀 이상한가요?

아뇨. 예전 인터뷰에서 백색과 먹색이라고 표현한 적도 있잖아요. 그때의 느낌이에요.
어릴 때 외할머니와 함께 자라서 그런가 봐요. 고전적인 감성이 담겨있는 것들이 좋아
요. 성격도 그렇잖아요. 가끔씩 조급해지는 느낌은 있지만 그래도 여유 있게, 꿋꿋하게
가는 사람. (웃음)

**사실 아역 배우부터 활동을 해왔기 때문에 찬희 씨의 역사는 타인의 눈에 의해서 쓰여 왔
다고도 볼 수 있을 것 같아요.**
그게 안 좋다고 생각하실 수도 있어요. 왜냐하면 어릴 때의 제 모습이 다 공개되고 기록
으로 남아있는 거잖아요. 그런데 반대로 생각하면 그래서 좋다는 생각도 들어요. 제 모습
을 대중이 다 알고 '이 친구가 이렇게 커왔구나' 혹은 '저 친구가 이렇게 걸어가고 있구나'
를 봐주실 수 있으니까. 그러니까 앞으로 제가 걸어가는 길도 다 봐주셨으면 좋겠어요.

참 다양한 면이 있는 사람이에요. 단순한 듯, 복잡한.
저도 저를 아직 잘 모르겠어요. 그런데 이야기가 이렇게 끝나도 되나요?

네, 왜요?
제가 너무 앞만 보고 가는 사람인가 봐요. 사소한 거라도 꼭 필요한 것들, 좋은 것들은 기
억하고 싶은데 잘 기억이 안 날 때가 많거든요. 물론 다 잊어버린다는 건 아니지만, 못 한
이야기가 많은 것 같아서요.

나중에 또 하면 되죠.
그렇죠? 이제는 뒤도 좀 돌아보면서 가야겠어요. 그때 더 많이 얘기할 수 있게요.

〈맘마미아〉
MBC '음악중심' _ 20180303

가볍고, 날렵하고, 민첩하다. 늘 눈에 띄지 않는 쪽을 선호한다고는 하지만, 이 무대에서 찬희는 시종일관 날아다니는 것 같아서 결국 눈에 띄고 만다. 처음 원숏을 받았을 때부터, 찬희의 몸은 당장이라도 날아오를 준비가 된 어린 새처럼 시간을 재고 있다. 짧은 유닛 안무에서도 센터에 서서 이 곡의 밝은 정서를 전달하기 위해 누구보다 높이 가뿐하게 튀어 오르는 찬희의 모습은 연기자로 먼저 그를 접한 사람이라면 낯설게 느낄 만큼 흥미롭다.

나머지 8명의 멤버들 사이에서 도무지 튀지 않으려고 해도 튈 수밖에 없는 그의 민첩함은 연기력과 함께 더 빛을 발한다. 아련하고 애처로운 눈빛 대신, 사랑에 빠져서 앞도 뒤도 보이지 않는 뻔뻔스러운 장난꾸러기의 눈빛은 미국의 고등학교를 떠올리게 하는 무대 장치와 함께 어우러져 청소년 성장 드라마의 한 장면을 보고 있는 듯한 느낌을 준다. 박시한 초록색 상의를 입은 소년은 한껏 멋을 부리고 나와 자신이 좋아하는 아이에게 열심히 대시를 하는 중이고, 왠지 모르게 이 고백은 받아들여질 것 같다는 판단이 선다. 찬희의 연기와 발랄한 춤 동작 하나하나가 해피엔딩으로 채워진 하이틴 소설의 장면을 완성한 것이나 다름없다.

하지만 여전히 찬희는 다른 멤버들이 앞에 나와 있는 동안 뒤에서 묵묵히 자신의 자리를 지키고 있다. 정해진 무대의 틀을 흐트러뜨리지 않으면서 이야기의 핵심은 최선을 다해 전달하려고 춤과 연기에 매진하는 그의 의지는 자신의 장점을 팀의 것으로 활용하면서 파트마다 중심이 되는 멤버를 앞으로 밀어주는 배려 깊은 사람의 노력과도 같다. 마치, 사랑한다는 고백은 밀어붙이는 힘보다 조심스레 당겨주는 배려가 함께해야 완성되는 거라고 설명하듯이.

〈맘마미아〉는 강하고 센 이미지를 내세우며 발표한 SF9의 곡들이 갖고있는 정서와는 사뭇 다르다. 그러나 오히려 자신의 나이 또래에 어울리는 콘셉트를 부여받아 날아오른 찬희의 모습은 이 곡에서 성장의 전초를 마련했다. 더 멋지고 화려한 퍼포먼스도 여럿이지만, 이 무대만큼 다양한 일을 해내는 찬희의 장점이 있는 그대로 비치는 무대를 찾기는 힘들다. 가능성의 영역을 시험한다는 차원에서 바라볼 때, 〈맘마미아〉는 카메라 앞에서 드러나는 찬희의 성격과 가치관, 춤의 장점까지 모두 보여주는 중요한 퍼포먼스다. 〈맘마미아〉 후에 이어진 찬희의 여러 가지 활동을 되짚어 볼 때, 이에 동의하지 않는 사람은 거의 없을 것이라 확신한다. 꾸준히 앞을 보며 달려온 사람에게 이런 과거의 순간이 있다는 것은 얼마나 소중한가.

여기, 문빈의 열정

ASTRO **MOON BIN**

아스트로의 문빈에 관해 이야기를 시작하면, 크고 단단한 신체를 칭찬하는 목소리가 가장 먼저 나온다. 실제로 〈숨바꼭질〉에서 해맑게 웃으며 멤버들과 장난을 치던 소년은 이제 건장한 남성의 신체에 대해 말하는 잡지의 표지 모델이 되었다. 소년은 자라서 청년이라고 불러도 모자람이 없을 건강한 매력을 뽐내고 있었고, 주변에서는 그를 보며 끼가 많고 세련된 아스트로의 메인 댄서가 이번 콘서트에서도 잘 다듬어진 근육들을 보여주었다고 놀라워했다.

데뷔 초반에 그가 속한 아스트로는 늘 맑고, 깨끗하며 청초한 이미지를 보여주고 있었다. 걸그룹이라고 해도 손색이 없을 정도로 깔끔하며 청아한 모습을 보여주는 이 그룹에게서는 계절이 달라져도 비슷한 냄새가 났다. 봄, 여름, 가을, 겨울 사계절 모두 그들의 옷은 정갈했고, 메이크업을 최소화한 얼굴은 뽀얀 소년들의 건강한 눈빛으로 가득했다. 그러나 문빈은 그 사이에서 가장 빠르게 자라났고, 계절의 냄새를 조금 다르게 바꿔놓은 멤버였다. 아마도 대중은 그 성장의 결과물을 커다란 키와 탄탄한 근육으로 읽어내고 있었던 것 같고.

최근 들어 그의 동작 하나하나에 생긴 세심한 디테일들은 아스트로의 무대를 풍성하게 만드는 데에 큰 기여를 하고 있다. 긴 손가락 끝에서 나오는 에너지는 때때로 발레리나의 것처럼 우아하고, 때로는 발레리노의 것처럼 또렷하게 곡의 이미지를 표현한다. 〈올 나잇All Night〉의 문빈은 밤새 연인과 전화 통화를 하며 잠들기 싫은 마음을 애교스러움과 세련됨을 조화한 서사로 만들어 사랑의 모양을 그려낸다. 〈노크Knock〉에서 새로운 세상을 마주하고자 하는 당찬 욕망은 아스트로가 지닌 야망과 문빈 개인의 에너지 가득한 성격을 고스란히 드러낸다. 그는 어떤 콘셉트 앞에서도 겁먹지 않고 자신의 현재를 노래 안에 투영하며, 아스트로라는 팀의 이미지를 연한 파스텔 톤의 도화지에서 가끔씩 강렬한 원색으로 바꿔놓는다.

우리의 무대는 계속될 거야

이 원색은 곱다는 표현보다 또렷하다는 표현이 어울리는 문빈만의 색깔이다. xtvN 〈최신유행프로그램〉이라는 엉뚱하기 짝이 없는 프로그램에서 아이돌로서의 자신을 내던지고 뻔뻔스러울 정도로 남을 웃기는 데에 몰입하는 그는 무대 위에서 보았던 문빈과는 또 다른 사람처럼 보인다. 코미디언들 사이에서 다소 어색한 연기로 온라인 상에서 유행하는 밈을 하나하나 현실로 옮기는 그를 보고 있노라면 아스트로의 무대 위에서 펼쳐놓는 온갖 진한 계절의 냄새가 용기에서 비롯된 것임을 알 수 있다.

"연습을 너무 많이 해서 죽을 것 같다고 하면 이렇게 말해주고 싶어요. 안 죽어, 라고." 재능만이 지금의 그에게 주어진 무대와 더 많은 기회를 만들어 준 것은 아니다. 숨이 턱 끝까지 차오르고, 목이 막힐 때까지 연습을 하면서 "죽을 것 같아"라는 말을 해본 사람이기에 누군가에게 조언을 할 수도 있고 자신 있게 스스로의 재능을 내보일 수도 있다. 우아하지만 힘있게 움직이는 그의 모습을 보며 다시 한 번 강단 있게 내뱉었던 그 말을 떠올린다. "죽을 것 같아도 안 죽더라고요." 이 인터뷰의 내용은 사실, 이게 전부다. 원색의 청년에게 그야말로 너무나 어울리는 한 마디로 인터뷰의 시작과 함께 끝을 예고한다.

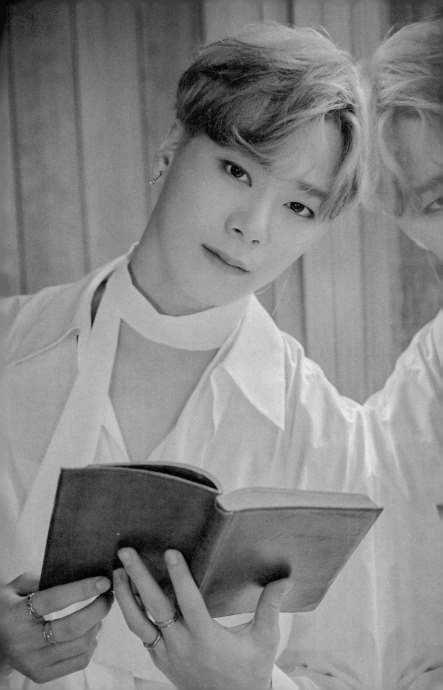

문빈

문빈^{MOON BIN}은 2016년 데뷔한 보이그룹 아스트로^{ASTRO}에서 메인 댄서를 맡고 있다. 아스트로는 데뷔 앨범 [스프링 업^{Spring Up}]을 비롯, [서머 바이브^{Summer Vibes}], [어텀 스토리^{Autumn story}], [윈터 드림^{Winter Dream}], [올 라잇^{All Light}], [블루 플레임^{BLUE FLAME}], [게이트웨이^{GATEWAY}] 등의 앨범을 발매했으며 2020년 제34회 골든디스크 어워즈 남자 베스트 퍼포먼스상, 2019년 소리바다 베스트 케이뮤직 어워즈 글로벌 핫트렌드상 등을 수상했다. 문빈은 XtvN '최신유행 프로그램', JTBC '열여덟의 순간' 등을 통해 연기자로도 활동 중이다.

〈노크〉 활동이 끝났어요. 이번 활동을 보면서 문빈 씨의 춤 실력이 더 늘었다는 생각이 들었어요.

그동안 여러 가지 깨달음이 있었거든요. 2주 활동이라 좀 아쉽기도 한데, 추후에 멤버들마다 개인 활동이 있고 하니까 2주로 잘 마무리한 게 다행이라는 생각이 들어요. 1위도 했고요.

앨범은 또 내면 되니까요.

맞아요. 다음 앨범을 낼 때는 개인 활동으로 다들 잘 되고, 다 같이 모였을 때 시너지가 났으면 좋겠어요. 그래서 올해 안에 컴백을 하고, 마무리까지 잘 했으면 좋겠죠.

문빈 씨 말투가 리얼리티 프로그램에서 봤던 것보다 굉장히 차분해서 놀랐어요. (웃음)

사실 일어난 지 얼마 안 돼서 그런 거예요. (웃음) 그리고 일 이야기를 하면 좀 더 정적인 사람이 되기도 하고요.

꼬마 동방신기(꼬마신기)로 처음 TV를 통해 문빈 씨를 봤는데, 그때 그 초등학생이 지금은 아이돌로 활동하고 있다는 게 개인적으로 신기해요.

정말 어렸었죠. SF9 찬희도 있었고, 뮤직비디오 촬영할 때는 아이콘iKON의 찬우도 있었어요. 그런데 이 책에 찬희가 들어간다고 해서 '아, 우리 둘이 그 시절을 각각 다르게 기억하고 있을 수도 있겠다' 싶더라고요.

우리의 무대는 계속될 거야

그 시절부터 되짚어나가다 보면 어떻게 다른지 알 수 있겠죠? 그때만 해도 부모님께서 문빈 씨에게 재미있는 일을 해보자고 설득하셔서 시작된 거죠?

그렇죠. 여덟 살 때 부모님께서 아동복 모델 쪽으로 저를 연결해주셨어요. 솔직히 저는 좋아하지는 않았어요. 그 나이대에는 한창 노는 게 좋을 때잖아요. 학원도 가기 싫고, 공부도 하기 싫고, 밖에 나가서 친구들이랑 탑블레이드 팽이 가지고 놀고, 술래잡기나 하고.

그렇게 놀기를 좋아했던 꼬마가 어쩌다가 꼬마신기가 된 거죠.

아동복 모델도 하고 이것저것 하다 보니까 미팅이라고 해야 하나, 오디션이라고 해야 하나. 그런 것까지 보게 됐어요. 오케이를 받고 동방신기 선배님들 뮤직비디오에 출연하게 된 거죠. 그 덕분에 꼬마신기로 SBS '스타킹'까지 나가게 된 거고요. 그런데 이제 와 생각해보면 그때의 저는 진짜로 힘들어했던 것 같아요.

노는 시간이 줄어서요?

그런 것도 있지만, 일단 제가 어렸을 때 굉장히 내성적이고 수줍음도 많았거든요. 말도 잘 못 했어요. 그런데 방송에 출연하기 전부터 저를 응원해주시는 분들이 카페를 만들어주셨어요. 제 입으로 말하려니 좀 부끄럽지만. (웃음) 덕분에 학교에도 알려지면서 옆에 있던 중학교 누나들이 찾아오고, 초등학교 1학년 때부터 고학년 형, 누나 들이 찾아와서 "안녕?" 인사를 하는데 저는 거기에도 인사를 못 할 정도로 부끄럼을 탔어요. 너무 무섭고 떨리는 거예요. 그런 게 점점 와전되기 마련이잖아요. '애가 되게 싸가지가 없다. 인사도 안 한다' 이런 식으로.

많이 속상했겠어요. 그래도 꼬마신기 때는 고학년 때라 좀 나았을 것 같은데요?

꼬마신기가 정말 중요했죠. 그 활동이 발판이 돼서 지금의 제가 있지 않나 싶거든요. 그 계기로 판타지오 오디션을 봤고, 입사를 하게 되면서 지금의 자리까지 왔으니까요. 그런데 사실 비하인드 스토리가 있어요. 판타지오가 처음이 아니었거든요.

다른 회사에서 연습생 생활을 했었군요.

네, 싸이더스 공채 오디션에 지원을 했었어요. 물론 그것도 제 의지가 아니었지만. (웃음) 어쨌든 합격을 하면서 주변에 있던 또래 친구들을 회사에 소개했거든요. 찬우, 찬희를 비롯해서 제가 아는 다른 친구들 몇 명까지 네다섯 명이었어요.

정식으로 트레이닝을 받은 건가요.

우리가 지금 생각하는 정석적인 트레이닝은 아니었고요. 아이돌 준비가 아니라 연기만 배웠거든요. 그런데 그 회사에서 저를 담당하시던 분이 퇴사를 하면서 NOA를 차리셨고, 제가 거기로 갔죠. 그 회사가 지금의 판타지오예요. 그렇게 연습을 시작하게 된 건데, 솔직히 중학생이 되기 전까지는 연습에 대한 개념이 별로 없었어요. 사실 그 나이대 애들이 모여서 꿈이 있겠어요, 뭘 했겠어요? (웃음) 그냥 놀고, 또 놀다가 집에 가는 거예요. 연습은 조금만 하고.

중학생이 되면서 달라진 거고요.

신기하게 그때쯤 되니까 제가 하는 일이 뭔지 생각해보게 되고, 꿈을 만들어나가게 된 것 같아요. 여러 영상들을 보기 시작했고, 여러 사람들의 말을 듣기 시작했어요. 그러다 보니까 딱 생각이 들었죠. '아, 내가 지금 하고 있는 게 장난처럼 할 수 있는 게 아니구나.'

그 당시에 들었던 이야기 중에서 문빈 씨에게 용기를 북돋운 말이 있나요.

"너 진짜 잘한다", "너 진짜 재능이 있구나" 이거요. 중학교 1학년 때인가 2학년 때인가, 판타지오에서 연말평가 공연이 있었거든요. 그때 정말 좋은 평가를 받았어요. 그때는 헬로비너스HELLOVENUS 누나들도 계셨고, 지금 위키미키Weki Meki가 된 아이틴걸즈I-Teen Girls 친구들도 있었어요. 이 세 팀이 공연을 했죠. 사실 그때 연습을 하기는 했지만, 아직 어릴 때라 죽어라고 열심히 했던 건 아니에요. 그런데 막상 공연을 끝내고 나서 칭찬을 들으니까 추진력을 얻은 느낌이었어요.

타고난 재능이 있다는 걸 그제야 스스로 깨닫게 된 것 아닐까요.

이 일을 하면서 느끼는 건데, 자기를 표현하는 직업 같은 경우에는 노력도 정말 중요하지만 타고난 재능이라는 게 없으면 안 되는 것 같아요. 노력으로 메워질 수 없는 무언가가 있다는 생각을 해요.

특별히 그렇게 느낀 계기가 있나요?

저희를 뽑으셨던 본부장님이 되게 엄하셨어요. 칭찬을 거의 안 해주셨거든요. 항상 단점들을 보완할 수 있도록 쓴소리를 되게 많이 해주시는 분이셨는데. 그때 처음으로 칭찬을 받아본 거죠. 그러고는 칭찬의 맛을 알아버렸는데, 그 이후에는 또 못 들었어요. (웃음) 판타지오는 연습생들에게 굉장히 칭찬에 인색해요. 아티스트로 데뷔를 한 후에는 잘해주시는데, 그전까지는 굉장히, 아주 굉장히 칭찬에 인색하시죠. 항상 칭찬에 목말라 있었어요.

우리의 무대는 계속될 거야

처음 겪은 열등감

연습생 때 제일 재미있게 했던 건 뭐였나요.

아까도 말씀드렸지만, 어렸잖아요. 그래서 사실 특별히 재미있다고 느꼈던 건 없었는데
요. 랩이 그중에서 제일 즐겁더라고요. 연습생 때 랩을 같이 배웠는데, 제가 직접 가사를
쓰고 인스트루먼트instrument·반주에 직접 플로우를 만드는 게 되게 즐거웠어요. 수업하면 과
제들이 있잖아요. 카피를 몇 개 해오고, 랩을 몇 개 써오고 이런 과제들이었는데, 그걸 여
러 개씩 해갔죠.

굉장히 의외예요. 지금 잘하는 춤이나 노래를 이야기할 줄 알았거든요.

그게요, 어쨌든 저는 뭘 하든지 이겨야 재미있단 말이에요. 잘해야 재밌잖아요. 그런데 저
는 잘하는 축에 끼지를 못했어요. 춤도, 노래도. 춤은 저희 팀에 너무 잘 추는 애가 있으니
까 스스로 그 친구랑 저를 비교하기 시작하더라고요.

라키 씨?

네. 걔는 이렇게 추는데 나는 왜 이렇게 못 추지? 걔는 이런데 나는 왜 이렇지? 항상 이렇
게 비교를 해버리는 거죠. 그때는 그랬어요. 돌아보면 그런 경쟁심이 제가 성장하는 데에
도움이 많이 되긴 했지만, 당시에는 열등감에 휩싸여 있었어요. 그나마 제가 사람들에게
조금이나마 더 잘한다는 이야기를 듣고, 스스로도 괜찮게 할 줄 안다고 자부하고 있었는
데 그게 자만심이었죠. 라키가 들어오면서 완전히 깨졌어요. 스스로가 세운 벽이 더 높아
진 거죠. 회사에서는 제가 좀 더 멀리 볼 수 있게 해주신 거였고.

그럼 그 벽이 무너진 계기도 있었을 텐데……. 열등감에서 벗어났을 때요.

키도 조금 더 자라고 운동도 시작하면서 스스로의 장점들을 찾아서 밸런스를 잡아가기 시작했어요. 얘는 얘고 나는 나니까. 얘랑 나랑 분명 차이점이 있고, 같은 춤을 춰도 얘의 느낌과 나의 느낌이 있으니까 괜찮다고요. 그리고 이왕 같이 할 거면 얘의 장점만 빼오자! (웃음)

이 이야기를 듣고 라키 씨가 무슨 말을 할지 궁금해지네요. (웃음)

라키도 똑같을 거예요. 사실 라키와 저는 춤을 출 때 차이점이 분명히 있거든요. 라키 같은 경우에는 피지컬적인 부분에서 오는 단점을 극복하려고 동작을 더 크게 써요. 그런데 저는 키가 크잖아요. 동작을 더 크게 쓰려고 했던 게 오히려 단점이 되는 거예요. 굳이 퍼포먼스적으로 추구하지 않아도 될 부분이었는데 욕심을 부린 거죠. 그걸 좀 내려놓고 박자 감각이나 힘을 좀 더 발휘해서 이 부분에서 라키만큼 장점을 부각시킬 수 있을 만큼 노력해야 되는 게 저의 숙제였어요. 라키의 숙제와 저의 숙제가 달랐죠. 서로에게 있는 장점들을 보면서 배우면서 여기까지 왔어요.

연습생 생활을 오래하면서 생긴 경쟁심이 좋은 결과물로 나온 사례네요.

맞아요. 저에게는 되게 좋은 영향을 미쳤어요. 그때 당시에는 열정 있는 친구가 참 미웠어요. 나는 아무리 열정을 발휘해도 그렇게 잘 하지 못하니까. 그런데 그걸 해내는 친구가 대표적으로 라키였던 거예요. 저희가 위클리 테스트라고 일주일에 한 번씩 영상을 찍었어요. 그때 노래 연습했던 것도 찍고, 안무 카피하는 것도 찍고, 따로 안무 창작하는 것도 찍고, 연기하는 모습까지도 찍거든요. 근데 라키가 안무 카피를 열 개 이상 해온 거예요. 너무 부러운데 너무 화가 나는 거죠. 야, 쟤 진짜 대단하다. 그러면서 한편으로는 진짜 배려 없다! (웃음)

나머지 연습생들이 연습을 안 한 것처럼 보이니까요.

그러니까요. 쟤가 저렇게 해오면 일주일에 두세 개 하는 저희는 민망하잖아요. 우리는 연습을 안 한 사람이 되어버리니까 그게 화가 나더라고요. 아니나 다를까, 끝나고 본부장님께서 "애는 이렇게 할 동안 너네는 뭐 했니?"라고 하셨죠. 그런데 라키한테 가서 "너 왜 이렇게 카피를 많이 해 와? 하지마!" 이럴 수도 없고! 우리 잘하라고, 우리 팀 잘되려고 하는 작업인데 말이에요.

결국 어떻게 됐어요?

제 힘으로 안되는 걸 알잖아요? 그러니까 라키에게 어떻게 그렇게 할 수 있는지 가서 물어봤죠. 같이 하기도 하고요. "라키야, 이번에는 위클리를 함께 해보자." 그렇게 살짝씩 얹혀가기도 했죠. 저는 사실 안무를 되게 못 짰거든요? 라키가 "형, 여기서는 뭐 할까요?" 물어보면 제가 "어, 거기는…" 이러는 동안 라키가 짜서 "형, 우리 이걸로 할래요?"라고 물어보면 "오, 그래. 좋아!" 그러면서. (웃음) 정말, 정말 많이 배웠어요.

슬럼프를 극복하는 법

최근에 문빈 씨를 보면서 멤버들을 잘 받쳐주고 있다는 느낌을 받았어요. 동작의 정확도가 가장 돋보이다 보니.

사실 〈블루 플레임 Blue Flame〉 때만 해도……. 노래처럼 춤에도 보통 그런 시기가 와요. 정체의 시기요. '아, 이거다!' 하고 뭔가 깨달았다가, 또다시 벽에 부딪힌단 말이에요. 그런데 저는 개인적으로 춤에서 항상, 때마다 항상 부딪혀요. '아, 이 느낌이구나!' 했던 적이 단 한 번도 없어요. 물론 영상이 실제로 봤을 때보다 에너지가 안 담기는 건 사실이지만, 그래도 영상에서 내 힘이 느껴져야 되거든요.

그렇죠. 그 힘이 카메라를 통해 대중 앞에 비춰져야 하니까요.

그게 참 잘 안됐던 시기가 있어요. 그게 〈블루 플레임〉 시기에 가장 심했어요. 너무 힘든 춤이기도 했지만, 노력하는 정도에 비해서 잘 안 나오니까 너무 스트레스인 거예요. '내가 춤을 잘 춘다고 이야기를 하면 안되겠구나'라는 생각이 가장 강하게 들었을 때가 그때죠. [올 라잇 All Light] 때부터 [블루 플레임]까지.

힘들었던 시기였네요.

그때 결국 활동을 못하면서 여러 가지로 생각을 많이 했어요. 제가 스스로를 벼랑 끝까지, 한계까지 좀 몰아두는 성격이에요. 그러고 나서 내가 여기서 떨어지면 죽으니까 거기서 발이 되는 뭔가를 찾아냈던 적이 있기도 하고, 실제로 떨어졌던 적도 있는 것 같아요. 벼랑 끝에 나를 너무 밀어서요. 다시 올라오기까지 시간이 좀 걸렸죠.

그게 혹시 〈블루 플레임〉 때인 거예요?

맞아요. 조금씩 쌓여왔던 게 [올 라잇] 때 조금씩 커지더니 [블루 플레임] 앨범을 준비하면서 더 커졌었어요. 스스로에 대한 확신이 안 서고.

부담감이 굉장히 컸겠네요.

그렇죠. 심지어 쉬라고 준 시간이었는데 그때마저도 생각을 많이 하고 있었어요. 보컬 연습도 계속 갔죠. 그때는 저한테 가장 걸림돌이었던 게 보컬이었어요. 여러 선생님도 만나보고. 기존에 배웠던 선생님에게도 가보고. 스스로도 해봤지만 결국 원점이었어요. 그런데 신기하게도 이번 앨범 작업을 하면서 느낌이 오더라고요. 아, 이렇게 부르면 되는 거였어?

깨졌군요. 사람들마다 그런 때가 있잖아요.

아, 이렇게 하면 됐었구나. 아, 내가 이렇게 해서 안 됐던 거구나. 이런 게 조금씩 알고리즘처럼 머릿속에 형성이 되는 거예요. 퍼즐처럼 맞춰지더니 그래도 전보다는 내가 걱정하던 틀을 깨고 나온 것 같은 느낌이 들었죠. 그때 느꼈어요. '내가 지금까지 지내온 시간들이, 그리고 〈블루 플레임〉 때 쉬었던 게 그냥 흘러간 시간이 아니었구나. 다행이다.'

시간이 해결해주는 일이 있다는 어르신들 말씀이 지어내신 건 아닌가 봐요.

모든 시간에 다 의미가 있는 것 같아요. 방에 누워서 가만히 천장만 쳐다보는 것도 참 의미 있는 시간인 거예요. 얼마나 다행인지.

내 몫을 해내지 못했다는 데에서 오는 속상함과 미안함도 컸을 것 같아요.

음, 사실 내가 무대에 못 선다는 속상함보다는 멤버들에 대한 미안한 마음이 가장 컸어요. 왜냐하면 완전체로 무대에 올라야 의미가 있는 거니까요. 여섯 개의 색깔 중에 한 가지가 빠진다는 건 너무 미안한 일이잖아요. 제가 아닌 다른 누군가였어도 굉장히 속상했을 것 같아요. 아, 연말 시상식 때는 멤버들이 되게 부럽기도 했어요. 왜냐하면 저희 아스트로가 연말 시상식에 나간 게 처음이었거든요.

지난 연말 무대 때 의상이 기억에 남아요. 굉장히 예쁘다고 생각했어요.

여러 가지로 준비를 많이 했던 무대였거든요. 물론 준비할 때는 힘들지만 지나고 나서 결과를 볼 때면 굉장히 뿌듯해요. 그런 감정을 느낄 수 없으니 멤버들이 부러웠어요. 집에서 멤버들 응원하면서 지켜보는데 '아, 다들 잘했다' 하면서도 '나도 했으면 되게 좋았겠다' 싶은 거예요. 그때 든 생각이요, 이번 기회에 좀 푹 쉬고 내가 더 강해지고 단단해져야겠더라고요. 나중에 다른 멤버가 나와 같은 상황에 빠지게 됐을 때 그 몫을 채워야겠다는 다짐을 했어요. 그 멤버를 위로할만한 뭔가를 지금 내가 느끼는 기분을 바탕 삼아 단단하게 만들어 둬야겠다는 생각이 든 거죠. 미래만큼은 스스로 좀 더 완벽해지자는 생각으로 그 시간을 보냈다고 생각해요.

아쉬움 속에서도 확실히 얻은 게 있네요.

실제로 회사에서도 기회가 너무 좋고 아쉬우니까 연말 무대라도 서보는 게 어떻겠냐고 많이 권유를 해주셨어요. 저도 마음이 동하기는 했지만 그건 아니라는 생각이 든 게, 아스트로로서 연말 무대에만 서는 건 말이 안 되는 거라고 봤어요. 물론 팬 분들은 좋아하시겠지만 내가 같은 멤버였다면? 혹시라도 속상할 수 있는 멤버가 있을지도 모르겠다는 생각이 들더라고요.

멤버들과 이야기는 나눠봤나요.

많이 나눴죠. 당연히 멤버들은 네가 괜찮으면 하라고 말해줬죠. 그런데 스스로가 그 결정을 못 내리겠더라고요. 무엇보다 내가 지금 괜찮은 상태라고 어떻게 정의를 내리나 싶었어요. 무대에 서봐야 그걸 알 것 같은데 말이죠. 그런데 일단 무대에 설지 말지 결정을 내려야지만 결과가 나오니까, 혹시라도 이 한 번의 결정으로 돌이킬 수 없는 결과가 나올까 우려도 했죠. 결국 이번만 기회가 아니다, 내년도 있고 내후년도 있다고 결정한 거예요. "안 하겠습니다"라고 말을 하는 순간에도 아쉽더라고요.

예전과 마음가짐이 많이 달라질 만한 일을 겪었네요.

이전에는 모자란다는 걸 알고 있으면서도 그걸 극복하려고 하지 않는다는 게 문제였어요. 못하는 게 아니라 안 하는 게 문제였던 거죠. 저도 그랬고, 팀도 그랬어요. 각자의 스케줄들이 너무 바빠지면서 다 같이 모여서 연습하기가 굉장히 어려워진 때가 있었거든요. 그게 너무 안타까운 거죠. 우리가 그래도 다른 팀들에게 잘한다고 인정받은 팀이었고, 우리끼리도 자부할 만큼 되게 연습을 많이 해서 이렇게 맞춰온 팀인데 조금씩 깨져있는 퍼포먼스들을 보면 '해야 하는데? 우리 진짜 해야 하는데?' 계속 이런 생각이 드는 거예요. 투어 가기 전에도 라키가 멤버들에게 항상 그런 얘기를 했죠.

라키 씨가 팀 내에서 맡고 있던 역할이 있었군요.

그런데 같은 이야기를 한 4년 동안 하면 얼마나 지치겠어요. (웃음) 그래서 두 번째 주자로 제가 나선 거죠. 우리 진짜로 연습 더 많이 해야 한다, 다들 개인 직캠 봤냐. 그거 봤는데 멋있다고, 괜찮다고 느꼈냐고요. 나는 지금 너무 창피하다고. 멤버들에게 이런 얘기를 솔직하게 털어놨어요. 그러고 나니 연습할 때 다들 달라진 게 너무 기뻤어요.

서로에게 굉장히 솔직하네요.

이 부분은 무엇보다 솔직해야 돼요. 왜냐하면 제 신조가 그러니까. 무대 할 때 창피하지 말자, 부끄럽지 말자. 어쨌든 아이돌이 우상이라는 뜻의 단어인데, 그런 존재가 무대 위에서 멋이 없으면 안되잖아요. 본업을 못하면 의미가 없는 거예요.

팬들이 두 사람의 춤을 많이 비교하더라고요. 본인이 보기에는 라키 씨와 문빈 씨 두 사람의 춤이 어떻게 다른 것 같아요?

라키는 파워가 있다는 이야기를 많이 듣거든요. 그런데 이걸 퍼포먼스적인 관점에서 봤을 때는, 춤에 파워가 있다고 말하기보다 타점이라고 하죠. 속도요. 속도가 진짜 빠른 거예요. 속도가 곧 힘이잖아요. 그러다 보니 박자가 '쿵!'이면 쿵의 속도에 완전히 맞춘 동작이 나와요. 그러니까 당연히 파워가 세 보이고. 진짜 세게 추는 것처럼 보이는데, 놀랍게도 라키는 굉장히 편하게 추고 있는 거거든. 여기에 더해서 라키는 동작 하나하나를 굉장히 크게 보여줘요. 실제로 발레를 했던 친구기도 하니까 재즈의 춤선과 발레의 춤선을 함께 가지고 있어서 무척 멋진 댄서죠. 무용을 하는 것처럼 보일 수도 있는데요. 그게 굉장히 힘든 거거든요. 제가 아쉬운 건 이런 라키의 면모들이 아스트로라는 팀 자체의 색깔에 묻혀 있다는 거예요. 혼자 춤을 보여줄 수 있는 대회에 나가서 더 알려진 게 기쁘죠. 아, 그런데 지금은 선을 크게 쓰고 예리하게 쓰는 경향이 좀 무뎌졌어요.

무뎌졌다는 게 춤 스타일이 바뀌었다는 뜻인가요?

일부러 이전에 추던 방식을 버린 거예요. 너무 갇혀 있다는 생각이 드니까요. 그리고 이미 되는 거니까. 깔끔함을 좀 버리고 자연스러운 느낌으로 가보려고 노력 중이죠. 저는 깔끔함을 더 추구하려고 하는 쪽이고요. 아무튼 중요한 건 라키는 권투선수 같은 댄서라는 거예요. 묵직한 느낌으로 '탕!'하고 적재적소에 동작을 넣으니까 파워가 엄청나죠.

그럼 문빈 씨의 스타일은 어떻게 분석할 수 있을까요.

저는 일단, 괜찮은 피지컬이 있으니까요. (웃음) 그걸 어떻게 잘 사용하느냐가 관건이었어요. 일단 선을 길게 쓴다는 것과 힘이 있다는 걸 얘기할 수 있을 거 같아요. 라키의 속도에서 나오는 힘과는 좀 다른, 힘 그자체요. 그래서 자칫 잘못하면 둔해보일 수가 있어요. 제가 근육을 키우면서 좀 둔해졌다고 생각한 날이 많았거든요. 원체 제가 춤을 출 때 힘을 많이 쓰려는 스타일이에요. 거기에 근육까지 생기니까 둔해진 거죠. 무대 끝에서 끝까지 가려면 당도해야 하는 위치까지 제가 빠르게 움직여도 느릴 수가 있는데, 근육까지 힘을 쓰니까 더 느려진 거예요. 그러니까 다음 동작을 할 때 연결동작의 흐름이 깨질 수밖에 없는 거죠.

워낙에 신체 조건이 크고 긴 단단한 몸을 장점으로 내세우다 보니 그런 단점이 있군요.

근육을 키우면서는 힘을 좀 버려야겠다는 생각이 들었어요. 그래도 보는 사람에게 움직임은 똑같이 보여지거든요. 내가 느끼는 것만 다르죠. 여기에 라키의 타점을 가져와서 써먹었죠. (웃음) 저는 좀 정형화된 스타일이 있으니 거기에 멤버의 도움을 받는 거죠.

요즘처럼 연예인들에게 많은 것들이 요구되는 시대에도 가장 중요한 건 역시 무대 위에서의 퍼포먼스죠.

그렇죠. 말씀하신 것처럼 지금은 연예인이라는 직업이 그 사람의 실력 외에도 인성이라든가 가치관까지 중요하게 여겨지는 시대잖아요. 물론 중요한 부분이라고 생각해요. 하지만 그럼에도 불구하고 가장 중요한 것, 1순위는 실력이라고 생각해요. 노래 부르고 춤추는 직업인데. 그걸 못하면 내 직업에 대해 말할 때 과연 보람이 있을까 싶어요. 내 무대를 보러 와주고, 팬들에게서 평가를 받는 직업이잖아요. 되게 가슴 아픈 이야기이기는 하지만 잘하면 칭찬을 받고, 못하면 욕을 먹는 게 직업이라는 거죠. 그러니 가수로서, 아이돌로서 본업이 무엇인지 잘 생각해보고 그건 무조건 잘 해내야한다고 생각해요.

이번 앨범 준비는 어땠나요.

쉬면서 여러 가지 생각을 정리했고, 새로운 마음으로 준비했는데요. 참 모든 게 순조로웠어요. 곡 선택부터 녹음, 안무 배우는 것까지요. 거기에 더불어서 내 몸에 밸런스를 찾아가는 것까지도 물 흐르듯 잘 지나갔어요. 신체 밸런스가 많이 깨져있긴 했지만, 그래도 괜찮았던 과정이었어요. 활동 기간도 그랬고.

제 입장에서 봤을 때는 잘하는 모습만 보이니까 밸런스가 깨져있다는 생각을 못했어요.
원래 자기 문제는 자기가 제일 잘 알잖아요. 춤에 관해서는 되게 체계적으로 연습해왔기 때문에 바로 알아요. 두 시간씩 가만히 서 있는 것부터 시작했거든요. 그렇게 하나하나씩 밸런스를 잡아가는 건데, 하나가 무너지면 티가 나기 마련이더라고요. 예를 들어 팔을 뻗는 동작을 하고 거울을 봤을 때 균형이 좋으면 딱 알아요. 그런데 깨져있을 때가 있는 거죠.

그런 어려움이 생기면 어떻게 해결을 하나요.
문제가 눈에 들어오기 시작하면 라키와 이야기를 해요. 다른 멤버들 뿐만 아니라 우리도 망가졌지 않냐, 이거 우리끼리 디테일 맞추면서 잡아가야지 아니면 난 무대 위에서 참 부끄러울 것 같다고. 이런 이야기들을 나누고, 같이 정리를 해 나가니까 다시 원래대로 돌아가기는 하더라고요. 무대에서도 드라이 리허설, 카메라 리허설 다 하잖아요. 그럴 때 맨날 연습해온 것들을 생각하고 다시금 맞춰가는 거죠. 제 몸이 만들어내는 동작의 밸런스를요.

이번 활동에서 동작 하나하나에 충실한 느낌이 났던 게 그래서였나봐요.
맞아요. 개인적으로는 이번 활동을 하면서 나름대로 뿌듯했어요. 라이브도 놓치지 않았다고 생각하고, 춤도 마찬가지고요. 표정이나 제스처 등 퍼포먼스 전반에 있어서 놓친 게 거의 없다고 생각하는 무대들이 몇 개 생겼어요.

그중에서도 춤에 있어서 완벽한 무대를 선보였다고 생각한 무대는 뭐였나요.
컴백 1주차 때 KBS '뮤직뱅크'에서 선보였던 무대랑, 2주차 때 SBS '인기가요'에서 보여드렸던 무대가 정말 마음에 들어요. 이 두 개의 무대를 나누는 기준이 있는데요. 일단 첫 주차 때는 스케줄이 많다 보니 너무 힘들어서 몸이 최상의 컨디션은 아니었어요. 그리고 나름대로 안무 정리를 해놨지만 헷갈리는 것들이 스스로 너무 많다는 생각을 하고 있었거든요. 그럴 때는 몸이 부서져라 춤은 추는데 힘의 분배가 잘 안 되죠. 하지만 아이러니하게도 그런 순간에 열정적으로 달리듯이 보여줄 수 있는 매력이 있었어요. 힘의 분배는 좀 더 잘했어야 하지만요. 어떤 파트에서는 너무 부서져라 추지 않고 내 에너지를 좀 줄여야 멤버들을 받쳐줄 수 있거든요.

그럼 〈인기가요〉 같은 경우는 어떤 건가요.

그건 분배까지 잘 이뤄진 무대였다고 생각해요. 잘했어요. 진짜 잘했던 것 같아요. (웃음) 곡이 1절, 2절 쭉 흐르고 마지막 후렴구에서 에너지를 정말 잘 터뜨렸다고 생각해요.

이 이야기를 듣고 두 개의 무대를 찾아보면 느낌이 전과는 다를 것 같아요.

진짜로 꼭 다시 보셔야 해요. 마지막 후렴에 '맡겨봐 맡겨봐 널' 이 파트에서 첫 주차 때는 무작정 세게 힘을 썼어요. 그리고 2주차 때는 조금 힘을 죽였죠. 라이브도 해야 하고, 제 컨디션도 생각해야 하니까요. 그러다 보니 마지막에는 이상하게 힘이 남아도는 거예요. 분배라는 개념을 너무 생각하다 보니 그렇게 된 거죠. 그래서 AR을 활용하는 김에, 어차피 춤만 퍼포먼스로 보여줄 수 있는 무대인데 여기에 치중하자, 유종의 미를 한 번 거둬보자, 한 거죠. 이번 활동에 잘했다고 자부할 수 있는 그런 기록들을 남겨두고 싶다는 생각이 든 거예요. 그래서 2절까지 하고 남은 힘을 체크했어요. '어? 이 정도면 할 수 있겠는데?' 싶었죠.

머릿속으로 힘의 분배를 한다는 게 무척 신기하고, 인상적이에요.

박자대로 탁, 탁, 탁! 넘어가는데 너무 잘 들어가는 거죠. 그래? 그러면 오케이, 이 느낌 그대로 가보자. 'Up Up Up 선명히 빛난 세상'에서는 힘을 다 써보자. 타이밍이 아주 잘 맞는 걸 스스로 느낄 수 있어요. 이런 걸 보고 타점이 잘 맞았다고 하는 거고. 몸의 움직임에서 느껴지는 밸런스도 아주 괜찮았고요.

잘 될 때는 순간적으로 드는 느낌이 있어요?

이거다! 이거, 이 느낌이다! 이 느낌 놓치지 말자. 그런 게 있어요.

아까 춤이 다소 정형화돼있는 편이라고 했잖아요. 그런데 막상 문빈 씨 춤을 보면 특유의 느낌이 있어요. 솔로 무대에서는 오히려 부드럽고 유연한 자기만의 선을 가지고 있고.

기본기도 훑어가면서 연습을 해야하는데, 사실 대개는 안 그런 경우가 많아서 조금 부끄러워요. 보컬 연습은 굉장히 많이 하면서 춤 연습은 잘 안 하게 되는 게 이상하죠. 이건 성격인 것 같아요. 잘 되면 조금 소홀해져요. 그게 느낌을 중시하는 모습으로 드러나는 거 같고.

구체적으로 어떤 건가요.

노래도 정직하게 부르는 스타일이 아니에요. 저만의 느낌을 살려서 음악에 다가가는 편이거든요. 춤을 출 때도 마찬가지고요. 그래서 저는 노래 연습을 할 때 스케일scale·음계 맞춰서 부르라고 하면 잘하지를 못해요. 하지만 스케일에서는 안 나던 음들이 노래 부를 때는 저절로 나오는 경우가 되게 많아요. 느낌으로 기억을 하다 보니까 그렇더라고요. 이게 득이 되지만 독이 될 때도 많아서 문제죠.

문빈 씨가 이론보다는 실습에 강한 타입인 거죠.

목이 안 좋거나 긴장을 하게 되면 몸이 같이 얼어붙잖아요. 그러면 지장이 오죠. 항상 그게 콤플렉스였어요. 다행인 건 이번 활동을 하면서 그 콤플렉스도 좀 극복했다는 거고요.

우리의 무대는 계속될 거야

오전 드라이 리허설이 정말 힘들거든요? 그 시간대에 노래를 부르려고 노력하면서 극복을 좀 했어요. 그런데 솔직히……. 아침 7시에 노래를 부르라고 하시는 건 가혹하게 느껴질 때가 있어요. (웃음)

요즘에는 걱정거리가 뭐예요. 아무래도 코로나19 사태 때문에 무대나 행사도 많이 줄어서 없던 걱정도 생겼을 것 같아서 덩달아 마음이 좋지 않아요.

몸을 쓰는 직업이잖아요. 그런데 일정 기간 동안 몸을 안 쓰면 굳기도 하고, 지금처럼 다시 돌아오기까지 시간이 꽤 걸려요. 물론 돌아오지 않는 건 아닌데요. 돌아오는 과정에서 또 나를 맞춰가는 게 너무 힘들거든요. 지금 활동이 끝난 상황인데, 행사도 없어서 저희가 몸을 쓸 기회가 연습할 때 빼고는 너무 적어요. 그게 제일 걱정이에요.

아스트로의 장점

아스트로의 초기 퍼포먼스는 〈숨바꼭질〉처럼 스토리텔링이 강한 안무들이 많았어요. 장난꾸러기 같은 모습이 부각 된 안무들이 대부분이었죠.

맞아요. 그렇지만 가장 힘들었던 안무를 꼽으라고 하면 〈숨바꼭질〉이에요. 되게 아이러니하겠지만.

진짜 의외예요.

저는 개인적으로 가장 힘든 춤이 올드스쿨Old school이라고 생각해요. 오히려 얼반Urban 댄스는 수월하게 소화할 수 있는 축에 속하고요, 올드스쿨이 정말 어려워요. 다행히 아스트로는 올드스쿨 장르 댄스 트레이닝을 많이 받았고, 덕분에 광장히 큰 동작들, 크게 크게 몸을 움직이는 바운스를 할 수 있게 됐거든요. 그런 동작들의 집약체가 바로 〈숨바꼭질〉인 거고요. 기본적으로 동작들이 올드스쿨 기반에 다 쭉쭉 뻗으면서 진행돼요. 3분 동안 한 번도 안 쉬고요. 그러니까 너무 힘든 거예요. 사람들이 보고서는 귀엽다, 무대에서 날아다닌다 이렇게 칭찬을 해줬는데 사실 웃고 있으면서도 속으로는 급하게 숨을 헉헉 내쉬고 있었어요. (웃음)

무척 명랑하게 웃으면서 추니까 사람들은 힘든 것도 잘 몰랐을 테고요.

아스트로의 그 당시 퍼포먼스가 힘들다는 걸 잘 모르는 분들이 많죠. 그래도 같은 일을 하는 친구들이 "야, 너네 춤 대박이다" 이렇게 얘기도 해주고, 댄서 분들이 오셔서 "댄스 팀으로 가도 될 거 같아"라면서 응원도 해주셔서 위안이 됐어요. 저희가 〈숨가빠〉 활동 중일 때 다른 선배님들은 광장히 화려한 무대를 하고 계셨거든요. 그럴 때 "아스트로 안무는 진짜 댄스팀 안무라도 해도 무방할 정도로 진짜 힘든 안무"라고 유명한 댄스 팀 분들이 말씀해주시면 위안이 되고 다행이다 싶었죠. 하지만 저희끼리는 참 고민이었어요.

대중은 잘 모르니까?

그렇죠. 우리는 너무 힘든데, 힘든 거에 비해 대중 앞에 잘 안 비춰지면 무슨 의미가 있나 싶은 거예요. 아무리 주변 사람들이 인정해준다고 한들 우리가 그분들 보고 무대에 서는 게 아니고, 팬들과 대중 분들을 보고 하는 거니까요. 심지어 저희는 그 당시에 AR도 절대 못 썼어요. 활동을 6~7주씩 하고 나니까 목은 남아나지도 않고…… 그때 생각하면 웃으면서도 멤버들 걱정했던 생각이 나요. 메인 보컬인 MJ 형이 옆으로 가는 안무를 하면서 '꼭꼭 숨어라' 노래를 불러야 하는데 입은 웃으면서 눈은 울고 있는 거예요. 우리는 아니까, 우린 다 들리니까 알았죠. 와, 저 형 진짜 힘들겠다고.

그랬던 아스트로가 전혀 다른 콘셉트를 선보이기 시작했어요. 〈니가 불어와Crazy Sexy Cool 〉가 본격적인 시작이 아니었을까 싶어요. 스토리텔링이 강한 안무에서 개개인의 장점이 드러나는 안무로 변화를 꾀했죠.

맞아요. 그전까지 소위 칼군무처럼 동작이 크고, 눈에 확 뜨일 만한 퍼포먼스를 지향했었다면 〈니가 불어와〉 때부터는 좀 더 개인이 돋보이는 쪽으로 풀어냈죠. 몇 개의 파트들을 조금씩 틀만 맞춰놓고 그 안에서 각자 자유롭게 놀아보자는 식이었어요. 그런 느낌도 저희 팀을 보여주는 데에 도움이 많이 되더라고요. 그런데 이게 또 어느 순간부터는 위험해진단 말이에요.

퍼포먼스의 형태에 따라 다른 위기가 찾아오는 거군요. 힘든 일이네요.

어쨌든 시간이 지나면 그 자유로움이라는 게 조금씩 변질이 되기 마련이에요. 각자의 개성이 살아난다고 느꼈던 부분이 팀 전체로 봤을 때 다소 지저분해 보이는 거죠. 그게 사실 연습의 필요성을 알려주는 신호 같은 거예요. 연습을 안 하면 그게 느껴져요. 자기는 잘하고 있다고 생각할지언정 무대로 보여주는 결과가 그렇게 나온단 말이죠.

다시 지적을 해야만 하는 상황이 오고.

저 같은 경우에는 리더인 진진이 형에게 말해요. "형, 이런 부분은 좀 지저분하게 느껴지는데, 내가 이야기하기 껄끄러우니까 형이 이야기를 좀 해줘. 형은 리더니까 이야기할 수 있는 명분이 충분하잖아." 제가 말하면 신경질적으로 이야기할 것 같으니까 형이 이야기해주기를 바라고 부탁을 하죠.

지금 다시 과거의 곡들을 불러보면 느낌이 많이 다르겠어요.

제스처 같은 경우에는 예전부터 직접 짜왔거든요. 멤버들끼리 잘 모르는 부분은 서로 물어보면서 만들어 온 거라 초반하고 별로 달라지지 않은 부분이기도 해요. 하지만 퍼포먼스 자체를 생각하면 좀 어색하죠. 이미 신체적으로도 너무 많이 성장했고, 가치관 같은 부분에서도 성장했으니까요. 이렇게 커진 몸으로 '꼭꼭 숨어라' 하면 좀 무서울 것 같네요. (웃음) 실제로 곡을 다시 녹음하는 경우에도 '아, 우리 이런 거 할 시기는 조금 지났구나' 싶은 느낌이 들 때가 있더라고요.

그러면 굉장히 자연스럽게 콘셉트를 잘 바꾼 거네요. 실은 아스트로가 무척 흥미로운 정체성을 지닌 그룹이에요. 분명히 보이그룹인데 무척 청량한 이미지를 지녔고, 그동안 걸그룹에 어울리는 콘셉트로 주로 얘기돼왔던 청아하고 청순한 이미지를 동시에 보여줘요. 저는 그거 좋은 것 같아요. 뭐든 좋은 뜻이잖아요. 그리고 멤버들도 한 명씩 보면, 맏형이 무척 동안이고 분위기 자체가 다들 밝아요. 은우도 청초하고, 산하도 어리고 깨끗한 느낌이고요. 그런 여러 명의 이미지가 모여서 아스트로라는 그룹 자체를 그런 청순하고 청초한 그룹으로 만들어주지 않았을까 싶어요.

〈니가 불어와〉쯤부터는 그런 느낌에 트렌디하고 세련된 청년들의 느낌이 더해졌어요. 소년에서 확실히 청년들로 성장했다는 생각이 드는 무대들이 이어졌죠. 성인이 되고 나면 멋있는 모습에 대한 욕심이 생기니까요. '멋있다'는 기준은 어떤 거든 상관 없어요. 다만 그때 한창 수트에 빠져 있기는 했어요. 수트 입고 추는 춤들이 너무 멋있어 보이더라고요.

〈고백〉의 교복에서 이제는 수트가 됐네요. 맞아요. 예를 들어서 저스틴 팀버레이크^Justin Timberlake의 〈수트 앤 타이^Suit & Tie〉 퍼포먼스가 너무 좋았어요. 그걸 보면서 '와, 저게 댄스가수지!' 이런 생각이 강하게 들었던 것 같아요. 마이클 잭슨^Micheal Jackson도 굉장히 많이 봤는데, 〈유 록 마이 월드^You Rock My World〉라는 곡에서 그의 모습이 너무 멋있는 거예요. 이것저것 보면서 나중에 이렇게 해야지, 저렇게 해야지 생각만 하고 있었는데 〈니가 불어와〉로 기회가 온 거죠. 그때 회사에 "이거 수트 형식으로 가면 어때요?"라고 슬쩍 던졌어요.

결과는……

됐더라고요! 되게 만족했어요!

아스트로의 곡과 퍼포먼스에 멤버들이 어느 정도 의견을 내고 있는지 궁금했어요.

비하인드가 있어요. 저희가 이제 연차가 어느 정도 쌓이면서 이러이러한 곡으로 했으면 좋겠다는 의견을 낼 수가 있게 됐거든요. 그게 딱 〈니가 불어와〉 때였던 거고요. 그런데 다들 놀라실 수 있을 거 같은데요. 〈니가 불어와〉가 사실은 제 솔로곡이었어요.

어, 그러면 어떻게 타이틀곡이 된 거예요?

처음에 수많은 곡들 중에서 유독 타이틀곡이라는 느낌이 오는 곡이 없는 거예요. 그런 와중에 '문빈 솔로곡'이라고 온 〈이지 투 러브 유Easy to Love You〉라는 제목의 데모를 받았는데 너무 좋은 거죠. 저희가 추구하고 싶었던 자유로운 느낌에 저스틴 팀버레이크의 느낌을 가미할 수 있을 것 같은, 예를 들자면 파티장에서 샴페인 잔을 들면서 연기할 수 있는 곡이라는 느낌이 왔어요. 그런데 솔로곡이라고 해서서 '아니야, 이건 무조건 단체곡이다' 싶어서 곡에 대한 의견을 써서 보냈죠.

회사에 직접 이야기할 수 있는 기회가 생겼던 거군요.

네, 저희가 각자 들어본 곡에 대한 견해를 다 써서 보냈어요. 이 곡은 이래서 어떻고, 저 곡은 저래서 어떻고. 제 개인곡에 대해서도 저는 '이거 개인곡이라고 하셨지만, 파티장의 느낌이 물씬 나는 곡입니다. 무조건 같이 하고 싶습니다'라고 해놓고 제발, 제발 이러면서 빌었는데 그걸로 결국 결정이 났어요.

사실 〈베이비Baby〉까지는 한국 작곡가들의 곡으로 대부분 무대에 섰어요. 해외 작곡가들과 작업하면서 분위기가 많이 바뀌었죠.

무조건 외국곡이 좋다는 생각을 하는 건 아니에요. 하지만 조금 다른 영감을 받을 수 있는 부분이 있는 건 맞아요. 〈니가 불어와〉를 한국어로 다시 가사를 쓰고, 그걸 녹음하는 과정에서 굉장히 힘들었거든요. 그런데 이 과정이 정말 흥미로웠고 아스트로가 한 단계 발전하는 데에 의미 있는 스텝이었다고 생각해요. 그 다음 앨범이 〈올 나잇〉이었고, 그 곡은 데모 제목이 〈구찌GUCCI〉였어요. '니 목소린 간질간질 간질하게' 이 부분에 '구찌'라는 가사가 들어가 있었죠. (웃음) 처음 들었을 때는 타이틀곡감이라는 생각을 못 했다가, 다른 곡을 더 받아볼 수 있냐고 여쭸더니 여기서 무조건 골라야 된대요. 그래서 다시 들어보니 '어, 이거다, 이거였네' 싶었죠. "이거 아니면 답이 없습니다!" 그랬는데 아니나 다를까, 녹음할 때 엄청나게 힘들었어요. 라, 라, 솔#, 라, 솔#······.

힘들게 노력해서 좋은 결과가 있었으니까요.

그중에서도 〈블루 플레임〉이 사실 정말 힘들게 만들어진 곡이에요. 저희 회사가 사실은 개혁이 참 많이 일어났던 회사잖아요. (웃음) 한동안 믿고 의지할 곳이 저희 멤버들 밖에 없었을 정도니까. 그러면서 새로 오신 분들과 아스트로의 색깔에 대해 마찰이 좀 있었고, 그 상황에서 멤버들이 아스트로의 색을 사수해서 나온 곡이 〈블루 플레임〉이었어요. 단순히 저희의 목소리를 내는 것뿐만 아니라, 상대방을 이해시킬 수 있을 만큼의 충분한 의견을 내고, 거기에 더불어서 그 콘셉트를 선택했을 때 어떤 것들을 해야하는지까지 제시를 해야 했거든요. 저희가 A&R, 음반사업본부가 된 것처럼요.

마음 고생이 심했겠네요.

이미 타이틀곡으로 정해진 곡이 있었고, 안무까지 받아온 상황에서 저희가 곡을 바꾸려고 하니까 회사 분들도 힘들어하셨죠. 하지만 저희는 지키고 싶은 색깔이 있었기 때문에 열심히, 치열하게 노력했어요. 논쟁을 벌이는 시간이 너무 많이 흐르다 보니 컴백이 코 앞이라, 안무 팀을 찾는 것도 쉽지 않았지만 협업을 해서 해냈고요. 그 와중에 드라마 촬영을 하고 있던 은우는 해외까지 다녀오느라 안무를 늦게 배웠고, 설상가상으로 저까지 문제가 생겼고. 총체적 난국이었지만 그래도 앨범이 나오고, 모두 합심해서 좋은 결과를 만들어냈으니까 다행이었죠. 모두에게 굉장히 감사드렸죠.

이번 〈노크〉가 수월하게 느껴졌을 수밖에 없겠어요.

〈노크〉의 데모 제목은 〈유^{YOU}〉였어요.

데모 곡의 제목을 필기하면서 들어야 할 것 같은 인터뷰는 처음이에요. (웃음)

이게 또 굉장히 좋은 곡이었어요. (웃음) 우리가 지향하던 팝 스타일에 K-POP적인 요소가 충분히 들어간 곡이었으니까요. 그런데 멤버들끼리 파가 갈렸어요. 너무 약한 것 같다, 너무 밝다, 신인 아티스트의 곡처럼 느껴진다는 의견이 있었죠. 연차가 연차다 보니 이제는 조금 더 즐길 수 있는 곡을 선택했으면 하는 멤버도 있었고요. 맞는 말이라고 생각해요. 그런데 제 입장에서는 〈블루 플레임〉으로 한 번 세게 밀고 나갔으니까, 이번 앨범에서는 어떤 결과를 눈앞에 보여드려야 한다는 생각이 있었거든요.

몇몇 멤버들이 타이틀곡으로 하고 싶어했던 곡은 무엇이었나요.

〈위 스틸$^{We\ Still}$〉이라는 곡이었어요. 사실 이 곡도 듣자마자 너무 좋았는데, 타이틀곡이 아니라 서브곡이나 콘서트 넘버로 되게 좋을 것 같더라고요. 제 생각에 이 곡은 강세가 있기는 한데, 곡이 유연하게 쭉 흘러가는 느낌이 더 강했죠. 우리는 퍼포먼스형 그룹이다 보니 〈노크〉가 더 잘 어울린다고 생각했어요. 라키와 저는 〈노크〉, 나머지 멤버들은 〈위 스틸〉 이렇게 나뉘어서 이제 A&R 팀과 익명 투표를 할 시간이 된 거예요. 그런데 저쪽 편에 말 잘하는 친구가 하나 있죠. 은우라고. (웃음) 그래서 제가 선수를 쳤어요.

A&R 팀 본부장님에게 찾아가 노래를 부르면서 춤을 보여드렸어요. 본부장님께서 "빈 씨가 그렇게 춤을 추면서 보여주니까 설득이 되는 것 같아요" 그러시더라고요. 그리고 마침내 〈노크〉가 타이틀곡이 됐어요. 너무 어려보인다는 멤버들 피드백이 있으니까 곡 수정도 여러 버전으로 해서 지금 버전으로 확정된 거고요. 그런데 이런 얘기 참 재미있네요?

다행이네요!
이런 걸 '투 머치 토크'라고 하나 봐요.

그만큼 혼자 큰 그림을 많이 그리는 타입인 거 같아요. 문빈 씨의 새로운 면들을 봤어요. 원래 자기주장이 좀 강한 편인 것 같기도 하고요.
네, 강한 편이에요. 유독 이번에 굽히지 않은 편이기는 하지만요. 다른 건이었으면 투표로 결정되거나 토론을 했을 때 수긍하기도 하는데, 진짜 이번에는 포기하고 싶지 않았어요. 왜냐하면 제가 이전 활동 때 빠졌다가 들어간 거기도 하고, 이번 앨범은 진짜 잘해내고 싶었거든요.

아무래도 욕심이 많이 생길 수밖에요.
저희가 보컬이 중심이 되는 그룹이다 보니 아무래도 래퍼들 파트가 적을 수밖에 없잖아요. 그런데 이번에 녹음을 하다 보니까 생각보다 더 적다는 생각이 들더라고요. 그래서 너무 아쉬운 마음에 안무까지 나온 부분을 다시 수정해서 랩 파트로 바꿨어요. (실제로 바뀌기 전 버전을 들려주며) 이게 제 파트였는데, 래퍼들 파트로 바꾼 부분이에요. 더 좋죠?

파트 포기하는 게 쉬운 일이 아닌데요. 진심으로요.
브리지 파트에서 내 거를 빼든 누구 거든 빼든 해서 래퍼들 파트로 만들자는 생각이 강하게 들었어요. 음악을 들어보니 제 파트를 빼는 게 맞겠더라고요.

성별에 구애받지 않는

운동을 참 열심히 해요. 데뷔 초와 너무 많이 달라진 멤버예요. 그게 춤을 출 때 톱니바퀴 맞물리듯이 상하체가 단단히 맞물리는 듯한 안정감을 주는 데에 도움이 된 거 같고요.

〈니가 불어와〉 때부터 몸을 만들기 시작했다고 할 수 있죠. 한창 매거진 촬영 때문에 몸을 만들었던 적도 있고요. 그때는 먹기도 많이 먹었고 거기에 운동까지 하니까 몸이 붓듯이 커지더라고요. 흔히 벌크업이라고 하잖아요. 그러니 몸이 되게 둔해져. 반대로 힘은 좀 더 생기고요. 아, 이걸 어떻게 하면 잘 활용할 수 있을지 고민이 많이 됐는데 매거진 촬영을 하게 되면서 더 체계적으로 관리를 하게 됐어요. 근육량을 늘리고 체지방은 줄이는 식으로 노력을 더 했는데 춤출 때 느낌이 꽤 괜찮더라고요. 내 몸이 이렇게 변하니까 춤을 출 때 내가 이런 느낌을 받을 수 있구나, 싶었어요.

그대로 드라마 촬영까지 이어간 거군요.

하지만 문제가 있었죠. 처음에는 관리를 열심히 하고 들어갔는데 화면에 잘 나오는 걸 보고 스스로 안일해진 거죠. 배우들도 제 또래지, 감독님들도 다 너무 좋은 분들이시지 그러니까 다이어트도 없이 끝나면 무조건 밥 먹으러 가는 거예요. 세트장 옆에 너무 맛있는 찌개집이 있어서 라면 사리 넣고, 밥 두 공기씩 먹고 그러니까 배우들이 다 같이 살이 쪘죠. (웃음) 그러다 무대를 하게 됐는데 깜짝 놀랐어요. 너무 힘든 거예요. 나는 전하고 똑같이 춤을 추고 있는데 이미 몸은 불어난 상태니까 움직임이 엄청나게 무겁더라고요.

무대는 계속 올라야 했는데, 어떻게 극복했어요?

내가 쓰려던 힘이 있는데 몸이 조건이 안 맞는다고 아우성을 쳤죠. 몸에서 말하는 느낌이었어요. 이제 무리 주는 거 그만하라고, 지금까지 노력을 안 한 대가라고. 그래서 일기를 썼어요. '무대에서 너무 힘들다. 내가 이렇게 된 게 너무 짜증이 나고 속상하다. 창피하다.' 그러고 다이어트 다짐을 했죠. 이 과정이 몇 번 반복됐었어요. 실천이 정말 힘들어요. 이 일 때문에 정말 식음전폐를 하다시피 해서 가장 말랐을 때가 〈올 나잇〉 때였어요. 정신적으로도 그렇고, 먹지도 않을 때라 살이 빠져서 그 당시 무대를 보면 굉장히 가볍게 움직여요. 깔끔했죠. 단점은 힘이 없어 보인다는 거고.

춤을 추면서 몸의 어느 부분을 가장 신경 쓰나요.

춤은 무조건 하체가 받쳐줘야 해서요. 하체가 빈약하면 동작도 빈약해 보일 수밖에 없어요. 땅을 발로 짚을 때 '탕!'하고 치면 '탁!'하고 잡아줘야지, 아니면 이 반동 때문에 상체가 같이 무너질 수 있거든요.

저는 굉장히 인상 깊게 봤던 무대가 선미 씨의 〈24시간이 모자라〉 커버 무대였어요. 직접 기획한 무대였나요.

네, 처음 콘서트에서 보여드리는 개인 무대라 자작곡을 보여드리면 좋을 것 같다는 생각도 했었어요. 그런데 그전에 비투비BTOB 선배님 콘서트를 갔는데 (서)은광 선배님이 선미 선배님의 〈가시나〉를 커버하신 거예요. 그 무대를 보고 나중에 여자 아티스트 분의 노래를 남자 버전으로 바꿔서 해보면 좋겠다는 생각을 했죠. 저도 〈가시나〉를 할까 하다가 그 당시에는 너무 최신 음악이기도 했고, 많은 분들이 커버를 해서 아쉬움이 남을 것 같은 거예요. 그러면서 〈보름달〉하고 〈24시간이 모자라〉를 놓고 고민하다가 역시 '이거다!'라는 느낌이 온 게 〈24시간이 모자라〉였죠.

가장 마음에 드는 퍼포먼스였나봐요.

굉장히 마음에 들었고, 남자 키로 변환해서 불러봤는데 진짜 느낌이 괜찮겠더라고요. 그렇다면 어떻게 해야 최대한 원래의 작품을 망가뜨리지 않고 잘 살리면서 나의 느낌을 집어넣을 수 있을까. 여성 아티스트 고유의 느낌을 없애지 않으면서 내 성별이 남성이라는 점을 부각시키려면 어떻게 해야 할까. 분명히 남성과 여성의 춤선 차이는 존재하기 때문에 거기에 대한 고민이 컸어요. 제가 여성 아티스트의 춤을 제 식대로 잘 소화하지 못하면 희화화하는 것처럼 보일 수 있어서 그 부분을 일종의 각색처럼 잘 손봐야 한다고 생각했죠.

꼭 이야기하고 싶었던 부분을 먼저 짚어줬어요. 저는 문빈 씨가 여성 아티스트들의 안무를 희화하하지 않고, 그걸 자기 식대로 재구성하는 게 무척 중요한 부분이라고 생각하거든요.
사실 여성 아티스트 분들의 동작을 그대로 따라할 수도 있어요. 하지만 그럼에도 제가 느낌을 바꿔서 추는 이유는 분명해요. 저는 성별이 일단 남성이고, 커버 댄스를 출 때 원곡 가수 분과 똑같은 느낌이 아니라 다른 느낌이 났으면 좋겠거든요. 팬 분들이 그 당시에 제가 기획했던, 고민했던 부분을 잘 이해해주신 것 같아서 다행이었어요.

춤을 바꾸면서 특별히 고민했던 지점이 있나요.
팔을 어떻게 드는지에 따라서도 느낌이 달라져요. 여성 아티스트가 팔을 사선으로 뻗을 때 제가 그걸 직선으로 뻗으면 좀 더 남성 아티스트가 추고 있다는 느낌이 나죠. 남성의 몸으로 극대화시켜서 보여줄 수 있는 동작들이 있고, 그걸 잘 표현하고 싶었어요. 선미 선배님 같은 경우에는 무대를 여러 개 찾아봤는데, 남성-여성 페어가 함께하는 안무가 굉장히 많았어요. 그런데 아스트로의 문빈에게 페어 안무는 시기적으로 아직 이르다는 생각이 들었고, 그래서 안무 선생님과 더 많은 고민을 했죠.

브이앱에서 커버 댄스를 여러 개 하는 모습을 봤는데, 성별도 가리지 않고 장르도 가리지 않더라고요. 그중에서도 있지ITZY의 〈워너비WANNABE〉 커버가 큰 화제가 됐어요.

저한테 성별은 크게 문제가 되지 않아요. 제 식대로 바꾸면 되는 거니까요. 그런데 커버 속도가 빠르다고 칭찬을 해주시는데요, 저는 아무 것도 아니에요. 라키는 더 빨라요. 제가 30분 동안 보고 외운다면 개는 5분 만에 해내요. 저 같은 경우에는 춤을 많이 춰보면서 대략적으로 다음 동작을 예상하면서 연결을 하는 거거든요. 그러면서 속도가 빨라진 거고요.

어쨌든 문빈 씨는 재능이 있는 거예요. 시간이 흐를수록 실력이 눈에 띄게 늘잖아요. 새로운 고민들도 계속하고 있고요.

그렇게 말씀해주시니까 너무 감사한데, 사실 제 입장에서는 당연한 거예요. 직업인이기도 하고, 이 일을 한 지도 오래됐잖아요. 연습생 포함하면 10년도 넘었는데요, 뭐. 어떤 분야에서든 10년 동안 열심히 하면 정점에 이를 수 있다고 하잖아요. 물론 제가 그렇다는 건 아니에요. 저는 아직 갈 길이 한참 멀지만, 이만큼 시간을 보냈을 때 저만의 것은 분명히 있어야 한다고 생각을 해요. 그래야 할 시기예요.

자신이 어떤 일을 하고 있는지 굉장히 잘 알고 있는 사람이에요, 문빈 씨는.

사실 저는 방 정리조차도 제대로 안 하고 사는 사람이에요. 글 같은 걸 써도 되게 두서없이 쓰는 경우가 많아요. 하지만 제 직업에 관해서는 완벽해지고 싶어요. 어쨌든 장난으로 하는 일이 아니잖아요. 이 일을 통해서 우리는 수익 창출도 하고, 이 직업을 꿈으로 삼는 수많은 친구들에게 본보기도 되어야 한다고 생각하고요. 실력적으로 모범이 되어야 해요. 그런 마음가짐이 일할 때 나와요. '이건 좀 포기하고 이렇게 가자?' 아니에요. '다 하자, 웬만하면 우리 다 하자.'

춤과 노래를 모두 완벽하게 소화하고 싶다, 그런 이야기 맞죠?

네, 웬만하면 다 하자. 원래 하나를 완벽하게 하려면 다른 하나를 포기해야 하는 게 맞는 것 같거든요. 그걸 다 해내려면 너무 스트레스를 받기도 하고, 두 개를 다 하려다가 오히려 두 개 모두 잃는 경우도 생기고요.

요즘은 노래 파트도 굉장히 늘었어요. 노력의 결과인 것 같던데.

맞아요. 춤 때문에 스트레스를 받은 것도 있지만, 노래가 가장 힘들었어요. 저는 팀이라는 게 제 부족한 부분을 채워줄 수 있는 사람들이 함께 해주고 있기 때문에 너무 소중하다고 생각하거든요. 그래서 제가 메인보컬이 아니고, 나보다 더 잘하는 사람들이 팀에 있으니까 할 수 있는 만큼만 최선을 다하자는 마음이었는데 언젠가부터 후렴 부분을 부르게 된 거예요. 이게 좀 신기한 부분인데요. 데뷔곡인 〈숨바꼭질〉할 때만해도 제 탑노트가 '파'였어요. 2도에서 '파'면 굉장히 낮은 거예요. 그러니까 어떻게 보면 그냥 기준이죠. 한국 남성의 기준인데요. 그런데 다음 앨범에서는 '솔'을 부르라고 하시는 거예요. 와, 이게 너무 스트레스였어요. 실력이 늘었다고 봐주시는 거니까 분명 좋은 거잖아요. 그러니까 저는 이 파트를 못하겠다고 할 수도 없고, 부담은 되고, 스스로 실망도 커지고, 너무 떨리고.

지금도 긴장한 게 느껴져요. 어떻게 극복했어요?

연습해봤는데 안 되길래, 어쩔 수 없겠다 싶어서 그냥 두 눈 꼭 감고 했어요. 그때 정말 힘들었어요. 그런데 신기한 게, 매 앨범마다 제가 생각했던 한계를 넘을 수 있게 되더라고요. 솔, 솔#, 라, 라#, 시…….하다 보니까 되는 거죠.

어떤 곡이 가장 문빈 씨를 힘들게 했나요.

긴장이 절정으로 치달았을 때가 〈올 나잇〉이었어요. 어떻게 불러야 되는지도 모르겠고, 발성적으로 접근하려고 해도 나는 이론적으로 배운 것들을 토대로 노래를 소화하는 사람이 아니었으니까 어떤 느낌인지도 모르겠는 거예요. '아, 망했다.' (웃음) 그러다가 녹음은 어떻게든 끝냈는데 라이브를 어떻게 하나 싶어서 매일같이 걱정을 했죠. 사서 걱정을 하고 있으니 아무리 라이브를 연습해도 그게 잘 안 되더라고요. 무대 올라가기 전부터 계속 걱정하고 있고, 무대하면서도 걱정하고 있고, 1위를 했을 때도 걱정을 하고 있고. 그때는 계속 그랬어요.

원래 무대에 올라가기 전에 생각이 많은 타입이에요?

되게 많아요. 항상 이미지 트레이닝을 하거든요? 자기 전에 항상 생각을 집중해요. 너무 긴장되고 떨리니까요. '내일 뭐하지? 그래, 이렇게 하고 이렇게 하자.' 이미지 트레이닝을 끝내고 나면 온몸에 땀이 흥건할 정도예요. 그 정도로 진짜 심하게 나를 괴롭히듯이 해요. 심지어 MBC '아이돌 육상 선수권 대회' 나가기 전에도 해요. 제가 참가하는 종목에 대해서 상상하죠. 이렇게 배턴을 받고 이렇게 뛰고, 씨름은 이렇게 하고.

굉장히 철저한데요?

이게 도움이 될 때도 있고 안 될 때도 있어요. 그래도 적어도 '아이돌 육상 선수권 대회'는 그렇게 하니까 좋은 결과가 있더라고요. 아스트로가 상 진짜 많이 탔어요. (웃음) 신기해요. 우리가 운동을 잘하는 그룹이라고 한 번도 생각해본 적이 없는데 되더라고요. 아무튼 심각할 정도로 생각에 빠지는 타입이에요. 게다가 그렇게 생각을 하면서 마음먹은 대로 잘 안 되면 자책을 많이 하는 타입이기도 하고요.

연차가 쌓였고, 그만큼 생각도 많아졌네요.

작은 생각의 차이로 사람의 몸과 마음이 참 많이 변하는 것 같아요. '할 수 있다'와 '할 수 없다'의 차이는 정말로 엄청난 추진력을 내가 가질 수 있느냐 없느냐를 결정하더라고요.

예전과 지금을 비교하면 성격도 좀 달라졌나요.

예전에는요, 두려운 거는 절대 안 했어요. 지금도 물론 그런 경향이 남아있기는 하지만, 전에는 시도조차를 안 했어요. 어떤 경계를, 문을 넘어가는 게 무서웠고, 한 번 하려면 제대로 해야 한다는 압박감이 심했거든요. 자신이 없는 걸 속으로 끙끙 앓으면서 무대에서는 티를 내지 않으려고 되게 노력했어요. 그런데 이제는 그런 게 좀 사라졌어요. 그래도 해보자, 일단 해보자. 죽이 되든 밥이 되든 해보자. 마음 앓이 좀 하면 어때요. 다시 돌아오면 되죠.

결과가 어떻든!

맞아요. 일단 해보면 좋은 결과가 나올 수도 있단 말이죠. 아니더라도 훗날에 돌아봤을 때 잘했다고 할 만한 부분이 분명 생겨요. 그렇게 해가는 과정에서 얻는 것도 있고요. 그리고 진짜 중요한 게 하나 더 있어요.

뭔데요?

죽을 것 같아도 안 죽는다.

아.

분명히 알게 됐어요. 죽을 것 같아도 안 죽더라고요. 물론 너무 힘들 거예요. 여러 가지 상황들이 자신을 억누르고 있을 거예요. 몸이 아플 수도, 정신적으로 힘들 수도 있는데요. 생각을 조금만 바꿔보면 되더라고요. 안 죽어요. 하면요, 뭐든 돼요. 다 돼요.

XtvN 〈최신유행프로그램〉도 그렇게 한 거예요? (웃음)

그건 스스로를 버린 상태로 임한 프로그램이죠. (웃음) 원래 부끄러움도 많은데 어떡해요. 캐스팅 됐으니까 해야죠. 그래서 했어요. 처음에 얼마나 무서웠는데요. 권혁수 형한테 "형, 이거 어떻게 해야 돼요?" 물어보고, 이세영 누나한테 "이거 어떻게 해야 돼요?" 물어보고. 그랬더니 두 분 다 그러시더라고요. "그냥 하면 돼." 그 다음부터는 너무 잘하시는 분들의 모습을 일단 봐요. 그러면서 똑같이 따라하는 거예요. 그럼 되더라고요. 아, 이게 중요하구나. 죽이 되든 밥이 되든 일단 나를 어딘가에 내던지고 봐야 하는구나. 그걸 깨달았죠. 그 프로그램 덕분에 이제는 음악 순위 프로그램 스페셜 MC를 봐도 크게 떨리지 않아요.

문빈 씨가 연예계 활동을 오래 오래 했으면 좋겠어요.

저도요. 아이돌로서 정점을 한 번 찍어보고 싶어요. 이 일을 시작한 사람이라면 다들 한 번씩 꿈꾸는 거잖아요. 누군가에게 롤모델이 되는 거요. 개인적으로는 연기에 대한 욕심도 많아서 두 가지를 모두 다 잘하고 싶기는 해요. 음을 없애고, 반주만 없애면 표현하는 직업인 건 똑같으니까요. 무대 위의 3분이나, 드라마 속 한 시간이나.

무대에 올라가면 어떤 느낌이에요?

제가 준비가 되어있는 상태에서 큰 무대에 올라가면 꼭 하는 생각이 있는데요. 다른 팀 팬 뺏어와야지, 그런 생각을 해요. (웃음) 다른 팀들도 그럴걸요? 나 어때? 우리 팀 괜찮지 않아? 그런 마음가짐 사이에서 조금씩 우리 팀의 입지가 커지는 걸 볼 때 정말 재미있어요.

춤을 출 때는 어떤 기분이 드나요.

아무 생각 안 나요. 과정에서 열심히 해놓고, 결과물을 보여줄 때는 절대 생각을 하고 있으면 안 돼요. 대신에 몸이 알아줘요. 탕탕탕, 이 비트에 내 몸이 잘 맞았으면 짜릿한 게 몸을 타고 와요. 홈런을 쳤을 때처럼.

〈24시간이 모자라〉
세컨드 아스트로드 투 서울 스타라이트_20181222

원곡 가수가 만들어 놓은 틀을 뛰어넘어 자신의 것으로 재탄생시킨다는 것은 어려운 일이다. 뻔한 이야기처럼 들릴지 몰라도, 원곡 가수가 한국 가요계에 큰 영향을 끼친 선미라면, 그리고 커버 무대를 꾸미는 이가 남성 후배 가수라면 더더군다나 이것은 쉽지 않은 일일 것이다. 무엇보다 다소 선정적인 안무가 포함돼있다는 이유로 여러 차례 연예인에 의해 희화화가 되기도 했던 이 곡의 무대를 남성의 몸으로 우습지 않게 보여준다는 것은 이미 문빈이 솔로 무대로 이 곡을 선택했을 때부터 신중하게 고려했어야 할 부분이다.

그리고 놀랍게도, 문빈의 움직임은 어느 한 곳에서도 여성 아티스트의 동작을 웃음거리로 만들지 않는 데에 성공했다. 실제로 선미의 무대에서 가장 화제가 됐던 골반 춤은 자신의 몸을 바닥으로 내던지면서 남성의 신체적 장점을 훌륭하게 부각할 수 있는 쪽으로 변화를 주고, 성적인 욕구를 극대화한 의상과 바닥이라는 공간을 매치시켜 시각적 자극을 극대화한다. 여성 아티스트의 춤을 남성의 신체에 맞게 재편하고, 동작 하나하나를 남성의 성적인 매력을 보여줄 수 있는 쪽으로 조립한 그의 움직임은 시대적인 요구에도 부응한다는 점에서 K-POP 아티스트 중 문빈이 구현할 수 있는 독보적인 영역을 만들어낸다.

문빈은 다소 정적인 바이브를 지닌 이 곡의 정서를 안무 한 동작, 한 동작에 힘을 실음으로써 조금 더 리드미컬하게 바꿔간다. 여성 댄서들과의 도입부를 통해 〈24시간이 모자라〉라는 원곡의 정서를 전달하되, 2막이 시작되기 전에 댄스 브레이크 구간을 집어넣어 남성 댄서들과 함께 만들어낼 수 있는 고유의 에너지를 강조하는 것도 잊지 않는다. 이 구성은 그동안 보이그룹 신에서 흔히 볼 수 있었던 시스템의 메커니즘처럼 보이지만, 이 메커니즘이 작동하는 곡이 〈24시간이 모자라〉라는 트랙이란 점에서 퍼포먼스의 가치는 전혀 다르게 책정된다.

수동적인 여성상과 철저하게 대상화된 여성의 신체를 보여준다는 비판을 받았던 이 곡을 남성 아티스트가 소화함으로써 무엇이 달라지는지 문빈은 명확하게 직시하게 만든다. 그리고 비판을 받았던 부분을 남성의 몸이 주는 섹슈얼한 느낌으로 승화시키면서, 화제 혹은 논란의 중심에 섰던 여성 아티스트의 포인트 안무를 과감히 없애고도 이곡의 느낌을 온전히 전달할 수 있음을 증명한다. 아이러니하게도 남성 퍼포머인 문빈을 통해 우리는 〈24시간이 모자라〉에서 이 곡에 반드시 필요했던 요소와 불필요했던 요소의 경계를 또렷하게 마주할 수 있게 된다. 퍼포먼스를 구성하는 안무의 완성도도 훌륭하지만, 의도했든 의도하지 않았든 한 발짝 더 나아간 문빈의 선택이 주는 의미가 쉽게 잊혀선 안 된다. 1998년생이 택한 2013년의 퍼포먼스가 변화한 모습은 실로 극적이면서, 지극히 현실적인 이슈에 부응하는 요즘 세대를 대변하기에.

오늘, 호시의 성장

SEVENTEEN **HOSHI**

가느다란 양쪽 눈매는 시곗바늘처럼 살짝 올라가서 10시 10분을 가리킨다. 미간을 살짝 찌푸리면서 유쾌하게 멤버들 사이에서 튀어나온 〈아낀다〉의 소년은 굴을 파고 들어갔던 다람쥐가 봄을 맞아 달려나오듯 발랄했다. 무대 위에서 수다를 떠는 연기를 하면서 마음대로 되지 않는 첫사랑에 발을 동동 구르고, 정신없이 멤버들 사이를 헤집고 다니다 어느새 잽싸게 열세 명의 대형을 이끄는 가운데 자리에 서고, '현기증 날 정도로' 너를 아낀다며 머리를 흔드는 호시의 모습은, 사실 굴에서 나온 다람쥐가 아니라 수없이 반복된 평가회와 온라인 방송에서 벗어나 스포트라이트를 받아 신이 난 소년만화의 주인공에 가까웠다고 해도 좋다.

2015년에 데뷔한 세븐틴SEVENTEEN은 차근차근 자랐다. 농구 코트에서 뛰어놀 것만 같던 소년들은 좋아하는 마음을 고백하고, 고백이 통할 것 같자 만세를 부르고, 심장이 뛰는 경험을 하면서 데이트 장소를 고민했고, 이별까지 겪었다. 이야기는 〈아낀다〉에서 〈울고 싶지 않아〉로 끝이 나고, 그 시간 동안 호시는 맹목적으로 좋아하는 상대를 쫓아다녔다. 연습생 생활을 열심히 하면서 익힌 모범생의 춤은 끊임없이 애교와 설렘을 연기하면서 가볍기만 했다. 그래서 호시의 춤은 가장 정석적인 아이돌의 것 같으면서도, 오히려 기존의 보이그룹들에게 주어져 있던 딱딱한 틀을 깼다. 남성은 자고로 멋있어 보여야 하고 보이그룹의 멤버라면 언제나 패기 있어야 한다는 공식을 깬 세븐틴에서, 가장 호들갑스럽게 움직이던 호시는 언제나 중요한 자리를 맡고 있는 퍼포머였다.

데뷔 때부터 "생각해 둔 솔로곡이 있다"라는 이야기를 하고 다니며 '불어라 허리케인'을 외치던 호시는 결국 솔로 무대에서 〈허리케인Hurricane〉을 선보였다. 끈이 나풀거리는 하얀 의상을 입고 그토록 염원하던 파워풀한 퍼포먼스를 선보인 뒤, 그는 〈숨이 차〉를 통해 날렵하고 힘 있는 동물의 움직임을 보여 주었다. 세븐틴의 가장 어두운 순간을 가장 화려한 연말 시상식 무대에서 보여준 〈숨이 차〉의 퍼포먼스는 사뭇 날카롭게 벼려진 호시의 발톱을 드러냈다. 복잡하게 얽히고설킨 세븐틴 멤버들의 모습은 그동안 호시가 〈하이라 이트Highlight〉와 〈13월의 춤〉 등 퍼포먼스 유닛을 이끌며 무수히 연습해 온 작품들의 확장이었다. 단번에 세월을 뛰어넘어 섹시한 성인 남성을 연기하려 들지 않고, 성장이라는 키워드 하나에 집중하며 차곡차곡 쌓아 온 시간은 압도적인 순간을 낳았다.

"'스페셜 땡스 투Special thanks to'를 쓸 수 있다면, 권순영의 이름을 쓰겠다. 이 곡을 만드는 과정은 너무나 복잡했고, 무려 19번이 넘는 수정 과정을 거쳤다. 그 사이에서 해답을 준 사람이 권순영이었기 때문이다." 세븐틴의 음악 프로듀서인 범주는 〈숨이 차〉의 작업 과정을 회상하며 이렇게 말했다. 아직까지 호시는 왜 자신이 캐스팅되었는지 정확한 이유를 듣지 못했다고 말한다. 하지만 지난 10년간, 그는 7천 3백여 번의 10시 10분을 보냈다. 지금 호시는 전문적으로 음악에 대해 이야기할 수 없더라도, 오로지 음악에 맞는 동작과 무대 연출을 설명하며 역설적으로 세븐틴에게 음악이 필요한 이유를 가장 멋지게 증명한다. 그러니까, 호시가 캐스팅이 된 이유는 본인만 모르는 것일 수도 있다. 아직까지 몰라도 괜찮다. 곧 알게 될 테니까.

호시

호시[HOSHI]는 13인조 보이그룹 세븐틴[SEVENTEEN]에서 메인 댄서이자, 직접 안무를 창작하는 일을 하고 있다. 2015년에 첫 번째 미니 앨범 [세븐틴 캐럿[17 CARAT]]으로 데뷔한 세븐틴은 〈아끼다〉, 〈만세〉, 〈예쁘다〉, 〈박수〉, 〈어쩌나〉, 〈히트[HIT]〉, 〈독 : Fear〉 등의 곡을 발표했으며, 2016년 제25회 하이원 서울가요대상에서 신인상을 받은 이후로 2020년 제9회 가온차트 뮤직 어워즈 피지컬앨범부문 올해의 가수상 3분기, 2020년 제9회 가온차트 뮤직 어워즈 피지컬앨범부문 올해의 가수상 1분기, 2020년 제34회 골든디스크 어워즈 음반부문 본상 등을 수상했다.

초등학교 6학년의 자신감

요즘에는 멤버들의 개인 활동이 많이 늘었더라고요.

예전보다 멤버들이 다 같이 모이는 게 어려워졌어요. 그래서 일단은 스케줄이 없으면 다들 연습실에 있는 것 같아요. 개인 스케줄이 많아도 무대는 모든 멤버가 같이 하는 거니까요. 거의 밤마다 연습실에서 시간을 보내죠.

그럴수록 멤버들의 소중함이 크게 느껴질 것 같아요.

요즘 들어서 부쩍 느끼는 건데요. 제가 이 멤버들을 안 만났다면 이렇게 큰 사랑을 받을 수 있었을까 싶더라고요. 더 겸손해지고, 더 감사하면서 살자 마음먹게 돼요.

가장 오래 함께한 멤버가 누구죠?

처음 연습실에 들어왔을 때가 기억나거든요. 회사에서 춤을 한번 춰보라고 하셨는데, 그때는 저와 에스쿱스 형, 지훈(우지의 본명)이랑 셋밖에 없었어요. 뉴이스트^{NU'EST} 선배님들이 다른 건물에서 연습하고 계셨고요.

어릴 때부터 샤이니^{SHINee}의 팬이었던 걸로 유명한데, 오디션도 그래서 보게 된 건가요.

아버지 친구 분이 태민 선배님의 가족이시거든요. 초등학교 6학년 때였는데, 삼촌이 추석에 저희 집에 놀러 오셨어요. 마침 TV에 샤이니가 나오는 걸 보고 있었고요. 그때 "삼촌이 선물할 게 있다. 나와!" 그러시는 거예요. 차에 갔더니 포스터와 CD가 있더라고요. 처음에는 '이게 뭐지? 이게 TV에서만 보던 가수의 앨범이라는 건가?' 싶었죠. 살펴보니까 TV에서 선배님들이 노래하시던 그 곡뿐만 아니라 여러 곡이 수록돼있는 거예요. 신기했어요. 원래 제가 카세트플레이어에 영어 공부 CD를 넣고 들었거든요. 그런데 그날따라 영어 CD보다 저 CD가 듣고 싶더라고요.

호시 씨 인생에서 매우 중요한 날이었네요. (웃음)

솔직히 말씀드리면 제가 음악에 관심이 없었어요. 아예 음악에 대해서 생각해본 적이 없었죠. 그런데 선물받은 CD를 딱 틀자마자, "와, 음악이 이렇게 좋은 거였어?" 소리가 절로 나오더라고요. 세상에 이것보다 좋은 게 있을까 싶었죠. 방 안에 저 혼자 있었고, 샤이니의 음악이 나오고 있는데……. 정말 좋았어요. 그때부터 샤이니 선배님들뿐만 아니라 모든 K-POP 선배님들을 관심 있게 찾아봤어요.

지금은 세븐틴의 춤을 대표하는 멤버 중 한 명인데, 댄서보다는 가수가 되고 싶었던 거군요.

명확하게 말씀드릴 수 있어요. 저는 가수가 되고 싶었어요. 그때 받은 앨범이 [산소 같은 너]였는데, 그거 말고도 다 따라 했던 거 같아요. 그때가 한창 K-POP 붐이 일었던 시기거든요. 〈쏘리 쏘리SORRY SORRY〉, 〈텔 미Tell Me〉 등등 엄청나게 많았어요. 연습해서 친구들한테 가서 보여주는데 애들이 좋아하더라고요.

자신이 춤을 잘 춘다는 사실은 어떻게 깨닫게 된 건가요.

하루는 친구들이랑 목을 양옆으로 움직이는 동작을 같이 해봤거든요. 그런데 애들이 다 안되는 거예요. 이상하더라고요. '어, 나는 잘 되는데 왜 쟤네는 안 되지?' 그랬죠. 그러고 학교에서 수학여행을 갔어요. 장기자랑 시간에 〈쏘리 쏘리〉를 추려고 하는데 애들이 화면을 보고 따라 하질 못하더라고요. 그렇게 어렵나 싶어서 제가 따라 해 봤는데, 애들 반응이 되게 좋은 거죠. 그 순간에 '아, 나 좀 잘하나?' 싶더라고요. (웃음) 혼자 할 때는 몰랐거든요. 친구들이 제 춤을 보고 좋아하는 모습을 보고 나니까 더 잘 추고 싶어졌어요. 관객이 있으니까 욕심이 생기더라고요.

계속 사람들 앞에서 공연을 하고 싶다는 욕심도 커졌겠네요.

춤이 재미있다는 걸 느끼고 나니까 사람들이 더 많은 데에서 해보고 싶다는 생각이 저절로 들었죠. 그 당시에 누나 친구가 중학생 댄스 동아리를 하고 있었는데요. 그 동아리가 사람이 없어서 사라지기 직전이었어요. 그런데 제가 마침 중학생이 돼서 친구들하고 거기 들어갔죠. 그 후에는 대회에 나가고, 학교 축제에도 서고 그랬는데 하면 할수록 재미있더라고요. 엄마는 "너 공부 안하고 매일 춤만 추고 놀러만 다니다가 어떡할래?"라면서 걱정을 많이 하셨어요.

어머니께 뭐라고 대답했나요.

저도 걱정이 되니까 중학교 3학년 때까지만 기다려달라고, 그때까지 회사에 못 들어가면 고등학교 때부터 다른 친구들처럼 공부하겠다고 했어요. 그런데 댄스 대회를 나갔다가 거기에서 캐스팅이 된 거예요. 어휴, 이런 우연이? 엄마한테 빨리 계약하러 가자고 했죠. (웃음)

빠르게 캐스팅이 된 건데, 그 이유는 뭐였던 것 같아요?

회사에서 특별히 들은 건 없는데, 생각해보면 그때 있던 형들이 다 잘생겼거든요. 그런데 제가 그 사이를 뚫은 것 같기는 해요. 가끔 오디션 때 영상 보면 저도 궁금해요. 와, 어떻게 얘를 뽑으셨을까…….

특출한 재능이 보였던 거죠.

그런데 회사에 오니까 기본기 연습이 필요하더라고요. 그냥 음악을 듣고 흥에 겨워서 춤을 추는 게 아니라, 기본기부터 시작해서 단계별로 클리어하고 정식 안무를 배워야 한다는 걸 알게 됐어요. 그 단계를 넘어야 할 때 좀 힘들었어요. '왜 이렇게 팔 뻗기만 계속 하고 있지?' 싶었죠. 처음에는 이해가 안 갔는데, 가수가 되려면 이런 과정을 다 거쳐야 한다는 거죠. '그럼 나도 해야지, 내가 못할 게 뭐 있어?'라는 마음으로 했어요.

정식으로 춤을 배우게 됐으니 기쁘기도 했을 거고요.

맞아요. 춤을 정말로 배우고 싶었거든요. 회사에 들어오기 전부터 부모님께 저도 춤을 배우고 싶다고, 학원에 보내달라고 말씀드렸더니 아빠가 "너는 내 눈에 증명된 게 없으니까 대회에 나가서 상을 타와 봐라" 하셨거든요. 그런데 거기서 캐스팅이 된 거예요. 앗, 이것은 일석이조? (웃음)

춤을 배우게 되면서 제일 흥미로웠던 부분은 무엇이었나요?

회사에서는 가요가 아니라 팝송에 맞춰서 춤을 배웠거든요. 그럼 학교에 가서 친구들한테 보여줬어요. 친구들이 환호해 줄 때마다 너무 재미있었죠. 항상 거울 앞에서 연습하면 자기만족은 돼요. 하지만 자기만족을 넘어서서 관객한테 보여주고, 칭찬을 받으니까 기분이 훨씬 더 좋더라고요.

세븐틴의 퍼포먼스

세븐틴은 13명이고, 다인원 그룹이기 때문에 나올 수 있는 특별한 에너지가 있을 것 같아요.

장점이 정말 많은데, 일단은 어딜 가도 기죽지 않아요. (웃음) 계속 신나고, 계속 재미있고요. MBC '전지적 참견시점'에 나왔던 모습은 빙산의 일각이에요. 퍼포먼스를 만들 때도 장점이 아주 많아요. 인원이 많으니까 간단한 동작을 할 때 한 명씩 시간차만 줘도 아주 화려한 안무가 만들어지거든요. 예를 들어서 다 같이 한 바퀴만 돌아도 생각보다 훨씬 더 큰 그림이 나오죠. 할 수 있는 게 되게 많아요.

데뷔하기 전부터 공연을 많이 했잖아요. 데뷔 무대에서 별로 떨지 않던데, 그래서 가능했던 게 아닐까 싶었어요.

맞아요. 데뷔 전부터 평가회 공연을 워낙 많이 해서 더 편하게 즐길 수 있었던 것 같기는 해요. 연습생 때부터 안무를 짰거든요. 한번은 디노랑 처음으로 같은 팀이 됐는데, 저희끼리 얘기를 했어요. "왜 여기서만 춤을 춰야 해?", "왜 한자리에서만 서서 춤을 춰야 해?", "벽에 물구나무를 서서 기댈 수도 있고, 저 신발장 위에서도 춤을 출 수 있잖아?" 연습실 내부에서 공연을 하는 거니까 오히려 그 공간을 이용해서 사람들에게 충격을 주고 싶은 거예요. 그래서 소품을 많이 이용했죠.

비슷한 사람들끼리 만나서 시너지를 냈네요.

아마도 어려서 가능했던 것 같아요. 그맘때는 생각이 되게 말랑말랑하잖아요. 어딜 가도 "왜?"라는 물음표를 항상 달고 살았죠. 세븐틴 멤버들끼리도 연습생 때부터 꾸준히 말했던 게, "우리는 그냥 춤만 추지 말자"라는 거였어요. 음악에 맞춰서 춤을 추는 게 아니라, 음악에 맞춰서 하나의 이야기를 전달할 수 있게 해보자고 저희들끼리 계속 생각을 했던 거죠.

사실 트레이닝을 받는 시기라서 오히려 그런 생각을 하기가 쉽지 않았을 수도 있거든요.
대표님이 은연중에 정해주신 길로 간 걸 수도 있어요. 평가회에서 결과가 나오면 창의적인 아이디어로 공연하는 팀이 더 좋은 점수를 받는 경우가 많더라고요. '아, 대표님이 이런 걸 좋아하시는구나?' 그랬죠. 사실 저희는 대표님 손 안에 있는 거예요. (웃음) 〈아긴다〉 때도 회사의 디렉팅을 받으면서 저절로 창의적인 방향으로 퍼포먼스 연습을 하게 되더라고요.

일반적으로 보이그룹은 3분 동안 멋있는 모습을 보여주고 들어가면 그만이라는 생각들을 하잖아요. 그런데 세븐틴은 그걸 깬 팀이에요. 춤이 아니라 이야기로 퍼포먼스를 완성했죠.
처음에 〈아긴다〉가 나올 때만 해도 새로운 방식의 퍼포먼스에 도전하는 느낌이었거든요. 그게 재미있었어요. 솔직히 저는 타이틀곡 후보였던 〈샤이닝 다이아몬드Shining Diamond〉를 더 좋아했는데요. 그냥 멋있어서 좋아한 곡이에요. 나중에 〈아긴다〉가 타이틀곡으로 정해지고 나서는 다시 생각을 해보게 되더라고요. 세븐틴이라는 팀의 색깔이 있다 보니 앞으로도 제가 하고 싶은 것만 할 수 없잖아요. 〈아긴다〉처럼 독특한 색깔의 퍼포먼스도 잘 소화하는 사람이 되어야겠다는 마음을 먹었죠.

〈예쁘다〉가 이야기로 완성된 퍼포먼스 중에 가장 인상적이었던 곡 중 하나거든요.
〈예쁘다〉는 고민을 가장 많이 했어요. 그만큼 머릿속에서 잘 떠오르지 않았던 안무 중에 하나였다는 뜻이죠. 이 곡을 대체 어떻게 표현해야 할까 싶더라고요. 지금 생각해도 소파라는 소품이 아니었다면 굉장히 평범한 보이그룹 안무 중에 하나가 되지 않았을까 싶어요.

소파를 무대에 놓으면서 멤버들이 뮤지컬 무대에서 연기하는 것 같은 인상을 줬어요.

한 가지 방법만 생각하지 않고, 여러 가지 모양으로 소파를 활용해보려고 했어요. 안무의 한 부분에서 "쟤네가 소파를 쓴 이유가 이거구나?" 싶을 때 다른 부분에서 "어? 소파를 저렇게 쓰는 방법도 있네?"라는 느낌을 주고 싶더라고요. 굉장히 다양한 방식을 고민했던 것 같아요.

아기자기한 제스처가 섞인 안무가 많았고, 세세한 소품들에도 신경을 쓴 흔적이 보이더라고요.

연습하다가 저절로 나온 것들이 많아요. 인터넷 서핑을 하는 동작도 그렇게 나온 거예요. 저희끼리 장난을 치면서 "야, 이건 당연히 (타자 치는 시늉을 하며) 이래야 되지 않겠어?" 했더니, "당연히 그래야지!" 하면서 진짜로 넣게 된 거죠. 그리고 여러 가지 소품을 쓰자는 아이디어는 멤버들이 생각해낸 거예요. 저희는 매번 무대를 할 때마다 멤버들이 낸 아이디어를 활용해서 무대를 조금씩 바꾸거든요. 소소한 부분들에서 멤버들의 아이디어를 많이 반영해요. 다만 그 바람에 오히려 어려운 점도 생겨요. 예를 들어서 〈예쁘다〉는 방송 때마다 멤버들의 연기가 조금씩 달라지는데, 텐션은 비슷하게 유지를 해야 하는 거죠. 이 부분이 정말 어렵더라고요.

무대 위에서 보여줘야 하는 감정은 어떻게 연출하나요?

"여기서는 좀 더 밝게 웃자!", "여기서는 놀란 표정을 짓자!" 이런 식으로 곡을 여러 부분으로 나눠서 얘기를 해요. 또 유닛 안무를 보여줘야 하는 멤버들끼리 무리를 지어주면 자기들이 상의를 하더라고요. 도입부나 후렴구는 안무가인 영준이 형과 표정 연기를 연습하기도 하고요.

멤버들과 오랜 시간을 함께 하면서 다들 서로를 잘 알게 되었잖아요. 연기를 해야 하는 안무를 짤 때 도움이 많이 될 것 같아요.

멤버들의 성향을 잘 알게 되다 보니까 각자에게 잘 어울리는 안무가 어떤 건지 느낌이 오죠. 영준이 형과 〈박수〉를 짤 때도 그런 부분을 중요하게 생각했어요. 〈박수〉 1절 후렴 안무와 2절 후렴 안무가 다른데요. 1절 후렴은 제가 하고, 2절 후렴은 에스쿱스 형이 센터로 나오거든요. 저는 밝은 성격을 반영해서 에너지 넘치는 춤을 추고, 에스쿱스 형은 절제하는 느낌으로 자기의 무게감을 보여줘요. 멤버들의 캐릭터 차이를 확실하게 반영한 부분이라고 볼 수 있죠.

리프팅 동작이 포함된 안무인 경우에는 신체 조건을 반영해서 동선을 짜기도 하겠네요.

신경을 안 쓸 수가 없어요. 아무래도 힘이 좋은 친구들이 멤버를 위로 번쩍 들어야 해서, 에스쿱스 형과 민규에게 리프팅 동작을 가장 많이 맡기게 되는 것 같아요.

〈숨이 차〉는 그동안 세븐틴이 전혀 보여주지 않았던 색깔의 퍼포먼스였어요. 어둡고, 강했죠.

안 해본 스타일을 해보자는 의도였으니까요. '다크 세븐틴'을 만들자는 생각이었어요. 곡 수정도 굉장히 많이 들어갔는데, 이 곡을 어떻게 풀어야 하나 계속 고민하고 있던 찰나에 범주 형이 제가 갖고 있던 안무 영상을 보더니 "이 곡에 춤이 들어오려면 여기에 브레이크가 있다든가, 아무튼 좀 다른 느낌이 있어야 할 것 같은데?" 그러더라고요. 그러고 나서 리듬이 전혀 다른 곡으로 바뀌었죠. 딱 듣는 순간에 굉장히 좋다는 느낌이 들어서 바로 '룩LOOK'이라는 안무 팀 형들에게 달려갔어요. 형들과 〈숨이 차〉의 색깔이 정말 잘 맞았고, 그 다음부터 콘셉트 회의도 계속 같이 하면서 완성된 게 지금의 퍼포먼스예요.

연말 시상식에서 처음으로 공개하는 퍼포먼스다 보니 더 화려해야 한다는 고민도 있었겠어요.

그래서 좀 더 기술적인 퍼포먼스를 원했어요. 아무래도 시상식에서 보여줘야 하니까 누가 봐도 멋진 무대를 만들고 싶었죠. 그전의 세븐틴을 이기고 싶다는 생각도 했고요.

숨쉴 틈도 없이 몰아붙이는 퍼포먼스예요. 멤버들이 힘들어하지는 않았나요.

아니에요. 새로운 걸 한다고 하니까 오히려 좋아했어요. 그리고 저는 멤버들의 역량을 알고 있잖아요. 이만큼 격렬한 퍼포먼스도 충분히 해낼 수 있는 애들인데, 그동안 보여줄 기회가 없어서 너무 아쉬웠거든요. 아껴뒀던 걸 모조리 다 드러낼 수 있다는 게 좋았어요.

호시 씨가 세븐틴 퍼포먼스 유닛의 리더를 맡고 있다는 사실이 새삼 와 닿아요. 사실 퍼포먼스라는 게, 세븐틴이 이미 보여주고 있는 것들이기 때문에 그 안에서도 퍼포먼스 유닛이 보여줄 수 있는 게 뭔지 한층 고민이 필요하겠다 싶었어요.

그렇죠. 퍼포먼스 유닛이 세븐틴의 춤을 대표하는 거니까요. 처음에는 일단 기본적인 세븐틴의 퍼포먼스보다 좀 더 난이도 있는 퍼포먼스를 해봐야겠다는 생각으로 시작했고요. 그런데 저희가 가수잖아요. 노래나 랩 실력도 당연히 춤 실력만큼이나 중요하게 뒷받침이 되어 줘야겠더라고요. 이 이야기를 퍼포먼스 유닛 멤버들에게 했더니, 다들 동의했어요. 본인들이 먼저 부족함을 느꼈고, 다 같이 열심히 연습을 하면서 세븐틴에서 보여줄 수 없었던 그림까지 만들어나가게 된 것 같아요.

언제 그 목표에 가까워졌다고 느꼈나요.

〈하이라이트〉 때 처음으로 유닛의 성장을 느꼈어요. 〈붐붐BOOM BOOM〉 활동을 하면서 디노와 같이 안무 작업을 했는데, 일단 해외 안무를 많이 찾아봤어요. 만약에 해외 안무라면 이 노래를 듣고 어떻게 안무를 짰을지 생각해봤죠. 그리고 그즈음이 세븐틴 멤버들도 생각하는 게 훨씬 성숙해지고 음악에 관해서도 전보다 진지하게 몰입하고 있을 때였어요. 퍼포먼스 팀의 무대에서도 그런 느낌을 보여줄 수 있으면 좋겠더라고요. 변화를 드러내고 싶어서 저희끼리 뮤직비디오도 구상해봤죠.

〈하이라이트〉 다음에 보여준 〈13월의 춤〉은 기존의 세븐틴 안무와도 달랐고, 다른 K-POP 아티스트들의 안무와도 달랐죠. 무용에 가깝다고 볼 수 있는 동작이 많았어요.
〈13월의 춤〉으로 퍼포먼스 팀의 색깔을 확실하게 알게 된 것 같아요. '아, 이제 우리 유닛의 색깔이 많이 보이는구나' 싶더라고요. 인트로 부분을 만들 때 무용을 정말 많이 참고했어요. 일반적인 안무보다 좀 더 새로운 게 뭐가 있을지 계속 자료를 찾다가 현대무용 동영상을 봤거든요. 그 영상에서 아주 간단하게 팔을 뻗어 올리는 동작을 보고 '우리 입장에서는 이 동작을 서로 겹쳐서 해보면 어떨까' 싶더라고요. 그렇게 하니까 생각했던 것처럼 좋은 그림이 나오는 거예요. 동작을 만들어 본 뒤에 멤버들이 "형, 여기서 이렇게 밀어봐. 그리고 쭉 연결을 해보자" 하더라고요. 계속 의견을 나누면서 만들어가고 있는데 갑자기 영준이 형이 들어왔어요. (웃음) "오, 좋은데? 거기서 이렇게 저렇게 들어가 봐!" 그렇게 완성된 거죠.

다들 머리를 맞대고 완성한 퍼포먼스네요. 뮤직비디오도 인상적이었어요.
처음에 콘셉트를 받았는데, 정말 좋은 거예요. 뮤직비디오에 나온 의상이 저희가 처음에 본 의상이었는데, 되게 만족스러웠어요. 물론 조금 아쉬움이 남는 부분이 있기는 해요. 조금만 더 춤추기 편한 의상이었으면 더 멋있는 안무가 나올 수 있었을 것 같아서요. 그런데 투어를 하고 있던 시기라 여유가 없었어요. 투어 중에 잠깐 들러서 뮤직비디오만 찍고 간 거라 좀 더 여유가 있었으면 세세하게 수정을 볼 수 있었을 텐데.

촬영 시간 자체도 부족했겠네요.

그래서 더 기억에 남거든요. 그 뮤직비디오 촬영은 연기를 해주신 배우 분들까지도 기억이 날 정도예요. 심지어 그날 비가 왔어요. '아, 이건 못 찍겠구나' 싶었는데 정오에 비가 딱 그치더라고요. 비 그치자마자 스태프 분들이 바닥을 닦아주시고, 저희도 바로 촬영에 들어갔죠. 딱 6번 찍었거든요? 그런데 하필이면 마지막 테이크가 제일 잘 나온 거예요. 지금 생각해도 너무 아쉬워요. 시간이 조금만 더 있었으면 좋았을 것 같아서요. 연달아서 6번을 찍으니 저희 입장에서는 아쉬운 부분만 눈에 띄더라고요. 잠깐이라도 쉬고 찍었으면 더 잘 찍었을 거예요.

TAKE. III

나를 바꾼 사람들

최영준 안무가와 멤버들만큼 오랜 시간을 함께 일했어요.

개인적으로는 영준이 형을 만난 게 가수로서의 제 삶에서 중요한 터닝 포인트가 됐어요. 생각하는 방식이 많이 바뀌었거든요.

두 사람이 퍼포먼스에 관해 생각하는 방식이 달랐군요.

저희가 〈샤이닝 다이아몬드〉 안무를 먼저 만들고, 그 다음에 〈아낀다〉를 만들었거든요. 그런데 〈아낀다〉를 딱 듣는 순간에 '와, 이런 곡에는 대체 어떻게 안무를 짜야 하지?' 싶은 거예요. 그때 영준이 형이 너무나 간단하게 안무를 짜기 시작하더라고요. '아, 이 게 어렵게 생각해서 되는 게 아니구나. 형처럼 완전히 다른 발상을 할 수도 있구나' 싶었 죠. 저는 지금도 형을 정말 존경해요. 매번 안무를 짤 때마다 놀라요. '대체 형은 어떻게 이런 생각을 하지?' 싶을 때가 많아요. 〈아낀다〉에 나오는 리프팅 동작도 그래요. 지금 봐도 또 놀랄걸요.

연습생 때 실력이 굉장히 빨리 늘 수밖에 없었던 이유네요. 그때 배운 것 중에 가장 마음에 깊이 새긴 것은 뭔가요?

버릴 때는 과감하게 버리고, 챙길 때는 확실하게 챙기자는 거요. 저는 멤버들을 계속 보여주고 싶어서 동선 이동을 할 때도 무조건 몇 명은 중앙에 두고, 나가있어야 할 멤버들은 사이드에 두고 춤만 안 추게 하는 방법을 썼거든요. 그런데 영준이 형은 "얘들아, 나가서 바로 뒤로 가" 그러더라고요. 완전 간단하고 쿨하게요. 처음에 만들었던 〈샤이닝 다이아몬드〉 안무를 보시면 알아요. 아무도 무대에서 안 빠지고 그대로 가거든요. 반대로 〈아낀다〉는 모든 멤버가 무대 밖으로 빠졌다가 들어왔다가 해요. 그때 충격을 많이 받았어요. 복잡한 동선을 생각하는 대신에 버릴 때는 확실하게 버릴 줄 아는 게 오히려 멤버들을 돋보이게 만들 수 있더라고요. 저는 멤버들을 생각해서 무대에 둔 건데, 오히려 그게 더 안 좋을 수도 있다는 걸 알게 됐어요.

정말 고마운 분이겠어요.

그럼요. 저뿐만 아니라 세븐틴 멤버들과도 합이 정말 좋아요. 〈문워크MOONWALK〉를 만들 때도 형이 그러더라고요. "너희 같은 애들만 있으면 안무를 한 달에 50개도 짜겠다"라고요. 사실 이 곡은 다들 시간이 안 맞는 바람에 주어진 시간이 딱 하루였는데도 금방 해냈죠. 이제는 만나면 깊게 이야기를 나눈다기보다 바로 작업에 들어가요. 시간이 워낙 없는 상태로 현장에 모이니까 "빨리 하자!"가 되는 거죠. 계속 멤버들끼리 아이디어를 툭 툭 던지고, 그렇게 던진 아이디어를 영준이 형이 잘 조합해주고, 저는 "형, 여기서는 이 런 게 나을 것 같아요" 하고 얘기를 전달하죠. 이미 서로 간에 호흡이 잘 맞춰져 있기 때문 에 급한 경우에도 안무가 잘 나와요.

호시 씨는 프리스타일 댄스에서도 착실히 연습을 해 온 모범생의 느낌이 나요.

제가 '힙'한 사람이 아니거든요. (웃음)

그런 뜻은 아닌데. (웃음)

진짜로 저는 버논처럼 타고난 스웨그SWAG가 있는 사람이 아니에요. 성격이 그래서인지 춤 도 깔끔한 게 좋은데, 요즘에는 분위기가 전과 달라졌어요. 힙합 느낌이 강하게 들어간 춤 이 유행이죠. 흐름이 그렇게 가고 있는데 모범생처럼 제 색깔만 고집할 수는 없잖아요? 가 장 최근에 세븐틴 인스타그램에 올렸던 안무 영상이 그런 생각을 하다가 나온 거예요. '나 도 좀 힙해져볼까?' 하는 생각으로 영상을 보다가 요즘 유행하는 동작이 들어간 해외 안 무들을 조금씩 카피COPY해보면 좋겠다는 생각이 들었죠. 그 사람들을 똑같이 따라 한다 는 뜻은 아니고요. 그들이 추는 춤의 느낌이 어떤 건지 알아가려고 노력하는 중이에요.

프리스타일이, 말 그대로 '자유롭게 추는 춤'은 아닌 거네요.

연습을 할 수밖에 없어요. 특히 저처럼 그룹에서 춤을 맡고 있는 멤버들은 어딜 가나 춤 춰 보라는 이야기를 듣잖아요. 물론 누가 시키기 때문에 연습하는 건 아니지만요. 제가 즐거 워서 하는 거지만, 팬 분들이 프리스타일 댄스를 출 때 나오는 자유로운 느낌을 더 좋아하 시는 것 같아서 훨씬 열심히 하게 돼요.

안무 동영상을 찾아본다고 했는데, 힙합이나 스트리트 댄스 외에는 어떤 것들을 보나요.

대표님이 한국무용을 하셔서 모든 연습생들이 한국무용과 현대무용을 조금씩 배웠어요. 그때 배웠던 것들이 아직 기억에 남아있는데, 덕분에 새로운 아이디어들을 거기서 많이 얻어오는 것 같아요. '새로운 게 뭐가 있을까?' 싶으면 바로 무용 동영상을 찾아봐요. 연습생 때부터 그런 교육을 받아서 지금까지 다양한 방식의 퍼포먼스를 자연스럽게 구상할 수 있었던 것 같고요.

세븐틴의 곡을 만드는 과정에서도 "이 곡에는 이런 동작이 들어갈 수 있게 해달라"라는 식으로 작곡가들과 협업을 한다고 들었는데.

범주 형에게 되게 구체적으로 말을 해요. 투어 도중에 〈하이라이트〉를 만들면서 설명한 내용이 뭐냐면요. "형, 함성소리가 나오는데 그때 내가 무대에서 등장을 해. 그런데 아주 천천히 나오는 거야" 좀 더 자세하게 이야기를 하자면, "형, 내가 대기실에서부터 나오는데 카메라가 거기에서부터 나를 찍고 있는 거야. 아무도 없는 무대인데 카메라가 나를 찍고 있다가 후렴구에서 관객들을 비추는 거지. 그 순간에 내가 딱 나왔으면 좋겠어!"였어요.

머릿속으로 이미 구상한 무대를 음악으로 옮긴다고 보면 되겠네요.

저는 우지처럼 전문적으로 신시사이저 사운드가 어디에 나왔으면 좋겠고, 베이스는 어디에 나왔으면 좋겠고 이런 이야기를 못하잖아요. 그래서 몸으로 느끼는 것들을 말로 하는 거죠. 여기서 이 음악에 '둥둥' 소리가 두 번 들어가면 어떠어떠한 동작을 할 수 있고, 그게 좋을 것 같다 싶으면 범주 형에게 생각한 그대로 설명을 하는 거예요. 범주 형도 대단한 게, 말하는 대로 다 해준다니까요? (웃음)

음악적인 지식을 갖춘 사람과 춤에 대한 감각을 갖춘 사람이 만난 거죠.

예전에 Mnet 아시안 뮤직 어워즈 무대에서 몬스타엑스 형들과 대결 콘셉트로 무대를 꾸민 적이 있거든요. 퍼포먼스 팀 멤버들이 나와서 춤을 추는 거였는데, 원래 하려던 음악에 특별한 변화를 주고 싶은 거예요. 주어진 그대로 가면 분위기가 영 안 살 것 같은 거죠. 걱정이 되는 부분을 아예 잘라내고, 범주 형에게 새로운 음악을 만들어 달라고 했어요. 사람들에게 반전을 줄 수 있게 음악도 분위기가 확확 바뀌었으면 좋겠다고 했더니 그대로 만들어줬어요. 그때 제가 뭐라 그랬냐면요. "형, 여기서 덤블링 좀 하게 두두두두 빵! 이런 것 좀 넣어줘요!" (웃음) 야외에서 콘서트를 하게 됐을 때도 퍼포먼스 팀이 연달아서 무대를 소화해야 하는 부분이 있었는데요. 콘셉트가 몬스터고, 몬스터가 갇혀있던 유리관에서 나와서 누군가에게 잡히고, 헬리콥터 소리가 나고 레이저 소리도 나고, 빨간 레이저가 우리를 겨냥했으면 좋겠고, 개인 안무는 어디에 들어가고……. 이런 이야기를 다 했죠. 그대로 만들어줬어요. 진짜 대단한 형이에요.

<CENTER>⟨TAKE.IV⟩</CENTER>

공연을 하는 이유, 공연을 보는 이유

최근에 일본에서 세븐틴이 굉장히 인기가 많아졌더라고요. 현지에서 호시 씨의 인기도 굉장히 높다는 이야기를 들었어요.

이름이 호시라서 그런 것 같아요. 한국어로는 '호랑이의 시선'이라는 뜻이지만, 일본어 '호시ほし'에는 '별'이라는 뜻도 있고 '호시이ほしい'하면 '갖고 싶다', '원하다'라는 뜻이 된대요. 팬 분들이 말장난을 하시기에 좋아서가 아닐까 싶어요. 가사에도 '호시이'라는 단어가 많이 들어가잖아요. 그게 재미있어서 좋아해주시는 것 같아요. 어디를 가도 공연장에 서는 제 마음이 똑같다는 걸 알아주시는 것 같기도 하고요.

앨범 판매량도 높고, 공연장의 규모도 커졌죠. 그만큼 고려해야 할 것도 생겨났을 거고요.

처음에 일본에서 공연할 때와는 많이 달라진 걸 느껴요. 일단 공연 횟수 자체가 늘어났고, 공연장 크기도 커졌죠. 이렇게 큰 데에서 우리가 공연을 해도 사람들이 다 올까 싶었는데 놀랍게도 그 공간이 채워지더라고요. 게다가 평일 공연인데. 팬 분들이 와주시는 게 신기했어요.

공연장의 크기가 커지면서 퍼포먼스를 구성하는 방식도 조금씩 바뀌어 가고 있을 것 같아요.

요즘에 공연을 준비할 때는 오히려 큰 동작이나 동선 위주의 안무로 바꾸고 있어요. 공연장이 커지면 커질수록 작은 동작들은 잘 안 보이기 시작하더라고요. 평상시에 안무를 짤 때는 움직이는 부분을 하나하나 세세하게 많이 생각하는 편이거든요. 하지만 콘서트를 할 때 음악방송 때와 똑같이 춤을 추면 잘 안 보일 것 같아서 편곡과 함께 안무 수정까지 들어가는 경우가 많아요. 〈크레이지 인 러브Crazy in Love〉 같은 경우에도 원래 다섯 명으로 시작해서 점차 동선이 바뀌거든요. 그런데 이렇게 흘러가는 것보다는 무대 장치를 이용해서 한 사람 한 사람이 돋보이게 따로 위치를 잡는 게 오히려 큰 무대를 다 활용할 수 있는 방법이겠더라고요. 공연장이 클수록 모여 있는 것보다는 퍼져있는 게 나은 경우가 생겨서 안무가 형과 함께 많이 바뀌게 됐어요.

자연스럽게 공연 연출에도 관심이 갈 것 같아요.

아직은 잘 모르는 게 많아서요. 제가 생각하지도 못했던 무대 장치들이 정말 많더라고요. 그런 부분은 공연연출팀에서 많은 도움을 받죠. 물론 공부는 하고 싶어요. 이번에 일본 투어를 할 때 전반부와 후반부로 나눠서 진행했는데, 전반부를 끝내고 나서 내가 잘한 건지 궁금하고 무대 공부도 좀 더 하고 싶은 거예요. 그래서 한국에 오자마자 슈퍼주니어 D&E 선배님들 콘서트를 갔다가, 바로 다음날에 뉴이스트 선배님들 콘서트에 갔어요. 마음먹고 가서 보니까 '와, 여기서는 이렇게 무대 연출을 하는구나' 싶더라고요. 제 무대에 대한 책임감이 더 강해졌죠.

공연장마다 무대를 연출하는 방식도 조금씩 다르니까요. 배워야 할 게 많아졌겠어요.

그렇죠. 일본에서도 돌출 무대 길이에 따라서 리허설 때 타이밍을 계속 계산해야 하거든요. 어디서는 좀 더 빨리 나가야 하고, 또 어디서는 좀 더 늦게 나가야 하고……. 이런 것들을 잘 생각해야 돼요. 계속 이렇게 해 나가다 보니까 멤버들과 호흡도 좋아지더라고요. 앨범 수록곡 무대 같은 경우에는 보통 컴백 초반에 외우면 다 잊어버리는데, 콘서트를 계속 하다 보니까 저절로 연습이 돼서 지금도 음악이 나오면 다들 바로바로 출 수 있을 정도가 됐어요.

콘서트에서 가장 중요한 요소는 무엇이라고 보나요.

관객들을 만족시키는 거죠. 그럴 수 없다면 그 공연은 의미가 없다고 봐요. 제가 다른 아티스트 분들의 공연을 가는 이유 중에, 저희 팬 분들에게 감사한 마음이 커서 그 입장에서 어떤 기분이 드는지 느껴보고 싶은 것도 있어요. 실제로 다녀보니 팬 분들의 입장에서 생각을 해보게 되더라고요. 3시간 공연하는 사람도 힘들지만, 같은 자리에 3시간을 앉아있는 사람도 힘들잖아요.

자신의 퍼포먼스를 보여주고 있지만, 그 퍼포먼스의 중심에 호시 씨 자신이 아니라 팬들이 온 것 같다는 생각이 드는데요.

그게 바로 책임감의 크기가 달라진 이유죠. 나에 대한 책임감뿐만 아니라, 제 주변에 있는 모든 사람들을 다 챙기고 싶다는 생각이 드니까 점점 책임감이 커져요. 그러니까 지금 저에게는 모든 관객들이 감동을 받을 수 있는, 그 정도로 아쉬움이 남지 않는 무대가 가장 이상적인 무대예요. 1층에서 봐도, 2층에서 봐도, 3층에서 봐도 같은 감동을 받을 수 있다면 좋겠어요. 최근에는 공연장 음악 볼륨에도 전보다 더 신경 써요. 무대 리허설을 할 때 다른 멤버들보다 조금 일찍 나와서 LED 같은 무대 장치들을 꼼꼼하게 보는 편이기도 해요. 시간을 투자해서 이 자리에 와주신 거니까 그 부분에서 관객 분들을 만족시켜야 한다는 생각을 하죠.

직접 공연장에 다니면서 많은 것들을 느꼈네요.

잘 안 보이는 좌석에서는 제가 느끼는 만족감을 다 느낄 수 없겠더라고요. 그리고 저만 좋은 무대에서 과연 남는 게 있을까요? 처음 세븐틴을 보러 온 사람들도 '와, 재미있다. 보는 재미가 있네!'라는 생각을 할 수 있게 만들고 싶어요. 그래서 댄스 스테이지를 더 많이 넣으려고 하는 것 같아요. 같이 즐길 수 있게요. 콘서트에서는 '흥미'라는 단어가 참 중요해요. 세븐틴의 공연도 계속 흥미로워야 한다는 거죠. 시작부터 끝까지 다음에는 뭐가 나올지 관객들이 궁금해하도록 만들어야 해요.

공연을 하면서 새로운 깨달음을 얻었던 순간은 언제였어요?

일본 공연을 하면서 〈울고 싶지 않아〉를 발라드 버전으로 부른 적이 있어요. 가만히 서서 노래만 불러도 감정이입이 될 수 있다는 걸 그때 알았어요. '춤을 추지 않아도 이 노래의 감정을 전달할 수 있구나' 싶었죠. 그리고 이런 무대에서는 무대 연출이 특히나 중요한 것 같다는 생각을 했어요. 곡의 분위기를 뒷받침해줄 수 있는 장치들, 예를 들어서 LED 같은 게 중요하게 쓰이는 거죠. 거꾸로 생각해 보니까 오히려 특정 곡에서는 춤만 추는 게 관객 입장에서 더 재미가 없을 수도 있겠더라고요.

그렇다면 콘서트 무대보다 방송 무대에서 좀 더 신경 쓰게 되는 부분이 있나요.

콘서트는 카메라를 신경 쓰지 않아도 되잖아요. 그런데 방송 무대를 할 때는 화면으로 보시는 분들이 많으니까 표정 연기 같은 부분, 즉 연기로 보여드려야 하는 모습에 더 많이 신경을 쓰게 돼요. 아무래도 인원이 많다 보니까 파트가 짧잖아요. 짧은 시간 안에 나를 표현하는 방법에 중점을 두게 되죠.

13명이니까 자신의 파트가 나올 때마다 긴장을 할 수도 있겠네요.

다들 자기 파트에 관해 연구를 많이 해요. 처음에는 뭔가 부족한 게 보이면 저도 모르게 간섭을 하려고 들었는데, 그러면 자기 색깔이 아니라 제 색깔을 보여주게 되는 거잖아요. 다양한 색깔의 멤버들을 보여줄 수가 없죠. 옛날에는 어설픈 모습이 보이면 좀 더 잘할 수 있도록 잡아주고 싶었거든요. 이제는 '아, 저게 그의 매력이구나' 생각이 들어요. 만약에 어설픈데도 보기 좋다? 그럼 그게 어설픈 게 아닌 거거든요. 그동안 제가 편견을 갖고 있었다는 걸 알게 됐어요. 항상 앨범을 만들 때는 멤버 모두가 타이틀곡에 몰입하기 위해 노력하는 게 당연하잖아요. 어떤 음악이 나올 거라는 걸 멤버들도 사전에 알고 있기 때문에 팬 분들에게 좋은 모습을 보여드리고 싶어서 자기 식대로 계속 연구를 하죠. 그래서 계속 새로운 모습들이 나오는 거라고 봐요.

셀프 프로듀싱을 내세운 그룹다운 말이네요.

사실은 저희 대표님의 큰 그림이었던 거예요!

호랑이의 시선

아까 아이디어를 떠올리기 위해 무용 동영상을 찾아봤다고 말했죠. 요즘에는 안무를 만들 때 어떤 콘텐츠들을 많이 참고하나요?

다른 댄서 분들의 춤에서 영감을 받을 때도 있긴 한데요. 의외의 곳들에서 많은 아이디어가 나오더라고요. 요즘에는 호랑이 동영상을 많이 봐요. 이름이 호시라서 호랑이가 좋아졌는데, 유난히 요즘 들어서 많이 보고 있는 것 같아요. 동물 영상이 참 재미있어요.

그동안 세븐틴이 보여준 무대 중에서는 〈숨이 차〉가 가장 동물적인 느낌을 보여준 무대였던 것 같은데.

실제로 동물적인 느낌을 표현하려고 노력했고요. 개인적으로는 호랑이의 발톱을 표현해보려고 했어요. '호랑이의 시선'이라는 이름 뜻을 활용해서 눈빛으로 무대를 제압해보자는 생각이었는데, 눈빛만으로는 표현이 안 돼서 구체적인 동작까지 넣었어요. 사실 〈숨이 차〉 안무를 짤 때 대표님이 야생적인 느낌을 내달라고 말씀하셨거든요. "좀 더 사자 같이 해봐!" 그래서 속으로 '호랑이도 좋은데……' 그랬죠. (웃음)

데뷔 때부터 줄곧 '불어라 허리케인'이라는 구절을 부르고 다녔어요. 솔로 무대를 하게 되면 꼭 이 구절이 들어간 노래를 하겠다고요. 정말로 무대에서 했을 때 놀라웠어요. 의지가 대단하다는 생각이 들더라고요.

그만큼 방송에서 떠들고 다녔잖아요. (웃음) 어느 날 우지가 "야, '불어라 허리케인'을 아예 후크hook로 해서 트랙을 쓰자" 그러더라고요. 〈울고 싶지 않아〉 뮤직비디오를 찍으러 해외로 나갔는데, 그때 이미 트랙이 나온 상태여서 쉬는 시간마다 휴대폰으로 가사를 썼어요. 안무는 영준이 형이랑 함께 작업했고요.

이 곡으로 어떤 이야기를 하고 싶었어요?

그냥 제가 가진 에너지 그 자체에 관한 곡이었던 것 같아요. 솔로 무대를 할 수 있게 된다면 꼭 해보고 싶었던 말들이 있었죠. "아무도 날 따라올 수 없어!"의 느낌을 보여주려고 했어요. (웃음)

다음 솔로 무대는 〈터치^{TOUCH}〉였어요. 〈허리케인〉과는 사뭇 다른 느낌의 곡이었는데.

〈터치〉 때는 또 한 번 솔로 무대가 주어졌다는 점에서 부담이 생기더라고요. 〈허리케인〉이 워낙 강한 이미지의 곡이었기 때문에 '와, 이번에는 뭘 하지?' 싶었거든요. 고민을 할 바에는 아예 사람들이 예상치도 못한 걸 해보면 좋겠다 싶어서 '걸크러쉬girl-crush' 느낌을 만들어 보기로 했어요. 그래서 안무도 제가 안 짜고, 여성 안무가 선생님께 부탁드렸어요. 아예 새로운 걸 받아들여보자는 마음이었어요.

보이그룹의 멤버가 '걸크러쉬'를 콘셉트로 삼았다는 게 특이한 일이거든요.

요즘은 남성과 여성의 성별을 나누지 않고 둘 사이에서 조화로운 느낌을 많이 추구하잖아요. 쉽게 말하면 중성적인 느낌을 내고 싶었어요. 단체 무대에서 볼 수 없었던, 한 번도 보지 못했던 호시의 모습을 보여주고 싶었고요.

자신이 기획한 솔로 무대를 마치고 나면 어떤 기분이 드나요.

제일 먼저 느끼는 건 '아, 재미있다'죠. 팀으로 할 수 없었던 콘셉트로 무대를 할 수 있다는 게 장점이니까요. 그런데 무대를 마치고 나면 꼭 아쉬움이 들어요. 다음에 또 하게 된다면 이러이러한 부분은 좀 더 보완해야겠다는 생각도 계속 하게 되고요.

우리의 무대는 계속될 거야

〈허리케인〉과 〈터치〉 중에서 좀 더 자신과 어울린다고 생각한 곡은 뭐였나요. 워낙 분위기가 다르다 보니 스스로는 어떻게 생각하는지 궁금해서요.

하나를 못 고르겠어요. 사실은 아직도 보여드릴 솔로 무대가 여러 개 있거든요. 그 리스트에 있는 곡들 중에서도 전혀 느낌이 다른 두 곡이 있는데요. 만들면서 '두 개가 다 나구나' 싶더라고요. 와일드한 내가 있고, 섹시한 내가 있는 거죠.

우지 씨와 〈날 쏘고 가라〉를 함께 했을 때는 조금 의외였어요. 가장 정적인 이미지의 멤버와 가장 동적인 이미지의 멤버가 만났으니까요.

〈날 쏘고 가라〉는 시작이 좀 엉뚱한데요. 지훈이가 항상 발라드만 부르니까 자기도 센 게 해보고 싶었나 봐요. 갑자기 "야, 〈허리케인〉 같은 거 한 번 더 해야지?"라고 말해서 "그럼 한번 해?"가 된 거죠. 그때도 투어 중이었는데, 지훈이가 노래를 가져와서는 "제목은 〈날 쏘고 가라〉야" 이러는데 되게 좋더라고요. 가사를 쓰고, 거기 맞는 안무를 짜면서 지훈이가 원했던 것처럼 와일드한 모습을 표현하려고 노력했어요.

그에 반해 〈거침없이〉는 데뷔 전부터 재미있고 시끄럽기로 유명했던 '부석순(부승관, 도겸, 호시)'의 공식 데뷔작이었고요.

같이 하는 멤버가 일단 부(부승관)와 석(도겸의 본명 이석민에서 따온 것)이잖아요? (웃음) 얘들하고 한다고 생각하니까 저부터 생각이 달라지더라고요. 사람들에게 즐거운 에너지를 주고 싶었어요. 누구와 같이 하느냐에 따라서 각각 다른 에너지가 생겨난다는 걸 깨달은 계기예요.

무대에 양복을 입고 나왔어요. 후반부에서는 재킷을 벗어서 돌리는 유머러스한 안무도 있었죠.

양복 입고 나온 건 저희들 의견이었어요. 영화 '킹스맨'에서 출발한 아이디어였는데, 깔끔하고 젠틀한 느낌을 주려고 시도한 거죠.

한 명씩 멘트를 하는 부분도 있었어요. 〈거침없이〉는 데뷔 전부터 만들어온 세 사람의 캐릭터가 완벽하게 녹아든 퍼포먼스였다고 봐요.

처음부터 "지친 분들에게 힘을 드리자! 못할 말도 내가 다 해드리자!" 이런 콘셉트였죠. 그래서 음악방송마다, 요일마다 멘트를 다 다르게 갔어요. 예를 들어서 금요일이면 "여러분, 불타는 금요일이에요!"가 되는 거죠.

지금 이야기를 나누면서 끊임없이 놀라고 있어요. 도대체 이 정도로 지치지 않는 에너지는 어디서부터 나오는 건가요. (웃음)

운동을 하니까 힘이 생기더라고요. 우지가 하도 운동하라고 데리고 다녀서 결국에는 저도 제대로 운동을 시작하게 됐거든요. 그런데 다이어트를 안 하고 운동을 시작하니까 몸집 자체가 커지면서 힘도 생겼어요.

신체 조건이 달라지면 춤출 때도 영향을 받지 않나요?

맞아요. 단점이 그거예요. 몸이 좀 둔해지거든요. 투어 끝나고 한국 돌아오자마자 다이어트를 하니까 다시 가벼워지긴 했어요. 이게 개인의 취향인 것 같은데, 저는 개인적으로 몸이 가벼울 때 춤추기 더 좋은 것 같아요. 살찌우면서 근육도 늘려 보고, 살만 빼기도 해보니까 살이 빠진 상태일 때가 움직이기 편하더라고요.

세븐틴은 퍼포먼스 능력에서나 성적 면에서나 차근차근 성장을 해왔어요.

시간의 흐름에 맞게 잘 커온 것 같아요. 어느 하나 잘못되는 멤버가 없게 회사에서도 많이 도와주셨어요.

춤추는 게 재미있었던 초등학생이 자신만의 퍼포먼스를 보여줄 수 있는 프로페셔널로 성장하기도 했죠.

무대 위에서의 퍼포먼스는 춤이 전부라고 생각하지 않아요. 노래도 될 수 있고, 팬들에게 보내는 멘트가 될 수도 있죠. 퍼포먼스란 '표현' 그 자체를 나타내는 말이라고 생각해요.

그렇다면 그 수많은 요소들을 잘 표현하기 위한 방법은 무엇인가요.

종종 가수도 연기자 분들과 동일하다고 느낄 때가 있어요. 무대 위에서도 연기를 하는 거라고 생각하니까요. 곡의 분위기에 따라서 저희의 얼굴도 달라져야 해요. 하지만 거기서 끝이 아니고요. 주어진 상황에 몰입을 잘 해서 정말로 내 것으로 만들 수 있어야 해요. 연기라고 생각하고 춤을 추고 노래하는 게 아니라, 무대 위에서 보여주는 모습이 자연스러운 나의 모습 그 자체가 될 수 있게 만드는 게 중요한 것 같죠.

이름에 들어간 '호랑이'라는 단어가 무대 위에 오른 호시의 정체성을 보여주는 것처럼요.

맞아요. 그리고 이건 아직까지 아무도 모르고 있는 건데요.

이제 알게 되겠네요? (웃음)

그렇겠죠? (웃음) 우지와 작업하고 있는 제 솔로곡 중에 〈호랑이〉라는 제목의 노래가 있어요.

호시 씨는 스포일러를 많이 던지는 멤버로도 유명해요. 솔직한 게 미덕이라는 점을 자연스럽게 체득한 사람 같아요.

요즘에 부쩍 많이 하는 생각인데요. 모든 거짓은 언젠가 보이니까, 착실하고 성실하게 살아가는 게 맞는 것 같아요. 운동을 하면서도 많이 느꼈어요. 체질상 눈에 띄게 발전하는 속도는 느리지만, 꾸준히 성실하게 하다 보면 언젠가 원하는 만큼의 성과를 거둘 수 있더라고요. 쉽게 되는 일은 아무것도 없었어요. 그러니까 빨리 하자는 생각보다 오래 해서 진짜 내 것으로 만들어야겠다는 마음이에요.

춤을 오랫동안 춰도 질리지 않았던 이유, 그것도 비슷한 이유일 것 같네요.

춤을 추면 제가 멋있어요. 그래서 지금까지 계속 해올 수 있었던 것 같아요. 음악이라는 게요. 참 별것 아닌 상황에서도 사람의 기분에 영향을 끼치잖아요. 슬픈 음악이 나오면 슬퍼지고, 밝은 음악이 나오면 즐거워지고요. 음악이 인간의 감정 자체가 돼버리는 것 같아요. 나는 그냥 보통 사람 권순영(호시의 본명)인데, 멋진 음악이 나오고 거기에 맞춰서 춤을 추면 멋진 사람이 되는 것 같아요. 춤을 추고 노래를 하는 일은 제가 멋있는 사람이 된 것처럼 느끼게 해요.

지금 호시 씨의 에너지라면, 앞으로 해보고 싶은 일들이 너무나 많을 것 같아요.

솔로 앨범을 내보고 싶다는 꿈이 생겼어요. 여태까지는 세븐틴 멤버들이 저의 부족한 부분을 많이 채워주고 있었거든요. 그런데 혼자서도 저의 부족한 모습을 이겨낼 만큼 성장하면 솔로 앨범을 내는 일에 도전하고 싶어요. 물론 세븐틴이 가장 먼저고, 세븐틴의 멤버로서 더 많은 것들을 해보고 싶은 건 당연하고요. 솔로 앨범은 스스로의 인생에서 제가 얼마만큼 해낼 수 있을지에 대한 도전인 거죠. 꼭 한 번은 시도해보고, 이뤄내고 싶어요.

아까 투어 중에 가사를 쓰고, 곡을 만드는 경우가 있다고 했죠. 이번에도 투어 중에 좋은 아이디어가 떠오를 수 있겠어요.

그럴 수도 있어요. 계속 이동하고, 이동하는 시간 자체도 길다 보니까 그 시간에 뭐라도 하게 되니까요. 그리고 제가 게임을 안 하거든요. 승부욕이 강해서, 지면 마음이 너무 아파요. 질 바에는 안 하는 게 나아요.

막내인 디노 씨가 호시 씨의 메인 댄서 자리를 엿보고 있다는 이야기를 예능 프로그램에서 하더라고요. 동생이 이길지도 몰라요. (웃음)

디노는 이미 저를 뛰어 넘었어요. (웃음) 저는 막내가 대견하고, 든든해요. 친동생 같고, 존경해요. 경쟁 상대라고는 생각하지 않아요. 가끔씩은 '어떻게 계속 안무를 만들어내지?' 싶고 그게 신기할 정도라 자극을 받기도 하고요. 사실 저는 지금까지 계속 안무를 만들어오면서 없던 두려움도 조금씩 생겨났거든요. 제가 만든 게 컨펌이 안 날 수도 있겠다는 생각이 들어서 쉽게 도전하지 못하는 것들도 있으니까요. 그런데 디노는 다 해 내니까.

호시 씨가 이만큼 성장할 수 있었던 이유는 주변에 좋은 선생님들이 많아서군요. 나이나 성별과 관계없이.

지금 디노 이야기를 하면서도 생각했어요. 요즘 특히나 많이 느끼는 건데, 정말 좋은 인연을 많이 만난 것 같아요. 사람들이 소중해질수록 아이돌이라는 제 직업에 대한 책임감도 강해져요. 팬 분들에게 제가 보여드려야 할 게 있고, 우리를 만들어준 회사와 스태프 분들에게도 마찬가지죠.

예전과 많이 달라진 자신을 느끼고 있나 봐요.

감사함을 많이 느끼고 있어요. 처음에는 잘 몰랐거든요. 활동하면서 수많은 일을 겪다 보니까 주변에 계신 분들과 팬 분들이 얼마나 감사한 존재인지 알게 됐어요. 사실 단체로 활동을 하다 보면 은연중에 '누군가 한 명은 감사의 표시를 하겠지?' 싶을 때가 있었어요. '13명이나 되는데, 누구 하나는 하지 않을까?' 싶었던 거죠. 그런데 알고 보니 멤버들도 다 그렇게 생각하고 있었더라고요. 그 시간 동안에는 오히려 감사한 마음을 전하지 못하는 상황이 생기기도 했어요. 그걸 알게 된 다음부터는 계속 표현하려고 해요. "감사합니다"라고.

〈13월의 춤〉
Mnet '프레젠트 스페셜'_20171107

세븐틴은 13명의 멤버가 총 세 개의 유닛(힙합, 보컬, 퍼포먼스)으로 나뉘어 있다. 호시는 이중에서 퍼포먼스 팀의 리더를 맡고 있다. 〈13월의 춤〉은 세븐틴의 퍼포먼스 유닛이 함께 부른 곡으로, 본인만이 지닌 분위기가 다른 네 명의 멤버가 파워풀한 일렉트로닉 사운드, 기하학적인 구도와 일반 보이그룹의 동선을 한데 합쳐 독특한 무대를 만들어낸다.

특히 〈13월의 춤〉은 호시의 여러 가지 캐릭터를 한 데에서 볼 수 있다는 점에서 매력적이다. 마치 죽었던 생명이 살아나듯이 천천히 일어난 그는 작열하는 태양, 뫼비우스의 띠, 아직 피지 않은 꽃, 무한대(∞) 중 어떤 것을 떠올려도 될 만큼 복잡하게 얽힌 네 사람의 팔과 다리 가운데에서 가장 먼저 독사처럼 꿈틀대는 움직임을 보여준다. 곡의 후렴구에 이르면 상체와 하체를 빠르게 변한 리듬 사이사이에 쪼개 넣으며 자신의 강점인 파워풀한 에너지를 분출하게 되는데, 직전까지 손의 움직임으로 섬세하게 감정을 표현했던 것과 달리 후렴구는 보이그룹의 안무라는 생각이 들도록 크고 강한 그림을 그린다.

〈13월의 춤〉은 데뷔 전부터 K-POP 아이돌 그룹을 선망하면서 강하고 단단한 보이그룹 안무를 꿈꿔왔던 호시의 바람이 새로운 정체성을 만난 시기를 가리킨다. 무대 연출, 곡 구성 등에서 다채롭게 변화를 주는 세븐틴의 정체성이 그의 과거에 합쳐지며 오로지 '퍼포먼스' 그 자체에만 집중할 수 있는 곡을 만났을 때 어떤 시너지를 낼 수 있는지 보여준다. 자신의 바람과 무용의 요소가 섞인 특별한 춤을 완성하면서, 'LILILI YABBAY'라는 섬뜩한 주문은 호시의 두 가지 얼굴을 모두 보여주는 상징이 되었다. 가시덤불 사이를 휘젓고 다니는 독사처럼 우아하고, 세찬 강물을 건너는 소년처럼 강인한.

진짜, 유아의 목소리

OH MY GIRL **YOOA**

"어제보다는 조금 부족한 부분도 있고, 나아진 부분도 있어서. 유아의 브이로그 같네, 브이로그." 높은 곳에 달아둔 카메라를 보며 시원하게 웃는 유아의 얼굴은 오마이걸 무대에서 산뜻하고 예쁘게 웃던 모습과는 사뭇 다르다. 요정이나 인형이라는 수식어가 잘 어울리는 그의 작은 얼굴, 그리고 그 안에 꽉 들어찬 또렷한 이목구비는 늘 아름다운 소녀의 모습을 떠올리게 했다. 하지만 땀에 젖어서 개인 콘텐츠용 안무를 연습한 후, 웃는 그의 모습은 건강한 20대 여성의 모습 그 자체다.

날개가 달린 옷을 입고 오마이걸이라는 사랑스러운 이름으로 데뷔 무대에 섰던 날, 유아는 자신이 늘 그려왔던 안무가로서의 꿈보다 가수로서의 꿈에서 완성형을 그렸을 것이다. 그날부터 그의 춤 동작은 거친 힙합의 바이브에서 섬세하고 부드러운 걸그룹의 바이브를 체화하는 쪽으로 바뀌었다. 〈큐피드〉에서 〈클로저〉로, 그 이후 두 가지 노선으로 갈라지는 음악과 퍼포먼스로 오마이걸이 각기 다른 매력을 보여주는 동안에 유아는 유시아가 아닌 유아로서 몸의 선을 조율하고, 오마이걸이라는 팀이 매 콘셉트마다 품은 이야기를 전달하기 위해 발끝 하나까지 세밀하게 계산했다.

데뷔곡인 〈큐피드CUPID〉가 〈라이어 라이어LIAR LIAR〉, 〈컬러링북Coloring Book〉, 〈번지BUNGEE〉 등의 곡으로 이어지는 오마이걸의 밝은 이미지를 대표한다면, 〈클로저CLOSER〉는 〈윈디 데이WINDY DAY〉, 〈비밀정원〉, 〈다섯 번째 계절〉 등으로 연결되는 신비롭고 몽환적인 오마이걸의 이미지를 보여준다. 두 개의 결 사이에 자리한 〈불꽃놀이〉, 〈살짝 설렜어〉와 같은 곡들을 부를 때도 유아는 메인 댄서로서 가사와 비트 중 이 곡이 어디에 더 중점을 둬서 해석해야 하는 곡인지 보여주는 역할을 한다. 보는 이의 해석을 강제하는 것이 아닌, 곡의 이미지를 보다 직접적으로 전달해주는 오마이걸과 대중 사이의 매개자로서.

우리의 무대는 계속될 거야

오마이걸이 데뷔 때부터 줄곧 '소녀'의 이미지를 고집한다고 말하는 사람도 있다. 그러나 이 팀이 들려주는 음악과 무대 위에서 구현하는 퍼포먼스를 세심히 관찰하다 보면 이 팀의 성격이 '소녀'라는 정체성보다는 '소녀 시절'을 얘기하는 쪽에 가깝다는 점을 알게 된다. 만약 오마이걸이 소녀에만 머물렀다면, 유아는 지금보다 더 빛이 나는 미래를 꿈꾸기 어려웠을지도 모른다. 힙합을 추며 소녀 시절을 보냈고, 자유분방한 오빠의 춤을 보며 내가 더 훌륭한 안무가가 되겠다고 다짐하던 소녀가 한 가지 이미지에만 머물기에 그 세계는 너무 좁으니 말이다.

박시한 검은색 티셔츠에 검은색 모자를 눌러쓰고 "너무 말하고 싶은 게 많았다"고 즐거워하던 그의 모습은 오랫동안 잊히지 않을 것 같다. 청순하고 신비로운 무대 위의 유아를 말할 때도, 힙합 안무를 다시 추기 시작하면서 용기를 얻기 시작한 유시아를 말할 때도 그는 어느 하나 밀어내지 않고 자신의 삶으로 흡수한 사람처럼 웃었다. 어느 하나 꾸밈없이 자연스럽고 즐겁게, 한계나 틀이라는 단어가 "싫다"고 분명하게 말하며 인터뷰에 임하는 그의 모습에서 나를 돌아보았다. 누군가에게 나는 한계가 분명한 사람으로 비치고 있지는 않은지. 그런 생각에 잠긴 나에게 유아가 말했다. "나부터 나를 어떤 틀 안에 국한시키면 안된다고 생각해요." 소녀 시절의 나의 꿈을 상기시키며, 지금 눈앞에 있는 상대의 마음까지 아는, 신기한 사람. 자기에 대한 확신이 있는 사람은 이렇게나 위로를 준다.

유아

유아^{YOOA}는 2015년 미니 앨범 [오마이걸^{OH MY GIRL}]로 데뷔했으며, 팀에서 메인 댄서를 맡고 있다. 오마이걸^{OH MY GIRL}은 [클로저^{CLOSER}], [핑크 오션^{PINK OCEAN}], [윈디 데이^{WINDY DAY}], [비밀정원], [리멤버 미^{REMEMBER ME}], [더 피프스 시즌^{THE FIFTH SEASON}], [논스톱^{NONSTOP}] 등의 앨범을 발매했으며, 매 활동마다 독창적인 퍼포먼스로 주목을 받았다.

오빠가 준 영향

굉장히 즐거워보여요.

이 스케줄은 다른 스케줄과 다르잖아요. 책이라고 하니까 부모님도 얼마나 기뻐하셨는지 몰라요. 어젯밤부터 정말 설렜어요.

저도 요즘의 오마이걸을 보며 어떤 인터뷰를 하게 될지 무척 설렜어요. 그런데 이번 활동은 음악방송 무대에서 팬들을 볼 수 없었잖아요. 많이 아쉬웠을 것 같은데.

평소에 무드를 많이 타는 스타일이에요. 그때 그 순간의 분위기에 취하면 못해낼 게 없다고 생각하는 스타일이어서 이번에 더 허전했나 봐요. 음악방송에서는 그 무드를 좌지우지해주시는 게 팬 분들의 에너지인 것 같다는 생각이 많이 들더라고요. 평소에는 '팬 분들이 계시면 우리가 에너지를 좀 많이 받는 거지' 이 정도로만 생각하고 있었는데 막상 안 계시니까 빈자리가 확 느껴졌어요. '아, 내가 이분들에게 받았던 에너지가 정말 컸구나'라는 걸 알게 됐죠. 그러면서 무대 몰입도가 평소보다는 조금 아쉽지 않았나 싶어요. 온 몸으로 느껴졌어요.

화면으로 볼 때는 전혀 알 수 없는 부분이었는데, 그랬군요.

아마 그래서 카메라에 유독 집중을 했던 것 같아요. 오히려 그 아쉬움을 느끼시지 않게 더 열심히 한 거죠. 사실 오마이걸이 행사도 많이 하는 그룹인데, 이번에는 그럴 수 없는 상황인 게 많이 아쉽기는 해요. 행사를 하면 평소 음악방송에 못 오셨던 팬 분들도 찾아오실 수가 있거든요. 그런 부분이 참 좋았고, 오시면 팬서비스도 잘 하려고 무척 노력하고 그랬는데 그럴 수 있는 상황이 아니니까요. 아쉬움이 커요.

어릴 때부터 분위기에 잘 취하는 스타일이었나 봐요.

아버지가 되게 흥이 많으신 분이에요. 가족들이 다 그랬죠. 가족 모임에 가면 할머니, 고모, 큰아버지, 둘째 큰아버지 다 흥이 너무 많으셔서 식탁에 앉아서 밥을 다 먹고 나면 갑자기 누군가가 젓가락 장단을 식탁에 치기 시작하시는 거예요. 그럼 갑자기 할머니가 노래를 하시고, "다음 사람 가라!" 그러면 둘째 큰아버지가 받아서 노래를 하셨죠. 저희 아버지가 막내시거든요? 아버지 차례까지 오면 그 다음에는 이제 저희들한테 오는 거예요. 이런 집안에서 커서 저나 오빠는 이 문화가 당연한 건 줄 알았어요.

전혀 당연하지 않은 문화인데요? 신기할 정도로 흥이 많으신 분들 사이에서 컸네요.

(탁자에 젓가락 리듬을 치면서) 식탁에 이렇게 젓가락으로 리듬을 맞추면서 할머니가 창을 하시면 아버지가 트롯을 부르시는 거죠. 그럼 또 다른 누군가는 가곡을 부르셨어요. 이상하게 저는 "시아야, 춤춰 봐라" 하면 머리를 그렇게 돌렸던 기억이 있어요. (웃음)

오빠와 어릴 때부터 재미있는 놀이도 많이 했겠어요.

여섯 살때쯤이었던 것 같아요. 여자아이들이 치마바지를 많이 입었었잖아요. 그 당시에 제가 체크무늬 치마바지를 입었었는데, 오빠랑 이야기를 하다가 치마바지 송을 만들어보기로 한 거예요. 치마바지를 입었는데 이 치마바지가 너무 예쁘니까 우리 치마바지 송을 만들어보자고. 그러고서는 오빠랑 한 소절 정도 되는 짧은 노래를 만들었어요. 그냥 아무 음이나 맞춰서 다리를 꼬고 "치마바지! 뜨든뜬!" 이렇게 막 춤을 췄어요. 지금 생각해보면 둘 다 음악적인 부분에 관심이 많았구나 싶어요.

춤은 오빠가 먼저 정식으로 배우기 시작한 거죠?

네. 오빠가 고등학생 때 춤을 시작하고 나서 저도 시작했어요. 물론 그전부터 2PM 선배님들 노래가 나오면 꼭 집에서 따라 춰보기도 하고, 그런 식으로 가볍게 접근하기는 했죠. 사실 오빠는 공부를 열심히 하는 학생이었는데, 어느 날 갑자기 학교를 그만두고 춤을 추겠다는 발언을 한 거예요. 어머니, 아버지에겐 너무나 큰 쇼크잖아요. 근데 제가 그때 어떤 생각을 했냐면요. 그러는 오빠를 보면서 '어? 내가 오빠보다 더 잘 할 수 있는데? 어? 나도 춤을 되게 좋아하는데?' 라는 생각을 했어요.

부모님은 놀라셨는데 유아 씨는 같이 춤을 출 생각을……. (웃음)
고등학생이 되기 전까지는 공부를 열심히 하는 학생이었는데요. 고등학교 2학년 때쯤인가, 어느 순간이 되니까 '아, 내가 공부로 승부를 볼 수 있는 캐릭터는 아니구나'라는 판단이 확 서는 거예요.

판단을 빨리빨리 하고, 결정도 빨리빨리 내리는 편이에요?
확고하게 제 마음이 그렇다는 판단이 서면 거침없이 결정을 내리는 스타일이긴 해요. 조금 애매모호할 때는 내 마음을 지켜보는데, 확신이 오면 바로 결정을 내리는 거죠. 저는 굉장히 제 자신을 신뢰하는 편이어서요. 중학교 때는 공부를 열심히 해서 성적이 좋은 친구들이 가는 고등학교에 가게 됐는데 냉정하게 봐도 공부로는 승부가 안 나겠는 거죠. 그러다 오빠가 춤을 추는 걸 보고 '아, 내가 저거보다 더 잘 할 수 있을 것 같다'는 생각이 딱 들었죠. 되게 재밌어 보이더라고요.

부모님은 뭐라고 하셨어요.
너만은 제발 공부를 해주면 안되겠냐고 하셨어요. 그런데 저는 이미 결정을 내려버린 상태잖아요. 그러니까 "엄마, 아빠 아냐. 내가 볼 때 공부는 안될 것 같아. 나는 춤을 춰서 오빠가 지금 꿈꾸는 안무가를 내가 해야겠어"라며 학원에 엄청나게 열심히 다녔어요. 그런데 오빠는 학교까지 그만뒀으니까 학교 다닐 시간에 춤 연습을 하고, 새벽까지 연습하고 그러니까 남들이 공부하는 시간만큼 춤을 춘 거잖아요. 춤을 초등학교 때부터 시작한 애들도 많은데, 남들보다 늦게 시작했으니까 그만큼 열심히 연습하겠다는 오빠의 열정을 제가 그대로 보고 배웠어요. 오빠를 보면서 '아, 저렇게 하는 거구나. 와, 나 정말 안무가가 되고 싶다'고, '나도 저 유명한 해외 안무가들처럼 2NE1 같은 멋있는 팀에 안무를 주는 안무가가 되어야지'라고 생각했죠.

그런데 어떻게 가수의 길로 들어선 거예요?

주변에서 자꾸 가수할 생각이 없냐고 물어보셨어요. 그때마다 "저는 가수에 관심이 없습니다. 안무가가 될 거예요"라고 얘기하고 그랬죠. 물론 어릴 때는 보아 언니를 보면서 꿈을 많이 키웠었어요. 그러다 공부가 재미있으니까 초등학생 때까지 키웠던 육상선수와 가수라는 꿈을 중학교에 와서 바꾼 거죠. 내가 공부를 열심히 해서 부모님을 행복하게 해드려야겠다, 이 집안을 먹여 살려야겠다, 그런 생각을 했어요. 그러고는 갑자기 고등학교 때 안무가로 꿈이 또 바뀐 거죠. 사실 춤을 춘 지 고작 2개월 됐을 때에 이미 완성된 그룹에 들어오라는 제안도 받았었어요. 그 뒤에 춤 학원에서 쇼케이스를 열었는데 거기서 캐스팅이 서너 번 됐고, 그때 '내가 가수 쪽에 재능이 있나?' 생각했는데 부모님이 적극적으로 권유하셨어요. 오빠가 안무가가 되고 싶어하니 너는 가수를 해보라고요. 처음에 춤을 춘다고 했을 때는 오빠의 쇼크 때문에 너무 싫어하시더니, 그후에는 재능을 인정해주시고 지원을 정말 잘 해주셨어요.

그렇게 WM엔터테인먼트까지 오게 된 거군요.

회사에서 저를 굉장히 좋게 봐주셨죠. 그 뒤로 가수라는 꿈에 매진하기로 결심했고, 오디션을 보고 회사에 왔는데 애들이 다 열정이 넘치는 거예요. 그 모습을 보고 나는 늦게 시작했는데 괜찮을까 싶더라고요. 대학교에 다닐 때 연습생 생활을 시작했고, 저희 회사에서는 6개월 정도 연습생 생활을 한 뒤에 데뷔를 한 거라 부담이 너무 컸죠. 노래도 배운 적이 없고, 춤도 힙합을 주로 췄지 퍼포먼스적으로 안무와 표정 등 모든 게 어우러지는 식의 춤은 춰본 적이 없는데 내가 여기 적응을 할 수 있을까? 처음으로 녹음을 했을 때는 이불 뒤집어쓰고 울고 그랬어요. 그래도 춤 하나만큼은 자신이 있으니까, '그래, 나는 이 팀에 춤으로 기여하는 그런 멤버가 돼야겠다'는 다짐 하나로 활동을 쭉쭉 이어 나갔던 거 같아요.

이 일을 잘 모르는 사람들은 유아 씨가 연습생 생활이 짧았다는 이유만으로 부러워할 수도 있을 거예요.

맞아요. 잘 모르시는 분들은 "넌 참 쉽게 됐다"라고 하실 수도 있어요. 하지만 저는 1년이라는 시간 안에 모든 걸 충당하기 위해서 남들 3년, 4년씩 하는 연습생 생활을 진짜 단시간 안에 가혹하게 했어요. 이제 6개월 뒤에 데뷔를 해야 하는데 노래를 배운 적이 없잖아요. 그래서 이 노래, 저 노래 다 커버해보면서 연습생 친구들, 가수들이 하는 걸 입모양까지 똑같이 따라했어요. '하' 발음을 내더라도 비욘세는 여기를 열어서 소리를 낼 수도 있고, 저쪽 부분을 열어서 소리를 낼 수도 있구나. 같은 음절이지만 표현하기에 따라 다른 거구나. 이러면서 입모양하고 표정까지 다 따라한 거죠. 그렇게 하니까 내 몸 안에서도 여러 소리가 날 수 있다는 걸 알게 됐어요. 그렇게 소리내는 법을 배운 다음에 데뷔를 했고, 많이 울면서 녹음했죠. 계속 그렇게 연습을 하면서 활동을 했어요.

지금은 노래 부를 때 즐거워 보이는데, 맞나요.

네, 지금은 행복하게 느껴질 만큼 즐겁게 노래를 부르고 있어요. 메인보컬 멤버가 있고, 리드보컬을 제가 맡고 있을 정도로 가혹한 연습 과정을 거쳐서 여기까지 자란 것 같아요. 집에 가서 엄마, 아빠가 시끄럽다고 할 정도로 노래 연습을 너무 많이 했던 기억이 나요. 춤도 그랬죠. 어두워지면 창문에 제 모습이 비치거든요. 거울이 아닌데도 제가 비치니까 그거 보고 새벽까지 연습했어요. 2시까지 연습하고 6시에 일어나서 학교에 가야 하니까 얼마 못 자고 생활한 거죠. 인터넷에서 봤는데, 유아가 고등학교 때 학교에서 시험 볼 때 다 찍고 잤다는 거예요. (웃음) 맞아요. 그때는 춤에 몰두해 있었기 때문에 어차피 시험을 봐도 뭐가 뭔지 모를 때예요. 하지만 너무 부끄러웠어요.

워낙 하고 싶은 게 명확하게 있었으니까요.

앞에서 선생님들이 수업을 하고 계시면 몸은 거기를 보고 있는데 머릿속으로는 춤을 생각하면서 계속 다리를 움직이는 거예요. 그러면 저절로 그 노래가 들렸어요. 연습했던 노래가 들리면서 내가 추고 싶은 모습을 상상했죠. 책상에 앉아서는 몸을 크게 쓸 수 없으니까 손가락, 발가락으로 연습했어요. 그게 얼마나 재미있었는지 몰라요. 제 생각에는 노력도 많이 했지만, 너무 재미있게 해서 이만큼 금방금방 늘 수 있었던 것 같아요. 춤도 되게 늦게 시작했고, 노래도 늦게 시작했는데 워낙 흠뻑 빠져 있으니까 실력이 빨리 느는 게 아닐까 싶죠.

TAKE.II

메인댄서의 역할

솔로 가수가 아니라 걸그룹 제안을 받은 게 아쉽지는 않았어요?

아뇨, 전혀요. 왜냐하면 제가 늦게 시작했기 때문에 모든 부분에서 부족하다고 느끼고 있었으니까요. 나의 이런 부족한 부분을 채워줄 수 있는 멤버들이 있으니까 다행이라고 생각했어요. 그리고 부모님이 가수 데뷔한다는 것 자체를 너무 행복해 하셨거든요. 솔로인지 그룹인지에 대한 생각 자체가 없었던 것 같아요. 멤버들과 함께 정말 재밌게, 열심히 해서 소녀시대 선배님처럼 그룹으로서 최고의 자리에 올라보고 싶다는 생각을 했어요. 다 같이 가지고 있던 목표였죠. 그러다 보니 지금은 '우리의 길을 가자'는 확고한 방향성이 생겼어요. 처음이랑 많이 바뀐 거죠. 살면서 많은 것들이 계속 바뀐 것 같아요.

댄서들은 자기만의 '쿠세'라는 게 있잖아요.

저 그거 굉장히 많아요. 너무 많아요.

요즘에 그런 모습들을 여러 퍼포먼스 동영상들을 통해서 보여주고 있다는 생각이 들었어요.

요즘은 오히려 저만의 쿠세를 빼기 위해 노력 중이에요. 일단은 손끝에 집중하는 버릇이 있고요. 리듬을 탈 때 고개가 자꾸 빠져요. 옛날에 〈클로저〉 할 때, 저는 원래 힙합을 춰서 몸이 살짝 굽어있었거든요. 그런데 〈클로저〉는 선이 아름답고, 그 선을 통해서 이야기를 표현해야 하는 경우가 많기 때문에 굽어있던 걸 펴야 하더라고요. 그걸 5년이 지난 지금에서야 안 거예요. 예전까지는 살짝 굽어있는 제 모습이 예쁘다고 생각했거든요. 그게 제 스타일이니까요.

최근에 올렸던 영상에서도 몸을 펴보려고 노력한 거예요?

네, 굽어진 상체를 펴야겠다고 생각하면서 무척 노력했어요. 제가 생각해도 춤출 때 버릇이 참 많아요. 아까 말씀드린 것처럼 무드를 많이 타는 편이어서 무드가 어떤 방향으로 흘러가는지에 따라 얼굴 표정도 바뀌고, 심지어 어떤 때는 제 얼굴이 달라 보이기까지 하더라고요. 스타일링을 어떻게 하느냐에 따라서 몸이 무드를 받아들이는 느낌도 확 달라지죠. 표정, 얼굴, 춤 스타일이 다 변하는 거예요. 그래서 스스로도 신기하다고 느끼고 왜 이러나 싶다가도 오히려 연예인으로 일을 하면서는 장점이라는 생각이 들어서 좋더라고요.

오마이걸 무대를 위해서 노력한 부분이 굉장히 클 것 같아요.

오마이걸은 그룹이니까 멤버들과 맞춰야 하잖아요. 옛날에는 약간 무드에 취해서 무대에 섰던 것 같거든요? 그런데 요즘은 오마이걸 무대에 설 때만큼은 너무 취해있지 말아야겠다, 정신을 차리고 동선을 정확하게 하나 둘, 하나 둘, 세면서 가려고 노력해요.

유아와 유시아가 다른 부분이네요.

맞아요. 제가 안무 영상을 즐거운 마음으로 올리는 이유도 그거예요. 오마이걸 할 때는 오마이걸에 맞춘 유아가 있고 솔로로서 춤으로 나를 보여줄 때는 유시아죠. 유아만 알고 있는 사람들에게는 '어? 이런 모습도 있어?'라고 새롭게 보여주는 거니까 되게 재밌어요. 제 쿠세를 좀 보여줘도 되고. 다음 영상은 뭘 할지 기획도 많이 하고 있어요.

그런데 생각보다 영상이 늦게 올라오기 시작한 것 같아요. 한참 전부터 올리고 싶었을 것 같은데요.

진짜 올리고 싶었는데요. 무서웠어요.

어떤 이유에서요?

춤을 즐겁게만 추다가 이게 막상 일로 다가오니까 부담이 되더라고요. 제가 우리 팀의 메인댄서라는 이름에 걸맞는 걸 내놓아야 한다는 부담이 너무 컸어요. 오마이걸의 유아, 메인댄서인 유아로서 늘 춤을 잘 춰야하고, 뭔가를 어필해야 한다는, 나아가서는 인정을 받아야 한다는 생각이 늘 많았어요. 또 평가하는 글들을 많이 보다 보니까 제 콘텐츠를 보여준다는 것에 저절로 무서움이 생기더라고요. 나는 이게 재밌어서 했는데 누군가의 평가를 받고, 그 평가에는 달콤한 것도 있지만 씁쓸한 것도 많잖아요. 팬 분들이 왜 유아는 안무 영상을 안 올리냐고 하실 때 회사에서도 해보자고 말씀하셨거든요. 그런데 제가 안 하겠다고 했어요. 무서움, 아니, 부담감이 너무 크다 보니까.

그러면 지금은 어떻게 이런 결정을 내리게 된 거예요?

이대로 있다가는 저한테 질 것 같았어요. 그리고 저는 춤을 굉장히 좋아했던 소녀였고, 그렇게나 춤을 사랑하고 열심히 추던 소녀였는데 이 부담감에 억눌려서 내가 저버리면 이이상으로 나아갈 수가 없을 것 같았죠. 나아가지 못한다면 많은 사람들에게 나의 춤과 노래를 보여줌으로써 행복을 주고, 유명해져서 좋은 영향을 끼칠 수 있는 사람이 되고 싶다는 제 꿈도 더는 이룰 수 없게 되잖아요. 아, 그게 내 목표였는데 나는 지금 한 발자국도 못 떼고 무서워서 숨고 있는 거구나, 싶더라고요. 그러면서 〈라이츠 업Lights Up〉도 올리고, 다른 안무 영상도 올리게 된 거죠.

극복해낸 게 대단해요.

그런데 이게, 너무 무서워하면서 오마이걸 곡을 소화할 때만 춤을 춰왔잖아요. 그러다가 제 콘텐츠를 기획하게 되니까 처음에 몸이 제 마음대로 안 움직여지더라고요. 거기서 또 고생을 많이 했어요. 그 과정에서 선생님이 저보고 정말 집착이 엄청나다고 고개를 절레절레하셨어요. 왜 그렇게 생각하시냐고 여쭤봤더니 너무 안 쉰다고, 쉬지를 않아서 이런 아티스트는 본인이 맡았던 다른 그룹에서 딱 한 명 봤다고요. 그분보다도 제가 춤에 관해서만큼은 더한 집착을 하고있는 사람이라고 하시더라고요. 그 얘기를 들으니 뿌듯하기도하면서 '내가 정말 나의 예전 컨디션으로 돌아가려고 많은 노력을 하고 있구나'라는 걸 느꼈어요. 진짜 안 쉬었거든요.

이런 사람이기 때문에 섣불리 자기만의 콘텐츠를 공개하는 게 더 두려웠던 걸 거예요.

진짜 되게 무서웠으니까요. 평가도 무서웠고, 무엇보다 좋았던 일이 점점 싫어진다는 사실이 공포로 다가왔어요. 만약에 제가 되게 좋아했던 음식이 있는데, 그 음식을 먹고 한번 심하게 체하면 오히려 싫어하게 되잖아요. 그런데 싫어졌던 음식을 다시 맛있게 먹었던 과거의 기억을 떠올리면서 거기 얽힌 즐거웠던 추억, 그 맛을 느끼려고 하니까 힘이 들었던 거죠. 그래서 이번에 [논스톱] 앨범 활동을 할 때 제일 부담이 컸어요. 저의 쿠세를 마음껏 쓰면 안되니까 나름대로 빼려고 정말 노력을 많이 했죠. 박자를 하나씩 쪼개서 읊 어가면서 연습했어요. 정박에 맞춰서 하려고.

팀의 색깔을 잃지 않게 도와주는 것도 메인댄서가 할 일이니까요.

그렇게 말씀해주시니까 너무 감사해요. 그런데 노력해야 할 부분은 정말 많아요. 오빠가 저에게 "유아야, 박자는 꽉 차게 듣는 거야"라고 알려줬거든요. 이게 무슨 말이냐면, '딱!' 이라는 비트가 있으면 이걸 1에서 10으로 쪼개는 거예요. 보통 사람들이 이 비트를 들었 을 때 1부터 5 사이의 앞박을 들어요. 그런데 오빠는 5에서 10 사이의 뒷박을 들으라고 했어요. 늦춰서 듣는 버릇을 가져야 한다고, 그래야지 한 동작 한 동작이 꽉 찬다고요. 이게 박자를 앞박으로 타는 사람들과 놓고 봤을 때는 동작이 달라 보일 수 있고, 박자 타 는 게 달라 보일 수도 있어요. 그런데 저렇게 박자를 타는 사람 한 명만 놓고 보면 박자 가 꽉 채워지고 리듬을 가지고 놀 수가 있다는 게 느껴져요. 하지만 오마이걸 활동을 할 때는 저 말고 박자를 그렇게 타는 멤버가 없기 때문에 앞박을 타려고 오히려 거꾸로 노 력을 많이 했어요.

이미 박자를 쪼개는 게 습관이 된 사람에게는 그것도 어려운 일이네요.

네, 뒷박이 들리는 저에게는 이게 당연한 거잖아요. 노력을 하지 않아도 습관으로 박힌 건 데, 멤버들 여섯 명은 대부분 앞박을 타니까 그 부분을 많이 고민했어요. 제 기준에는 이 게 맞는 것 같은데, 나는 이걸 따라야 할까? 아니면 오마이걸 멤버들이 타는 박자대로 나 도 따라가야 하나? 결론적으로는 팀을 따라가는 게 맞다는 생각이었어요. 그래서 제 콘텐 츠에서는 그렇게 뒷박에 맞춰서 추고, 오마이걸로 연습하고 무대에 오를 때는 최대한 앞 박에 맞추려고 해요. 그런데 잘 안되기는 해요. 어려워요.

그러게요. 쉽지 않은 부분이네요.

요즘 그래서 고민거리가 되게 많아요. 무드에서 느껴지는 감각과 이성 사이에서 중간을 찾아야 하고, 박자도 앞박과 뒷박 어딘가를 찾아야 하죠. 다른 안무가 영상들도 많이 보고, 일부러 멤버들 직캠을 조금씩 찾아서 봐요. 어떻게 박자를 타는지 익히려고요. 누가 맞고 틀린 문제가 아니라 제가 습관이 이렇게 돼서 편한 걸 찾아가려고 하니까요. 예전에 Mnet '퀸덤'을 할 때, 어떤 분이 누구 박자가 맞는 거냐고 올리신 영상도 봤어요. 단체 무대에서 빰/빠밤/빰/빰 이 박자면, 저는 빰/-따/-닷/-따 이렇게 박자를 타는데, 다른 분들은 빰/따-/닷-/따- 이렇게 앞박을 타시더라고요. 팬 분들이 세심하게 박자까지 다 보신다는 걸 그때 알았죠. 오마이걸의 유아와 그냥 유시아 사이에서 되게 노력하는 중이에요.

둘 다 자신이니까.

오마이걸의 유아이지만, 춤을 좋아하는 사람이기도 하니까 저만의 감각을 존중해줘야 하는 것도 맞는 것 같아서요. 되게 어려운 문제예요. 춤을 워낙 좋아하는 사람이다 보니 이런 고민을 하게 되나 봐요. 너무 좋아하니까. 또 늘 자유롭게 춤을 추는 오빠라는 기준이 있고요.

얼마 전에 오빠보다 본인이 더 춤을 잘 춘다고 얘기하던데. (웃음)

물론 오빠가 잘하는 부분도 있지만, 제가 가지고 있는 장점들이 아티스트로서는 더 멋지다고 생각해요. (웃음)

오마이걸의 콘셉트

오마이걸은 데뷔 때부터 꾸준히 요정 콘셉트를 내세우면서 여러 가지 모습을 보여주고 있어요.

사실 요정의 무드는 오마이걸에 합류하면서 저도 처음 받아들인 거거든요. 그래서 처음에는 여자 아이돌 분들이 많이 보여주는 선을 살리는 안무 스타일을 제가 좀 어려워했어요. 아무래도 힙합을 좋아했던 학생인데 저 예쁘고, 저 예쁘고, 저 예뻐요, 이런 느낌을 보여줘야 하니까 너무 어려운 거예요. 그런데 이제는 달라요. 오마이걸의 유아로 오랜 시간을 지내고 있다 보니까 쉽게 느껴지죠. 요정의 무드를 표현한다, 표정으로 우아함을 보여준다 이런 건 이제 어렵지 않아요. 하지만 힙합의 무드를 생각하면 제 마음속에서 끓어오르는 뭔가가 있죠. 딱 '그래, 이거지!' 싶은 포인트가 있어요. 실제로 〈살짝 설렜어〉에서 힙합 스타일에 가까운 의상들을 입고 나올 때가 있었잖아요. 그럴 때는 좀 더 자유분방하게 움직이게 돼요. 동작도 전보다 더 커지고요.

방금 말한 '그래, 이거지!' 싶은 포인트는 무엇인가요.

한 단어로 이야기하면 자유로움이죠. 내가 무엇인가에 포장이 되지 않아도 괜찮다는 느낌이 있어요. 오마이걸로 무대에 설 때는 콘셉트가 있잖아요. 예를 들어서 사랑에 빠진 소녀라던가. 〈클로저〉 같은 경우에는 개인적으로 이미지 메이킹을 할 때, 누군가가 떠났는데 그 떠난 인연을 생각하는 느낌을 그렸어요. 거기에 맞는 콘셉트를 표현하려고 노력하지 자유롭지는 않거든요. 그런데 힙합을 출 때는 늘 해왔던 게 있고 내가 아는 느낌 그대로가 있으니까 조금 편하긴 한 거죠.

오마이걸의 유아를 많이 보는 대중은 조금 어색할 수도 있는 부분이에요.

맞아요. 되게 어색해하시는 분들이 있어요. 그런데 그건 한 번, 두 번, 세 번 정도 보여드리면 익숙해지실 부분이 아닐까 싶어요. 늘 밝고 깨끗하게 웃었다면 이제는 어느 정도 웃지 않는 얼굴로 그것까지 하나의 퍼포먼스화 할 수 있는 아티스트면 좋겠어요. 웃지 않고 눈빛으로만 이야기를 던질 수도 있는, 그만큼 여러 가지를 표현할 수 있는 사람이 되고 싶죠.

메인댄서이고, 센터 자리에 많이 있다 보니까 특정 콘셉트에서 유아 씨가 웃느냐 웃지 않느냐로 콘셉트의 느낌을 구별할 수도 있게 되더라고요.

와, 영광이에요.

그런데 개인적으로 궁금했던 게 있어요. 〈불꽃놀이〉에서는 웃지 않다가, 〈비밀정원〉에서는 활짝 웃더라고요. 웃지 않을 것 같은 콘셉트였던 〈비밀정원〉에서 웃는 유아 씨는 왜 그랬을까, 궁금했죠.

곡 해석을 조금 다르게 했던 것 같아요. 〈비밀정원〉 같은 경우에는 가사가 더 많이 들렸던 곡이고, 〈불꽃놀이〉는 비트가 더 많이 들렸어요. 두 곡의 포인트가 달랐던 거죠. 〈비밀정원〉에서 제가 비밀정원에 숨겨놓은 나의 꿈과 희망이 있는데 이게 이루어질 거라는 희망에 찬 가사가 계속 들렸고, 그래서 내가 이 꿈을 곧 이룰 수 있다는 희망과 설렘을 연기해야겠다는 생각을 많이 했던 것 같아요.

〈불꽃놀이〉는요.

이 곡은 도입부터 빰-빰-빰빰 하는 사운드가 청량한 느낌이기는 하지만 EDM 사운드이기 때문에 비트에 따라서 나오는 무드를 따라가야겠다는 생각을 했죠. 그런데 그 무드가 저를 약간 웃을 듯 웃지 않게 만들었고요. 곡이 느껴지는 대로 많이 흘러가는 제 모습이 이럴 때 보이죠. 〈클로저〉나 〈비밀정원〉 같은 곡의 포인트를 해석할 때는 가사나 곡의 느낌을 많이 따라가고, 〈불꽃놀이〉처럼 비트가 유독 잘 들리는 곡은 제가 옛날에 춤을 췄던 그 느낌을 따라가는 것 같기도 하고요. 〈살짝 설렜어〉도 마찬가지예요. 가사는 설렜지만, 노래 자체는 설렘의 다른 표현인 비트가 강조되는 거죠. 제가 느낀 바로 이 곡은 그런 언밸런스함이 있는 상태에서 가사보다 비트가 더 많이 표현돼야 하는 곡이었던 거예요. 그렇다 보니 스타일링에 따라서 웃었다가도 웃지 않았어요. 하나로 정해두고 '이렇게 해야지'가 아니라 무슨 옷을 입느냐에 따라 콘셉트는 바뀔 수도 있었다는 거죠.

유아 씨의 퍼포먼스가 어떻게 만들어지는지 궁금하셨던 분들은 속이 좀 시원해지실 것 같네요.
사실은 저도 잘 모르겠어요. 무대에 서면 다른 사람이 돼요.

그러니까, 스토리텔링이 가능하게끔 그림이 그려지는 것들은 가사를 많이 따라간다는 거잖아요. 그렇죠?
맞아요. 〈클로저〉 같은 경우가 이미지 메이킹을 굉장히 많이 한 사례예요. 영화도 많이 찾아보고 애니메이션도 많이 찾아보고. 내가 이 가사의 상황에 놓인 사람이라면 이미지를 가진 소녀였을까? 어떤 이미지를 상상할 수 있는, 어떤 마음가짐을 가진 소녀였을까? 그리고 어떤 대상을 좋았을까? 이런 질문들을 던지고 하나하나 신경을 많이 썼죠. 저 질문들 안에서 동화책처럼 이야기를 하나 만들었어요. 그 안에서는 제가 주인공인 거죠. 무대는 그 동화책 안의 소녀가 펼쳐놓은 거예요.

무대 위에서 눈을 잘 감지 않는 것도 그 설정 안에 흠뻑 취해있었다는 뜻 아닐까요.
엄청 취해 있었죠. 그리고 신기한 게, 취해보면 세상이 뿌옇게 보여요. 제가 여기에 너무 몰입을 해서 이 세상 사람이 아닌 것 같은 느낌을 받을 때가 있어요. 진짜 내가 그 이야기의 주인공이 된 것처럼요. 현실에 존재하는 오마이걸 유아가 아니라, 제가 만든 그 이야기의 주인공 그 자체가 된 것 같아서 세상이 뿌옇고 붕 떠 있는 느낌을 받을 때가 있어요. 표현이라는 걸 할 때 '아, 진짜 내가 몰입을 많이 하는구나. 그리고 스토리를 굉장히 중요하게 생각하는 사람이구나' 싶죠.

그래서 오마이걸은 '소녀'가 아니라 '소녀시절'을 회상하게 만드는 팀이라고 생각해요. 굉장히 다양한 스타일을 가진 소녀 시절의 여자애들 모습을 보는 것 같다고나 할까요. 여성 팬들이 많은 것도 그 이유 덕분이 아닐까 싶고요.

예리하게 잘 짚어주신 것 같아요. 예술은요, 몸이 먼저 따라가는 게 맞다고 하지만 몸이 먼저 따라가보니까 알겠더라고요. 그거 하나만으로는 어느 정도 위치까지밖에 못 올라가요. 그 이상으로 갈 수 없는 거죠. 뛰는 것까지는 할 수 있어요. 하지만 많은 사람들에게 마음으로 전달되게 하려면 그 이상으로 날아야 하는데 말이에요. 저는 그걸 아이유 선배님이 굉장히 잘 하신다고 생각하거든요. 춤도, 노래도 몸이 가는 대로 하시는 것 같지만, 어느 정도 머릿속으로 생각하는 이미지라든가 내가 표현하고 싶은 부분을 정확히 나눠서 그걸 골고루 섞으시는 분이라고 생각해요. 저도 이제는 그걸 나눌 줄 알아야 한다고 보고요.

예전에는 무대에 오르는 것 자체에 취해있었다면, 이제는 변화를 좀 꾀하고 싶군요.

맞아요. 예전의 저는 완전히 춤에 취해서 무대를 했다면, 지금은 어느 정도 이성적인 부분을 섞으려고 무척 노력하고 있어요. 그래야 더 많은 대중 분들에게 진정성 있게 다가갈 수 있을 것 같거든요. 또 제 춤을 보고 영감을 받고 싶으신 분들에게도 진심 그대로를 전달할 수 있을 거라는 생각이 들어요. 하지만 이 과정까지 오는 길에 여러 가지 일이 많았죠.

예를 들어서 〈큐피드〉, 〈라이어 라이어〉, 〈윈디 데이〉에서 봤던 샤 치마, 롤러스케이트 신발, 바람개비 머리띠 같은 거요? (웃음)

그때는 조금 충격적이었어요. 대학생인데 이런 걸 입어도 되나? 바람개비라니? (웃음) 〈라이어 라이어〉 때 신발 보고서는 너무 높아서 춤을 출 수 있을지도 걱정이었어요. 어쨌든 너무 부끄럽지만, 나는 퍼포먼스를 하는 사람이고 이런 요소들로 사람들을 즐겁게 해줘야 하는 사람이다, 이런 식으로 집중을 하려고 노력했어요. 사실 바람개비를 머리에 달았을 때는 너무 부끄러워서 대기실 밖에도 못 나갔어요!

오마이걸 멤버들이 다들 개성이 강해서 그런 귀여운 것들도 잘 소화했어요. 괜찮아요.
멤버들이 진짜 중요한 것 같아요. 제가 이 팀을 만난 건 진짜 행운이라는 걸 느껴요. 멤버들 각자가 잘하는 게 너무 많거든요.

곡에 대한 의견은 어떻게 나누나요.
아무래도 제가 퍼포먼스에 욕심이 많잖아요. 그래서 노래를 받고 난 뒤에 멤버들에게 우리가 구상하는 게 비슷해야 할 것 같다, 우리가 어떤 부분을 표현하고 싶은지를 공유하자, 이런 이야기를 했죠. 멤버들 각자에게 이 노래를 듣고 어떤 이미지가 생각나냐고 다 물어봤어요. 누구는 어떤 아이가 아픔을 감수하고 피를 흘리면서 뾰족뾰족한 선인장을 안고 있는 걸 생각했다고 얘기해줬죠. 내 마음은 비록 아프지만, 선인장인 너를 안아줄게. 자기는 우주를 느꼈다고 얘기한 멤버도, 깨끗하고 맑고 예쁜 정원에서 뛰어놀고 있는 느낌을 받았다는 멤버도 있었죠. 그러고는 원으로 빙 둘러 앉아서 다 같이 음악을 들었어요. 우리가 이런 생각을 가지고 어떠어떠한 표현을 할 수 있을지 생각하느라. 처음에 제가 제안했던 거였는데, 멤버들이 너무 잘 따라줘서 고마웠어요.

그러면 춤 동작은 어떻게 맞췄나요.
이때도 원으로 둘러서요. 자기 대각선에 있는 사람을 보면서 계속 춤을 추고 돌아가면서 다음 대각선에 있는 사람의 춤을 보고 맞추고, 또 다음 대각선에 있는 사람 거를 보고 맞추고…… . 그러다 보면 상대방이 어느 박자에 춤을 추고 어떻게 표현하는지 볼 수 있잖아요. 그때만큼은 내 춤에 집중하지 말고 상대방이 추는 모습에 집중해보자고 이야기를 했는데, 멤버들이 너무 좋은 방식인 것 같다고 해줘서 그렇게 많이 해요.

〈퀸덤〉에서 괜히 좋은 무대들이 나온 게 아니네요.
저희 단합력이 정말 좋은 편이에요. 그런 제안을 했을 때 안 따라주는 멤버나 귀찮아하는 멤버가 단 한 명도 없어요.

〈퀸덤〉으로 알게 된 것들

〈퀸덤〉은 오마이걸의 역사에 있어서 빼놓아서는 안 될 전환점이 된 것 같아요.
개인적으로도 굉장히 큰 전환점이 된 프로그램이에요. 그전까지는 유아가 아닌 유시아의 무대와 퍼포먼스에 대한 두려움이 있었죠. 그런데 〈퀸덤〉을 하면서 '어, 나 이렇게 할 수 있는 사람인데 왜 겁을 먹었지?'라는 생각이 들었고, 그때부터 안무 콘텐츠를 제작하기 시작한 거거든요. 회사에 가서 이사님께 저 이거 너무 하고 싶다고, 이러이러한 구성안이 있다고 제시를 하면서 설득하고 그렇게 뭔가 만들기 시작했죠. 스스로 퇴보했다고 느끼고 있지만 예전 컨디션까지 끌어올릴 수 있다는 자신감을 갖게 됐어요. 시간이 좀 걸려도 괜찮을 거라고요. 그런 면에서 〈퀸덤〉은 저에게 기회였죠.

오마이걸은 다른 팀들을 열심히 응원해주기로 유명했어요. 다른 팀들도 마찬가지였죠.

〈퀸덤〉은 결과적으로 걸그룹들의 경쟁 프로그램이 아니었다는 걸 걸그룹들 스스로 증명했어요.

맞아요. 다들 친하게 지내게 됐죠. 그 프로그램을 하면서 배울 게 얼마나 많았는지 몰라요. 마마무MAMAMOO 선배님이 무대에 그냥 서 계시는데도 "와, 이미 끝났다" 그랬어요. 춤과 노래를 시작하지도 않았는데, 그냥 가만히 서 계시는 것뿐인데 이미 무대에서 저 분들이 뭘 표현하고 있는지가 보이는 거죠. 이건 배워와야겠다 싶었어요. 나는 퍼포머이기 때문에 무대 위에 있는 순간부터가 나는 시작인 거라는 사실을 느꼈죠. AOA 선배님은 오랫동안 걸그룹 생활을 해오신 그 바이브라는 게 있잖아요. 이거는요, 못 이겨요. 그만큼 활동을 해오셨기 때문에 나올 수 있는 무드가 있어요. 그리고 (여자)아이들 분들 같은 경우에는 저희 신인 때 모습이 생각나더라고요. 표현하는 것에 두려움이 없는 신인의 모습이 보였죠. 실은 어느 순간부터 많은 가수들은 겁을 먹게 되는데, 그렇지 않은 팀의 패기라는 게 굉장했어요. 음, 내가 다시 저 패기를 가져올 수 있을까?

그런 생각이 들었나 봐요.

네, 모든 팀에게 배울 게 있었어요. 그리고 제가 〈데스티니Destiny〉 무대도 아파서 못하는 바람에 울었잖아요.

하지만 그 무대에서 유아 씨가 잠깐 등장할 때, 곡의 분위기를 압축한 한 폭의 그림을 보는 것 같았어요.

멤버들이 진짜 배려를 많이 해줬어요. 원래는 제가 빠지는 거였는데, 얼마나 나오고 싶었는지 몰라요. 그걸 아는 멤버들은 물론이고, 회사 매니저님들도 제가 나올 방법이 없을지 머리를 맞대고 고민해주셨어요. "유아야, 네가 정말로 나갔으면 좋겠어"라고 지지도 해주시고, "무대설치를 이렇게 하는 건 어때?"라고 제안도 해주셨죠. 멤버들은 "유아가 너무 안 나오면 제가 속상해요"라고 얘기해주기까지 했어요. 그때 우리 팀 멤버들끼리 정말 사이가 좋다는 걸 새삼 느꼈어요. 원래는 본인들이 모든 파트를 다 소화하고 싶을 수도 있는 거거든요.

그런데 하이라이트 부분에 유아 씨의 자리를 만들어주었네요.

네, 너무 중간에 나와도, 브리지 부분에만 나와도 제가 돋보이지 않는다고 인트로나 마지막 부분에 저를 주인공처럼 세워줬어요. 정말 고마웠어요. 제가 할 수 있는 건 아무것도 없었지만, 멤버들이 저를 도와주면서 '아, 이래서 팀을 하는 거구나'라는 생각도 들고요. 진짜로, 진짜로 고마웠어요.

아마 그런 팀워크 덕분에 전초전 같았던 〈트와일라잇Twilight〉에서 〈게릴라Guerilla〉로 넘어가는 변화가 더 자연스럽게 이뤄질 수 있지 않았을까요? 요정에서 그 다음 단계로 넘어가게 된 오마이걸의 모습이 인상적이었어요.

요정의 이미지를 계속 지켜가고 싶어하는 멤버도 있고, 조금씩 성장한 모습을 보여주고 싶어하는 멤버도 있어요. 하지만 워낙 다른 콘셉트를 보여줄 수 있는 무대였잖아요. 그래서 〈트와일라잇〉을 했을 때 개인적으로는 조금 물꼬가 트였다는 느낌을 받았고, 〈게릴라〉 때는 의상부터 헤어스타일, 메이크업 등 다 충분히 제가 원하는 강한 콘셉트에 집중할 수 있게끔 되어 있었기 때문에 굉장히 재미있게 했어요.

〈트와일라잇〉 때 댄스 브레이크 구간이 두 번이나 나오잖아요. 그때 보여준 안무가 여태까지 오마이걸이 보여준 안무 중에 가장 힘찬 느낌을 담고 있었던 것 같아요.

맞아요. 사실 연습할 때는 더 힙합에 가깝게 췄는데, 막상 머리를 하고 옷을 입었는데 요정에 가까운 거예요. (웃음) 그래서 무대에서는 바꿨어요. 어느 정도 뱀파이어이기는 한데 힙합전사 뱀파이어가 아니라 좀 더 제게 주어진 무드에 가깝게요. 정말로 뭔가를 갈구하는 뱀파이어 소녀 같은 느낌을 내려고 했죠. 춤을 살짝 덜 힘줘서 췄어요. 선을 좀 더 살리고요.

그럼에도 불구하고 저는 그걸 보면서 "와, 유아 씨 한 풀었겠다" 그랬어요. (웃음)

그랬죠. 이를 갈고 나왔거든요. 그런데 준비할 시간이 3일 정도라서, 그것도 다른 스케줄 다 소화하고 새벽에만 3일 정도의 시간이 주어진 거라 많이 아쉬웠죠. 준비를 더 하고 싶었어요. 안무를 바로 외우고 스케줄로 바로 소화하니까. 효정언니는 잘 따라오고 싶은데 몸이 마음처럼 안 움직이니까 속상해서 울었거든요. 그러면 달래줬다가 다시 안무 들어가고……

〈게릴라〉도 쉽지 않았을 것 같아요. '게릴라'라는 단어 자체가 그동안 오마이걸이 쓰지 않았던 느낌을 담고 있는 단어잖아요.

저는 오히려 더 자신 있었어요. 옛날에 하던 걸 좀 보여줄 수 있으니까. 옛날의 유아, 유아를 하기 전에 시아였을 때는 이런 춤을 많이 췄으니까요. 내가 5년 동안 묵혀뒀던 나의 바이브를 살짝 꺼내 봐도 될까? 오케이. 꺼내 봐도 되겠다. 안무를 받고 나니 확신이 서더라고요. 그런데 저는 옷이랑 메이크업처럼 외부 요소가 주는 무드를 엄청 타잖아요. 다행히 옷을 입었는데 연습했던 만큼 에너지를 뿜어도 될 것 같은 거예요. 표정도 좀 더 적극적으로 연기하고 춤도 조금 더 힘있게 추고요. 나중에 올라온 제 직캠도 봤어요. 어디가 부족했는지 확인해보려고 틀었는데, 나름대로 만족했던 무대였어요. 원래 저는 만족을 잘 안 하는 편인데, 그 무대만큼은 노력했던 포인트를 살리려고 스스로 애썼다는 게보여서 조금 좋았던 것 같아요.

오마이걸 멤버들에게도 〈게릴라〉라는 곡의 의미는 남달랐을 것 같아요.

멤버들이 처음 곡을 처음 받았을 때 뭐라고 했냐면요. "이거 뭐야? 우리 이야기 같은데?" 그랬어요. 알고 보니까 작사가님이 진짜 저희 이야기를 쓰신 거라고 하시더라고요. 그래서 다들 몰입도가 남달랐던 것 같아요. 그런 곡이었기 때문에 그 무대가 저희에게 좀 뜻깊어요.

어떤 부분이 좋았어요?

게릴라 전투 자체가 많은 전투 인력이 있는 상태에서 벌이는 게 아니잖아요. 힘이 약한 전투 인력이 덮쳐서 이기는 거잖아요. 비록 남들이 봤었을 때 우리가 아직 약해 보일 수 있고 작아 보일 수 있지만, 우리는 우리가 잘 아는 포인트를 살려서 너희를 덮칠 수 있다는 얘기가 좋았어요. 우리는 이길 수 있어. 우리가 지금껏 해왔던 것들을 봐……. 실제로 남들 눈에 우리가 작아 보였을 수 있지만 이길 수 있다고 말하는 게 무척 좋았죠.

식스퍼즐 무대 때는 어땠나요.

그때 너무 욕심이 나서, 연습실에서 해 뜨면 들어갔어요. 마이클 잭슨 퍼포먼스 연습하면서 선생님이 제발 집에 좀 가라고 하셨으니까요. "유아야, 가!" 이게 아니라 "유아야, 제발 가면 안돼?" 이 수준이었어요. 구두를 신고 스텝을 보여줘야 하는 부분이 있는데, 구두를 신고 하면 뒤꿈치가 까질 수 있어서 연습할 때는 운동화를 신고 있었거든요. 그런데 운동화를 신었는데도 뒤꿈치가 다 까져서 나중에 피가 묻어있더라고요.

말 그대로 피나는 노력을 했네요.

제가 겁도 없이 마이클 잭슨을 고르긴 했는데. (웃음) 내가 좋아하는 사람의, 내가 존경하는 그 사람의 무대를 해보고 싶었어요. 그래서 제가 잘하는 부류의 춤이 절대로 아닌데도 불구하고 골랐죠. 마이클 잭슨은 절도있게 끊어지는 춤을 추는 아티스트인데, 저는 루즈하게 늘어지는 무드의 힙합을 췄으니까요. 제가 정말 못 추는 춤이라는 걸 알고 있었거든요. 그래도 하고 싶은 거예요. 내가 여기에 도전해서 등수가 낮게 나오더라도 스스로 만족하자는 생각으로 도전했던 거였어요.

그런데 등수도 잘 나왔어요!

다행히 잘 나왔어요. 그런데 무대에서 1등하려고 이를 갈고 했다기보다는, 내가 이 아티스트의 무대를 진짜 멋있게 하고 싶다는 생각 때문에 열심히 했던 거예요.

그렇게 열심히 하는 내 모습을 볼 때, 스스로 기분이 어때요?

옛날에는 막 취해서 해서 그런지 제가 되게 멋있다는 생각으로 가득 차 있었어요. 무대에 설 때, 거울 앞에 있을 때, 내 모습이 너무 예뻐 보이고 멋있어 보였죠. 그래야만 다른 사람들 앞에 섰을 때도 예쁘고 멋있어 보이거든요. 그런데 요즘에는 그러지 않으려고 노력해요. 아까 말씀드린 것처럼 이성적인 부분으로 나를 제어할 수 있어야만 진정한 멋이 난다는 생각이 들어서요. 남들이 볼 때는 좀 후퇴한 것처럼 보일 수도 있지만.

왜 발전이 아니라 후퇴예요?

음, 눈에 보이는 멋으로만 평가할 때는 나에게 온전히 취해서 하는 게 더 멋져 보일 수 있거든요. 그런데 그걸 어느 정도 제어할 수 있게 되면 이성적으로 포인트를 딱딱 살려서 동작을 하게 되니까 덜 멋져보일 수 있겠죠. 하지만 무릎을 굽혔다가 뛰어야 더 높이 뛰어오를 수 있잖아요. 무릎을 뻣뻣하게 편 상태에서 뛰려고 하면 조금밖에 못 뛴단 말이에요. 그래서 지금 이렇게 해보려는 제 용기에 박수를 쳐주려고 스스로 노력해요. 지금 모습이 제 마음에 조금 안 들거든요. 이번 [논스톱] 활동이 그래서 조금 아쉽죠. 하지만 시간이 지나고 결과물이 많이 다듬어졌을 때 저는 예전에 마냥 취해있던 제 모습보다 더 많이 발전해 있을 거라는 확신이 있어요. 그 느낌을 그냥 따르기로 했어요.

겁도 나겠어요. 내 스타일을 바꾸려고 할 때 평가가 바로바로 올 테니까.

겁나죠. 워낙에 피드백을 많이 받고, 빨리 받는 직업이다 보니까요. 이런 거 있잖아요. 예를 들어서 제가 몰래 사탕을 빼먹었는데, 그걸 저만 알아요. 그때 누군가 "사탕 어디 갔지?" 하면 찔리잖아요. 그런 것처럼 내가 이 부분에 대해 신경을 쓰고 있었는데 그걸 누가 얘기하면 철렁하거든요. 하지만 그 부분에 대해서도 친구들에게 많이 물어봤어요. 내가 지금 이러이러한 부분이 고민인 것 같은데, 나는 저러저러한 부분에 확신이 있어. 내 확신을 따라도 되는 걸까?

친구들 대답은 어땠나요.
확신이 있다면 괜찮아. 하지만 조언해줄 것도 있어.

이미 어느 정도 스스로 답을 내리고 물어본 거죠?
맞아요. 일단 제 다짐에 대한 확신이 있는 상태에서 물어본 거니까요. 사람들에게 뭔가 들킨 것 같은 평가를 받을 때 가슴이 철렁할 수는 있지만, 저는 확신이 있기 때문에 괜찮다고요. 다음에는 보다 나은 내가 되어있을 거고, 보다 나은 나는 감성과 이성이 잘 어우러지게 표현하는 아티스트로 거듭나서 더 많은 사람들에게 어필할 수 있는 아티스트가 돼 있을 거야. 난 알아. 이렇게 스스로를 다독이고, 믿어주면서 계속 해나가고 있어요.

원래 자존감이 높은 편인가요.
아뇨. 굉장히 낮은 편이에요. 그런데 다른 분들이 제가 자존감이 되게 높은 것 같다고 하세요. (웃음) 자존감이 낮아서 더 노력을 하는 건데, 저 보면 자존감이 높아보인다는 글도 많이 봤어요.

자신감이 있어 보여서 그런 걸까요.
두 개가 좀 다르잖아요? 그런데 자존감이 높아 보이나 봐요.

〈퀸덤〉으로 많은 걸 얻었네요. 특히 유아 씨의 인생에 관한 중요한 키를 얻었어요.

제 인생 2막을 얻었죠. 뭐라고 해야 할까요? 1단계에서 2단계로 넘어갈 때는 잘 가고 있는 것 같다가, 막상 2단계로 가기 전에 부족해 보이는 게 눈에 띄거든요. 그런데 이 단계를 넘어서는 도약을 가능하게 해주니까 터닝포인트 같은 느낌이었어요. 예전의 나, 제가 잊고 있던 내 모습까지 찾게 해줬죠. 그리고 다시금 그 모습으로 돌아가서 멋있게 보여줘야겠다는 생각을 하게 해줬으니 인생의 2막을 열게 해줬다고 말할 수 있을 것 같아요.

앞으로 뻗어나갈 용기를 줬네요.

사고방식까지 바뀌었으니까요. 제가 가수를 계속 하든, 연기를 하게 되든, 아니면 다른 직업을 갖게 되든 간에 이 마인드는 그대로 갖고 갈 수 있을 것 같아요. 열린 사고를 가능하게 해줬어요.

완벽주의자의 일

완벽주의자예요?

네. (웃음) 준비를 정말 열심히 해야 80%가 실전에서 나오고, 120%를 해야 100%가 나온다는 걸 알고 있어요. 이번에 힙합 안무 영상을 찍으면서 깨달은 건데요. 〈라이츠 업〉을 정말 열심히 준비했는데 생각보다 잘 안 나온 거예요. 그때 헬기장에서 찍었는데, 몸이 밀릴 정도로 바람이 심하게 부니까 춤을 출 수가 없는 거죠. 그런데 그 바람을 탓하기 전에, 야외인 것을 탓하기 전에 '아, 내가 이런 것까지 미리 생각을 해두고 춤을 췄으면 좋았을 텐데' 싶더라고요. 왜냐하면 헬기장에서 찍을 걸 미리 알고 있었으니까요. 제가 먼저 생각해뒀어야 하는 건데 못했던 거죠. 그래서 다음부터는 미리 밖에서 춤을 춰봐야겠다는 생각이 들었어요. 결국 다음 거 찍을 때는 안무가 선생님이랑 댄서 분들 모두 함께 가서 원테이크로 찍는 것까지 연습을 미리 했고요. 다들 "나 연습 이렇게는 처음 해봐" 그러셨어요.

워낙 자기 콘텐츠에 욕심이 나서 그랬을 거예요.

마음먹고 유시아라는 사람을 보여주는 콘텐츠였으니까요. 커버 영상을 원래 올린 적이 없으니까 처음부터 굉장히 몰입해서 찍은 거죠. 공간이 달라지니까 춤을 추는 느낌이 다르더라고요. 연습실에서는 공간이 어느 정도 제한돼있는데, 야외는 제한이 없잖아요. 바깥은 하늘이 제한선이니까 결국 리미트limit가 없는 거나 마찬가지죠. 야외에서 내 몸을 제어할 줄 알아야 한다는 걸 느꼈어요. 나중에 영상 수정 요청도 너무 많이 드려서 감독님이 "유아야, 다음부터는 네가 직접 오는 게 좋을 것 같아" 그러셨어요. 그 말씀을 듣고 나니 너무 죄송해서 아예 편집본을 미리 만들었어요. 이 정도는 미리 제가 해서 드려야 덜 죄송할 것 같아서요. 이사님께서도 제가 이 정도로까지 챙길 줄 몰랐다고, 편집 레퍼런스까지 직접 찍어올 정도였냐고 놀라시더라고요.

스스로 레퍼런스를 준비하는 것도 스태프 분들께는 큰 도움이 되죠.

비하인드 캠을 찍을 때도 미리 시안을 다 찾아와서 어떻게 어필하고 싶은지 다 보여드렸어요. 효과음 없이 스토리텔링 위주로, 다큐멘터리처럼 자연스럽게 일상을 드러내는 쪽으로요. 나중에 그 콘텐츠 반응이 너무 좋아서 오마이걸 비하인드 캠도 스타일이 그렇게 바뀌었어요. 연습실 안무 영상도 처음에는 너무 춤이 잘 안 사는 각도여서 걱정이었는데, 제가 다 조절했어요. 그렇게 픽스돼서 오마이걸 안무영상도 그 각도로 찍었죠.

그러면 여태까지 했던 콘셉트 중에 가장 의견이 많이 들어갔던 게 뭐였나요.

〈클로저〉예요. 데뷔 초이기는 했는데 곡 흐름에 대한 해석부터 콘셉트 정하는 것, 그리고 연기하는 것까지 삼박자를 다 제가 맞출 수 있었어요. 커버 영상인 〈라이츠 업〉과 〈트래픽Traffic〉 등은 당연하게도 오로지 제 의견만 들어간 거였고요.

커버 영상 말인데요. 춤추기 좋은 음악이 있고, 춤추기에는 좀 어려운 음악이 있잖아요. 그런데 후자 쪽을 고르는 것 같아요.

〈라이츠 업〉이 그랬어요. 이 곡은 사실 노래 커버만 하려고 했던 곡인데 생각해보니까 내가 불렀는데 내가 춤까지 춰서 올리면 너무 좋겠더라고요. 그 곡에 안무를 의뢰했었을 때 선생님들께서 다 당황하셨죠. 이거는 안무를 출 노래가 아니라면서요. 그렇지만 저는 오히려 좋았어요. 새롭잖아요. 새로운 게 나올 수 있으니까. 안무도 일부러 힙합 안무를 하시는 분한테 맡겼었어요. 곡의 분위기와 전혀 다른 안무를 짜던 분이 여기 손댔을 때 다른 느낌이 나올 것 같아서요. 다른 경우에도 능수능란한 스태프 분들과 함께하는 것보다 아직 일에 익숙하지 않아도 새로운 아이디어가 나올 수 있는 사람이랑 일하는 게 개인적으로 너무 좋아요. 뻔한 게 너무 싫어 가지고.

개인 SNS를 연 걸 보고 드디어 유아 씨가 자기 이야기를 하기 시작하는구나, 싶어서 반가웠어요.

제가 오마이걸의 유아긴 하지만 그전에 저는 유시아잖아요. 사실 오마이걸의 유아로서는 굉장히 많은 기회가 있어요. 유아를 보여줄 기회가요. 하지만 유시아라는 사람을 보여줄 기회가 없기 때문에 SNS 때문에 조금 이질감을 느끼는 분이 계시더라도 원래의 저를 보여주고 싶었어요. 원피스를 입으면서도 징이 박힌 운동화를 좋아하고, 데님을 좋아하는 그런 성격이에요. 이런 스타일의 제가 좋아요. 예를 들면, 차 같은 것도 승용차를 꿈꾼다기보다는 지프차를 끌고 싶어해요. 지프차는 진짜로 제 로망이에요.

되게 와일드한 사람이네요.

네, 맞아요. 와일드해요. 어느 순간부터 와일드한 걸 더 좋아하게 됐는데, 노래 부를 때도 그래요. 곱게 내는 소리보다는 조금 더 무거운 소리를 좋아해요. 슬슬 오마이걸 앨범에서도 그런 목소리를 들려드릴 수 있게 됐어요. 수록곡 같은 경우에는 굉장히 묵직하게 부르고 있어요.

〈돌핀 Dolphin〉도 무대와는 별개로 유아 씨의 창법은 묵직한 측면이 있어요.

그렇죠? 초반에는 제 목소리가 많이 튀는 편이라고 해서 다른 멤버의 목소리로 계속 덮었어요. 그러다가 [비밀정원] 때부터는 수록곡에서 제 목소리를 드러내기 시작했어요. 타이틀곡은 모두가 밝고 소녀 같은 이미지이기 때문에 그럴 수 없지만, 수록곡들에서는 달라졌죠. 처음에는 노래나 춤이나 예쁘게 하려고 많이 노력을 했었는데, 원래 R&B를 좋아하다 보니까 울림을 많이 써보고 싶었어요.

소리를 내는 게 어떻게 다른가요.

아이돌 노래는 귀에 꽂히게 잘 불러야 하거든요. 소리가 명확하게 들리는 게 더 예쁘게 들려서요. 하! 하! 하! 이렇게 부르죠. 그런데 R&B 곡을 부를 때는 공명을 하, 하, 하, 이렇게 줘요.

전문가가 되기 위해서는 정말 많은 노력이 뒤따른다는 걸 유아 씨를 통해 제가 배우고 있어요.

사실은 괴로웠던 일이 재미있었던 일보다 사실 더 많았던 것 같아요. 표현하는 일은 어려우면서도 즐거운 것 같아요. 뭔가가 머릿속에서 나온다는 것, 상상하는 것까지는 쉽지만 그걸 바깥으로 표현해낼 수 있다는 건 그만큼 실력이 뒷받침해줘야 가능한 거잖아요. 그 표현의 순간을 위해서 뼈를 깎는 아픔을 겪어야 하는 것 같거든요. 진짜 고통스럽고, 연습하면서 숨이 넘어갈 듯한 순간을 계속 겪어요.

그렇게 노력을 했는데도 성적이 원하는 것만큼 안 나왔을 때 속상하잖아요. 어떻게 버텨왔나요.

우물 안 개구리 중에서는 제가 제일 잘 하는 줄 알았어요. 그게 세상에서 제일 잘하는 건 줄 알았던 거예요. 그런데 세상 밖으로 나와서 많은 사람들을 보고 나란 사람 자체가 아직 준비가 안됐다는 걸 알게 됐죠. 세상에 변수라는 게 굉장히 많다는 걸 배웠어요. 그러면서 자책을 하지 않으려고 노력을 많이 했어요. 저 자신을 비난하게 되면 사람이 너무 작아지더라고요. 나에게는 수많은 가능성이 있고, 그걸 믿어 의심치 않으려고 마음을 여러 차례 가다듬었던 것 같죠.

자꾸만 나를 부정할 수밖에 없는 순간들이 여러 번 찾아오니까요.

제가 처한 상황이 '너 잘못됐어. 네가 잘못된 거야'라고 말해도 '아니야, 나 잘못되지 않았어. 나의 이런 모습을 봐줄 때가 분명히 올 거야'라고 생각했어요. 주변에서 하는 부정적인 이야기에도 흔들리지 않으려고 많이 노력했고, 일기도 많이 썼어요. 책도 많이 읽었고요. 나 자신이 작아지는 순간에 조용히 "그렇지 않아"라고 말해주는 게 책이더라고요.

책을 읽으면서 어떤 느낌을 받았나요.

나 자신이 한없이 작아져 있는 상태에서는 스스로 작은 모습밖에 안 보이잖아요. 그런데 책을 폈더니 "아니야"라고 해주는 거예요. 그때부터 책을 읽었어요. 작아질 때마다 책을 펴서 읽고 괜찮다고 제 자신을 다독였어요. 어쩌면 세상이 나를 받아들일 준비가 안 된 것일 수도 있다고, 그러니까 나는 그냥 이 모습 그대로 해나가면 된다고요. 내가 원하는 대로, 내가 갖고 싶은 대로, 가고 싶은 대로 하면 그게 정답인 거라고 계속 생각했어요.

맞아요. 힘든 순간에는 나를 중심으로 세상을 바라보는 것도 도움이 돼요.

그 생각은 여전히 변함없어요. 누군가가 보기에는 잘못된 생각처럼 보일 수도 있겠지만, 내가 원하는 걸 하고 그 모습에 대해 확신만 있다면 그게 정답이 아닐까요? 무대를 할 때도 그런 확신이 있는 무대를 하고 싶은 거고요. 나 자신에게 확신이 있는 무대.

유아 씨를 보면 하나의 이미지 안에 국한되고 싶어하지 않는다는 게 강하게 느껴져요.

맞아요. 그게 제 목표예요. 뭔가에 국한되지 않는 거요. 저 스스로 어떤 틀 안에 갇혔다고 느끼는 순간, 바깥에서 보시는 분들도 모든 게 그 틀 안에 국한돼버린다고 느끼실 거예요. 그리고 저는 과거에 오마이걸 스타일에 너무 익숙해져서 그 콘셉트 안에서만 움직이는 제 모습을 한번 봤어요. 오마이걸 활동에 전념하느라 다른 것에 신경 쓸 여유가 없어서 그랬던 거긴 하지만요. 지금은 어느 정도 제가 하고 싶은 무언가를 이룰 수 있게 회사에서 기회도 주시고 하다 보니까 가능한 것들이 보여요. 어딘가에 국한되지 않은, 갇히지 않은 제 모습이 좋아요. 갇히는 게 제일 무서워요.

시도 쓴다고 들었어요.

글 쓰는 것도 저를 표현하는 거잖아요. 그림을 그리는 것도 표현의 한 방법이 될 수 있는 것처럼요. 그냥 집에서 시를 쓰는데, 생각보다 제 마음을 표현할 수 있는 수단이 많이 없더라고요. 일기를 쓰면 자꾸 부족한 부분에 대해서만 얘기를 하게 되니까 제 감정을 표현할 수 있는 게 뭐가 있을지 고민하다가 시를 쓰게 됐어요.

이제는 꽤 많아졌겠어요.

한 자 두 자 써봤더니 벌써 몇십 장이 되더라고요. 팬 분들에게 공개한 것도 있고, 공개하지 않은 것도 있는데요. 사실은 일부러 공개하지 않으려고 했었어요. 공개할 생각으로 이걸 쓰게 되면 남들에게 보여주려고 쓰게 되니까 원래 의도와는 달라질 것 같아서요. 타인에게 보여주지 않을 거란 생각으로 쓰게 되면 제 순수한 마음이 오롯이 나와서 그게 좋았죠. 이런 마음은 무대를 대할 때도 마찬가지인 것 같아요. 누구한테 보여주려고 무대에 선다는 마음이 아니에요. 그러면 내 마음은 굳게 되는 거니까. 내가 순수하게 이 곡을 어떻게 해석하고 표현하고 싶은지에 집중을 하려고 노력을 많이 해요.

아주 다양한 단어들을 써서 유아 씨를 꾸미고 싶어요. 흔치 않게 이런 이야기를 하게 되네요.

좋네요! 무대를 할 때도 소녀 같은 느낌을 내야 한다면 그 느낌에 충실하고, 와일드한 느낌을 내야 한다면 그 느낌에 충실하게 할 거예요. 오마이걸로 있을 때는 밝은 소녀의 느낌이지만 다른 모습을 보여줬을 때는 좀 더 러프rough한 것도 좋잖아요. 예술을 한다는 건, 그런 것 같아요. 어떤 콘셉트냐에 따라 다른 사람이 될 수 있어야 한다는 거요. 팬 분들도 이런 제 모습을 긍정적으로 봐주셨으면 좋겠어요.

다시 한 번 말하지만, 유아이기도 하고, 유시아이기도 하니까.

오마이걸의 유아이지만 그전에 뭔가 표현을 하고 싶고, 표현을 하는 제 모습으로 인해서 많은 분들에게 좋은 영향을 드리고 싶은 유시아이니까요. 여러 개의 유아가 존재하는구나, 하고 받아들여 주시면 정말 기쁠 것 같아요. 가끔은 '어? 내가 생각했던 유아와 왜 다르지?'라고 느끼실 수도 있어요. 하지만 그것 또한 제가 표현하고 싶은 어떤 유아의 모습이라고 봐주신다면 좋겠죠.

춤을 출 때 어떤 느낌이 드나요.

춤 출 때요? 나비가 된 것 같아요. 아직 몸에 익숙해지지 않은 춤을 추는 제 모습을 보는 건 쉽지 않아요. 부족한 저를 인정해야 하는 거잖아요. 하지만 그 춤이 몸에 익고 잘 출 수 있게 되면 나비 같아요. 어떤 박자에 어떤 표현을 해도 다 괜찮은, 바람을 타고 나는 나비요.

실제로 나비 같다는 이야기를 많이 듣잖아요.

마음이 가벼워서 그런가? (웃음) 자신감이라는 게 생길수록 표현하는 나 자신에게 제한이라는 게 사라지니까요. 재미있어요. 그냥 되게, 재미있어요. 자유로워져요.

인터뷰 내내 즐거워보이니까, 제가 너무 기뻤어요.

정말 재미있었어요, 이런 이야기요. 춤과 노래에 관해서는 정말로, 말하고 싶은 게 너무 많았거든요. 저는 이렇게 솔직한 사람이고 싶어요. 지조 있고. 남들이 다 아니라고 해도 이게 맞으면 전 이대로 있고 싶어요. 그냥, 그게 저니까. 저란 사람을 표현하는 게 좋아요. 나 자신이기 때문에 이런 노래를 할 수 있어요. 나 자신이기 때문에 이런 춤을 출 수 있어요. 나 자신이기 때문에 이런 무대를 할 수 있어요. 또 나 자신이기 때문에 이것도 할 수 있고, 저것도 될 수 있어요. 그냥 열어두는 사람이 되려고요.

〈라이츠 업〉
'샤샤 댄스 퍼포먼스 SHASHA DANCE PERFORMANCE' _ 20200402

건물 꼭대기에 위치한 헬기장에서 음악이 나올 타이밍을 기다리고 있을 때부터, 유아의 뒷모습은 자유로움에 대한 욕구로 가득 차 있다. 비하인드 캠에서 "시크하게"라고 표현한 단정한 머리는 바람에 쓸려서 어느새 흐트러지고, 수트를 변형시킨 흰색의 크롭톱 의상은 자유분방하게 움직일 준비를 마친 유아의 분위기와는 상반된 느낌을 풍긴다. 오마이걸의 무대 위에서 늘 예쁘고 사랑스러웠던 소녀가 밟는 옥상에서의 스텝은 낮과 밤을 아우르며, 그때와 사뭇 다르게 여러 가지 모순이 합쳐져 만들어진 20대 여성의 하루를 보여준다.

낮과 밤으로 나뉜 이 퍼포먼스에서 유아는 춤을 출 수 있는 비트가 강조되기보다는 물 흐르듯 흘러가는 보컬리스트의 목소리에 맞춰서 섬세하게 팔다리의 움직임을 조절한다. 하늘과 헬기장을 반으로 나누고 카메라 안에 담긴 자신의 모습이 렌즈의 범위 안에서 어긋나지 않도록 팔을 뻗는 정도와 다리의 각도를 철저하게 맞춘다. 또한 손 끝의 움직임에 신경 쓰기보다 큼직큼직한 동작 하나하나를 보여주는 데에 더 힘을 쏟으며, 유시아의 과거를 현재의 시간 안에서 담아내기 위해 바람에 맞선 점프와 턴으로 있는 힘껏 자신의 의지를 표현한다.

처음부터 유아의 춤 동작과 표정의 미묘한 변화 하나하나를 담는 데에만 집중한 카메라 워크는 신기하게도 낮과 밤의 경계가 없는 도시 안에 유아를 섞어놓는다. 정신없는 도시의 중간으로 밀어 넣어진 유아는 자신이 계획한 동작들 안에서 움직이다가 끝이 나는 순간 다시 뒤를 돌아 드넓은 하늘 위로 팔을 펼친다. 하늘을 반쯤 담고, 헬기장을 반쯤 담은 카메라 안을 자유로이 확보하던 유아는 온몸으로 시원하게 "커트!"를 외친다. 예상대로, 소녀가 아닌 춤을 추는 20대 여성으로서 마치 새로운 삶을 부여받은 것처럼.

해리 스타일스^{Harry Styles}의 원곡 가사 'Never coming back down(다시 돌아가지 않을 거야)'은 이미 자신의 삶을 주도하기 시작한 유아의 마음과 퍼포먼스의 무드를 절묘하게 엮는다. 'Shine, step into the light. Shine, so bright sometimes. Shine, I'm not ever going back.(빛을 내, 빛 속으로 들어와. 빛을 내, 종종 아주 밝게. 빛을 내, 나는 절대 돌아가지 않을 거야.)' 나는 돌아가지 않을 테니, 네가 나의 빛 속으로 들어오라는 선언과 같은 가사로 유아는 말하고 있다. 용기가 없던 시절의 나로 돌아가지 않을 거라고, 유시아의 삶을 강인하게 지켜나가겠다고. 누구도 나의 의지를 꺾을 수 없다는 얘기를 춤이라는 이름의 손짓, 발짓으로.

오직, 레오의 운명

VIXX **LEO**

2013년 1월, 한 방송사에서는 빅스VIXX의 음악방송 출연을 거절했다. 가족들이 모여서 밥을 먹는 시간에 뱀파이어의 기이한 동공을 연출하기 위해 낀 컬러렌즈가 불편하다는 이유였다. 그때, 레오는 붉은색으로 염색한 짧은 머리를 이마 위로 바짝 올리고, 관자놀이까지 날리듯이 뻗친 아이라인 옆에 반짝이는 큐빅을 붙이고 있었다. 갓 관에서 나온 뱀파이어, 혹은 드라큘라, 그것도 아니라면 늑대인간. 영화에나 등장할 것 같았던 기괴한 존재들이 생존해 있음을 알리면서, 그는 검은색 매니큐어가 발린 손에 쥔 무언가로 자신의 가슴을 찔렀다. 그 무언가의 형체는 없다. 사람들이 눈으로 볼 수 없다는 뜻이다. 형체를 아는 사람은 오로지 한 명뿐이었다.

마임이라고 하는 퍼포먼스에서 자신이 만들어낸 허상의 실제를 아는 사람은 오로지 연기를 하는 본인뿐이다. 그러니까, 레오만이 자신의 가슴을 찌른 게 무엇인지 알고 있다. 뱀파이어부터 사이보그, 무릉도원의 신선, 향에 취해 달콤한 실험을 하겠다는 영화 '향수'의 주인공 장 바티스트 그르누이까지 연기하는 빅스의 퍼포먼스에서 레오는 손에 쥔 듯, 쥐지 않은 듯 아슬아슬한 사랑을 광기 어린 눈으로 잡아채려 애쓴다. 그가 손에 쥐고 있는 게 절절한 마음이 담긴 러브레터인지, 가시덤불 안에서 피어난 장미인지, 보드라운 인간의 살갗인지 몰라도, 그것들이 가리키는 마음은 애정과 집착 사이의 어딘가다. 그가 눈썹을 꿈틀거리면서 3분 동안 숨겨두었던 욕망을 높은 고음과 힘 있는 팔 동작으로 엮어낼 때, 다른 멤버들의 활약과 함께 빅스의 퍼포먼스는 긴 팔다리를 지닌 남성의 몸 자랑이 아니라 각자가 생각하는 구전 설화 속 남성 캐릭터들이 이룬 조화로 흥미롭게 다가온다.

레오가 그동안 무대 위에서 연기한 캐릭터들은 대부분 현실 속 인간이 아니라, 인간의 상상력으로 빚어낸 존재들이었다. 빅스의 무대뿐만 아니라, 뮤지컬 무대에서도 그는 역사 속 인물에 가까운 배역들보다 죽음의 신, 토드를 연기할 때 가장 진짜에 가깝게 움직였다. 가짜를 연기하면서, 가장 진짜에 가까워 보이도록 연기할 수 있는 재능은 빅스의 수

많은 콘셉트들을 소화하면서 생긴 것이다. 빅스의 무대에서 긴 팔다리, 넓은 어깨를 활용해 작은 동작도 위압감 있게 보여 주는 레오는 뮤지컬 《엘리자벳》 무대에 올라서도 길쭉한 키와 날카로운 눈, 소름 끼치게 상대를 유혹하는 죽음의 이미지 그대로를 보여 주었다. 여전히 그는 뮤지컬 배우로서 퍼포먼스의 완성형에 이를 때까지 노래와 연기의 완성도를 높여야 하는 과정을 겪고 있지만, 장막이 걷히면서 등장하는 죽음의 걸음은 엘리자벳과 관객에게 긴장을 안겼다.

보이그룹 최초로 목에 검은색 초커를 두르고, 휘두르는 채찍에 끌려가듯 움직이며 '아모르 다운Amor down', 즉 무기를 내려놓고 항복을 선언한 레오의 모습은 빅스 멤버들이 전달하고자 했던 섹슈얼리티를 종종 극단적으로 대변한다. 솔로곡 〈터치 앤 스케치Touch&Scketch〉에서도 신체 곳곳을 자신의 긴 손가락으로 가볍게 쓸어내리면서 종국에는 한쪽 다리를 쭉 뻗고 앉아 손 끝으로 에로스적인 욕구를 스케치한다. 힘차게, 혹은 유연하고 우아하게 춤을 추는 빅스의 멤버들보다 다소 무심해 보이는 얼굴로 성욕에 대해 말하는 남자의 모습. 하지만 결과적으로 나른하게 카메라를 바라보며 가소롭다는 듯 손가락을 팅기는 〈마이 발렌타인My Valentine〉 속 남성은 결국 상대가 없으면 아무것도 시도할 수 없는 연약한 사람일 뿐이다. 상대의 눈에 비친 나와, 상대에 의해 상처 입은 나를 발견할 때 비로소 섹스어필은 힘을 발하기 때문이다.

인터뷰 장소에 흰색 모자를 푹 눌러쓰고 나타난 레오는 정택운의 얼굴을 하고서 말했다. "제가 사실 되게 운명론자여서요." 그는 사실 자신을 가장 사랑해서 운명을 믿게 됐는지도 모른다. 덕분에 그는 운명의 힘에 이끌려서 세상을 등져도 좋았고, 운명이기에 끌린다고 말할 만큼 강렬한 사랑을 붙들고 아이처럼 버텨도 좋았다.

레오

레오^{LEO}는 2012년 빅스^{VIXX}의 싱글 앨범 [슈퍼 히어로^{SUPER HERO}]로 데뷔했으며, 빅스 및 빅스 LR에서 메인보컬을 맡고 있다. 빅스는 [다칠 준비가 돼 있어], [하이드^{hyde}], [지킬^{Jekyll}], [부두^{VOODOO}], [체인드 업^{Chained Up}] 등에 이어 신화를 테마로 한 [2016 컨셉션 케르^{CONCEPTION KER}], 무릉도원 테마의 [도원경^{桃源境}], 향 테마의 [오 드 빅스^{EAU DE VIXX}] 등 독특한 콘셉트로 그룹 색깔을 구축했으며, 2016년 제5회 가온차트 K-POP 어워드 올해의 핫퍼포먼스상, 2016년 제30회 골든디스크 어워즈 음반부문 본상 등 을 수상했다. 레오는 빅스 활동 외에도 솔로 앨범 [캔버스^{CANVAS}], [뮤즈^{MUSE}]를 발표했고, 뮤지컬 《마타하리^{MATA HARI}》, 《엘리자벳^{ELISABETH}》 등의 작품에서 배우로도 활동 중이다.

유독 피곤해보여요.

앨범이 마무리 되는 단계여서요. 예상치 못하게 수정할 게 생겨서 해결하고 왔어요. 안무 연습도 계속 있었고, 일정이 새벽 네 시쯤 끝났거든요. 평소에 잠드는 시간하고 비슷하긴 한데, 콘서트 준비도 해야 해서 많이 바빴어요.

항상 앨범이 나올 시기에는 이런 경우가 다반사일 테니까. 음악이, 무대가 그렇게 좋아요? (웃음)

좋죠. 초등학교 1학년 때부터 노래 부르는 걸 되게 좋아했어요. 처음 따라 부른 팝송이 1999년에 나온 제시카Jessica의 〈굿바이Goodbye〉였어요. 누나들 카세트테이프로 들으면서 가사를 한글로 받아 적고 따라 불렀던 기억이 나요.

원래 축구선수였잖아요. 그때도 음악을 좋아했겠네요.

경기 갈 때 차에서는 계속 이어폰으로 음악을 들었어요. 휘성 형하고, 플라이 투 더 스카이Fly To The Sky, god 선배님들 테이프를 들으면서 다녔어요. 그러다가 중학교 3학년이 되고 얼마 안 지나서 축구 선수를 그만뒀거든요. 그때부터 노래 대회에 나가기 시작했어요. 여기저기 다니면서 상금도 받고요.

젤리피쉬 엔터테인먼트에 들어오기 전에도 연습생 생활을 했다고 들었어요.

대회만 다니다가 처음으로 회사에 들어갔는데, 거기서 고등학교 2학년 때까지 있었거든요. 사실 돌아보면 그때는 겉멋으로 연습생 생활을 한 것 같아요. 회사에 가서 트레이닝 받는 것보다 노래방 가는 게 좋았어요. 대회에 나가는 게 더 재밌었고. 트레이닝 체계가 잘 잡혀있던 곳이 아니라서 더 그랬던 것 같아요. 연습실은 있었는데, 어떤 아이가 오디션으로 뽑히면 비주얼 같은 요소를 원래 있던 연습생들과 맞춰 보는 정도였어요. 특별히 연습 시간 같은 게 따로 없었죠. 그래서 자꾸 노래방에 갔고, 하고 싶은 노래는 거기서 불렀어요.

부모님도 가수가 되고 싶다는 이야기를 흔쾌히 받아들이셨나요.

아버지는 제가 겉멋이 들어서 하다 말 거라고 짐작하셨던 것 같죠. 그런데 막상 고등학교 3학년이 돼서 아현산업정보학교 실용음악과에 진학하겠다고 말씀드렸더니, '아, 얘가 정말로 하고 싶나 보네' 생각하셨나 봐요. 2학년 때 담임선생님이 부모님께 "그 학교는 가기 만만치 않은 학교라, 붙으면 음악을 하게 해 주셔도 될 것 같습니다"라고 말씀해 주셨어요. 그분이 지금까지 유일한 저의 은사님이에요.

그때도 춤보다는 노래에 훨씬 더 집중했던 거죠?

아무래도 아이돌 그룹의 멤버보다는 솔로 퍼포머나 보컬리스트를 생각하고 있었으니까요. 아이돌 그룹을 좋아했던 것도 god 선배님들이 유일했거든요. 물론 아이돌 그룹이 될 가능성을 배제했던 건 아니에요. 전에 있던 기획사에서도 숙소 생활을 하면서 아이돌 그룹을 준비하고 있었고, 거기서도 메인보컬을 맡고 있었거든요. 거부감이 있었다거나, 내 정체성과의 이질감을 느꼈던 건 아니에요.

지금은 레오 씨의 춤을 좋아하는 팬들이 많아요. 보컬리스트라고만 보기에는 멀티플레이어가 된 것도 사실이고요.

댄스학원은 고등학교 2학년 때부터 다녔어요. 하지만 진심으로 제가 무대에서 퍼포먼스를 보여주는 가수가 되고 싶다고 느끼게 만든 계기는 따로 있었어요. 휘성 형이 연말 시상식에서 〈하늘을 걸어서〉라는 곡에 맞춰서 퍼포먼스를 했거든요. 그게 단순히 춤이라기보다는, 말 그대로 연기와 노래, 춤이 모두 결합된 퍼포먼스 그 자체였어요. 결혼식장에 괴한이 난입하는 바람에 신부를 잃은 남자가 오열하는 내용이었죠. 무대가 끝났는데, MC 분들도 2~3초간 말을 못하고 계시더라고요. 그만큼 압도적이었던 거예요. 그때 생각했죠. '아, 저거 해야겠다.'

서사가 있는 퍼포먼스에 끌렸던 거군요. 빅스의 무대뿐만 아니라 지금 뮤지컬 배우를 하고 있는 것과도 연결이 돼요.
제가 그런 걸 좋아하나 봐요. 그때 느낀 희열은 다른 무대를 봤을 때와 좀 달랐거든요. 원래는 음악적인 입지가 확고한 솔로 가수 분들을 보면서 동경했고, 그분들 각자가 지닌 색깔을 좋아했죠. 하지만 그 무대를 본 이후로는 '퍼포먼스'라는 것 자체를 좋아하게 됐어요. 아직도 그 무대를 종종 찾아봐요.

지금 보면 어떤가요? 사실 요즘 관객들 입장에서는 아쉽다고 느낄 수도 있거든요.
지금은 너무 많은 퍼포먼스들이 TV에 나오니까요. 예전보다 훨씬 화려한 것도 많아서 촌스럽다고 느껴질 수도 있죠. 하지만 저에게는 그때만 해도 형의 무대가 센세이션 그 자체였어요. 아무런 생각도 안 들고 화면만 넋 놓고 보고 있었어요. 주먹으로 가슴을 되게 세게 맞은 느낌?

빅스가 추구하는 콘셉트

빅스는 다른 아이돌 그룹들과는 조금 차이가 있어요. 가사가 소설처럼 서사를 상상할 수 있도록 흘러가기 때문에, 무대 위에서 연극이나 영화의 한 장면을 연기해야 하죠. 콘셉 트도 특이하고요.

맞아요. 그래서 빅스의 무대에서는 집중력이 가장 중요한 것 같아요. 요즘에 안무팀 분 들에게 듣는 이야기인데, 빅스처럼 안무를 짜달라고 하는 팀들이 있대요. 하지만 따라 하 기에는 조금 힘들 거예요.

그 정도로 확신을 가질 수 있는 이유가 무엇인가요.

하루아침에 된 게 아니고, 저희는 〈다칠 준비가 돼 있어〉부터 해 왔던 걸 하는 거니까 요. 그때부터 굉장히 많은 걸 공부했어요. 한번에 따라 하기에는 〈다칠 준비가 돼 있어〉 라는 퍼포먼스가 상당히 강렬한 인상을 남겼고, 여전히 빅스의 서사 안에 무겁게 자리하 고 있어요. 그 곡이 나온 뒤부터 저희는 항상 앨범을 만들기 시작하면서 끝내기까지의 과 정에서 '콘셉트' 자체에만 집중했어요.

콘셉트 자체에만 집중했다는 게 무슨 뜻인가요?

예를 들어서 '나를 찌르고'라는 파트가 있어요. 이때 제가 찔리는 입장에 놓여있어요. 찌 르는 사람의 감정과 찔리는 사람의 감정이 다르단 말이에요. 어떤 사람이 들으면 "정 말?" 그렇게 생각할 수도 있겠지만, 저희는 주어진 콘셉트를 믿어야 해요. 연기하는 사람 이 스스로 내가 뱀파이어고, 내가 하이드고, 나는 정말로 뾰족한 것에 찔렸다는 점을 믿어야 한다는 거죠. 찔린 사람의 감정을 표현해야 하는데, 거기에서 '내가 멋있어 보여야지', '이런 표정으로 끼를 부려야지'라고 생각하면 보는 사람 입장에서 그 콘셉트에 믿음이 가지 않을 거예요. 무대 위에서 내가 믿지 않으면 그걸 보는 사람 입장에서는 더 믿기 힘들어요. 모니터링을 할 때 우리가 과연 상황에 몰입을 잘 하고 있는지 계속 체크를 할 수밖에 없죠.

사실 쉽지 않은 일이에요. 지금도 그 시절을 회상하면서 멤버들이 민망해하기도 하잖아요. 그만큼 남들이 시도하지 않았던 독특한 콘셉트였다는 뜻이니까.
퍼포머가 믿지 않으면 집중력이 떨어지고, 보는 사람은 '어, 저게 뭐야?' 하게 돼요. 내가 믿어야 무대에서 그 콘셉트와 곡이 진가를 발휘할 수 있는 거예요. 마치 뮤지컬 한 편을 보는 것처럼 관객들로 하여금 감탄할 수 있게 만들 수 있는 거고요.

〈다칠 준비가 돼 있어〉의 콘셉트를 처음 받았을 때, 당황스럽지는 않았어요?
당황스럽지는 않았고요. 무척 획기적이라고 생각했어요. 뱀파이어, 늑대인간의 느낌을 내기로 했고, 안무도, 무대 연기도, 비주얼까지도 다 거기에 맞춰져 있다는 걸 알게 됐죠. 아이라인을 날리듯이 그리고, 컬러렌즈를 끼는 것까지 전부 다요. 그때가 처음으로 특별한 콘셉트를 연출한 거였기 때문에 저희 입장에서도 되게 신기했어요. 〈슈퍼 히어로SUPER HERO〉는 그냥 상큼했고, 〈록 유어 바디Rock Your Body〉는 게임이라는 소재를 활용했지만 팀 자체의 콘셉트로 잡았다고 하기 좀 애매했거든요. 곡의 느낌을 그냥 퍼포먼스로 푼 정도였어요.

비주얼 같은 경우에는 일반적인 보이그룹의 이미지와는 거리가 먼 아이템을 사용한 경우가 많았잖아요.
방송을 해나가면서 '이거 해도 될까?', '여기까지 가면 너무 멀리 가는 거 아니야?' 했던 게 매니큐어, 컬러렌즈 같은 아이템이었어요. 한 방송국에서는 온 가족이 모여서 밥 먹는 시간대에 나가는 방송이기 때문에 컬러렌즈를 끼면 안 된다고 했죠. 다른 방송국에서 보여드리고 나서 이슈가 되니까 그제야 낄 수 있게 해줬어요. 아마 아이돌 그룹 중에서는 저희가 가장 먼저 컬러렌즈를 낀 그룹일 거예요. 심지어 〈하이드ʰʸᵈᵉ〉 때 검은 립스틱을 발랐잖아요. 검은 매니큐어도 바르고. 그걸 아직도 '춘장'이라고……. 솔직히 좀 많이, 멀리 갔죠. (웃음)

팬들에게 기억될 수 있는 강렬한 키워드가 있다는 건 좋은 거니까요. (웃음)
〈하이드〉는 정말로 힘들긴 했어요. 그 다음에 신화를 모티프로 세 장의 앨범을 냈을 때, '와, 이제 신까지 갔나?'라는 생각도 들었고. (웃음) 지금 돌아보면 그 세 장의 앨범은 콘셉트가 좀 불분명했던 것 같은 느낌이 있어요. 시행착오를 겪기도 했지만, 모든 무대의 콘셉트들은 좋았다고 생각해요. 시간이 지나고 나면 항상 아쉬움이 드니까 어쩔 수 없죠.

방금 이야기한 [VIXX 2016 CONCEPTION] 직전에 발표한 〈사슬〉은 〈다칠 준비가 돼 있어〉, 〈하이드〉, 〈에러ᴱᴿᴿᴼᴿ〉, 〈저주인형〉 이후의 빅스가 무엇을 추구하기 시작했는지 가장 확고하게 보여준 퍼포먼스였거든요. 섹슈얼한 남성의 모습을 극대화했는데, 빅스의 새로운 방향성도 그때부터 잡혔다고 볼 수 있어요.
가이드와 안무 시안을 봤을 때부터 무척 좋다고 생각했어요. 초커를 하고 무대에 선다고 해서 심리적으로 불편하지도 않았고요. 어려운 콘셉트라도 잘 풀어내 줄 스타일리스트가 있었고, 그쯤 되니까 멤버들도 콘셉트 감별에 있어서만큼은 선수가 돼 있었거든요. 딱 보면 우리가 했을 때 어설프거나 우스워 보일지, 멋있어 보일지 느껴진단 말이죠.

비주얼뿐만 아니라 가사를 표현하는 안무에서도 '야하다'는 메시지를 던지겠다는 의지가 뚜렷하게 보였어요.

남들이 하지 않았던 거니까 우선 신선하다고 생각했고, 음악의 무드 자체도 초커와 아주 잘 어울려서 좋았거든요. 만약에 그 무대를 보신 분들이 '섹시하다' 혹은 '야하다'고 생각을 하셨다면, 저희는 성공했다고 볼 수 있을 것 같아요. 그게 저희가 원하던 것, 보는 사람으로 하여금 끌어내고 싶은 감정이었으니까요.

빅스의 퍼포먼스를 전기와 후기로 나눌 때, 〈기적〉이 신체적 장점을 활용하기 시작한 후기의 시작이라고 볼 수 있을 텐데요.

맞아요. 그 이후부터는 거의 외국 안무가들과 작업을 했고, 몸을 더 잘 쓰는 방법이 무엇일지 연구를 많이 했어요. 격정적인 감정은 살리되, 나른하고 절제된 느낌으로 움직일 수 있는 방법이 뭘까.

다른 부분을 고려하기 시작한 거네요.

지금 같이 하고 있는 프리마인드^{FREEMIND}도 그렇고, 요즘에는 우리나라에도 굉장히 실력이 뛰어난 댄서들이 많잖아요. 그런데 제가 스무 살 때쯤에는 한창 어반 댄스 붐이 일어서 해외 댄서들 중에 아주 유명한 사람들이 많았어요. 라일 베니가^{Lyle Beniga}라는 안무가를 필두로 파생된 댄서들이었는데, 그들마다 특징이 있었거든요. 몸을 굉장히 유연하게 잘 쓰는 사람이라든가, 감정을 잘 표현하는 사람이라든가. 〈사슬〉, 〈판타지^{Fanta-sy}〉, 〈도원경〉에 이르기까지 이안 이스트우드^{Ian Eastwood}, 키온^{Keone} 같은 친구들과 함께하면서 콘셉트로만 춤을 추는 게 아니라, 감정 표현을 어떻게 하고, 몸을 더 잘 쓸 수 있는 방법이 무엇인지 많이 배운 것 같아요. 그러면서 사람들이 다른 그룹에서 보지 못했던 동작들을 빅스의 것으로 만들어서 넣으니까 좀 더 센스 있는 퍼포먼스가 되더라고요. 자연스럽게 생겨난 변화라고 생각해요.

그동안 많은 콘셉트의 무대를 했는데, 그중에 레오 씨가 가장 좋아하는 건 뭐예요? 레오

씨만의 색깔이 만들어졌다고 볼 수 있을 만한 곡이 있을 것 같은데.

〈판타지〉예요. 거기에서 제 색깔이 만들어지지 않았나 싶어요. 시안을 볼 때부터 마음에 들었고, 드라마틱하고 격정적인 감정을 표출할 수 있는 무대였다는 점에서 굉장히 좋아하죠. 〈판타지〉가 안무와 노래가 굉장히 잘 맞았어요. 남자 여섯 명이서 무릎 꿇고 시작하면 끝난 거 아닌가?

〈사슬〉 때도 "남자 여섯 명이서 초커 하고 나오면 끝난 거 아니냐" 이랬던 걸로 기억하는데. (웃음)

저희가요, 서로에 대한 자부심이 되게 강해요. (웃음) 멤버들 각자가 자기 자신에 대한 목마름이 강한 타입이고요. 욕심이 많아서 콘셉트에 대한 거부감보다는 도전 의식이 강하죠. 신체 조건도 좋고, 개개인의 실력도 좋고, 그런 아이들이 〈사슬〉이나 〈판타지〉 같은 격렬한 곡에서 초커를 하고, 무릎을 꿇고 처절하게 시작한다는 사실만으로도 불러낼 수 있는 감정이 있을 거라고 생각했어요.

빅스의 콘셉트는 무대에서 상당히 직설적으로 섹슈얼리티를 보여줘요. 은연중에 한국 사회에서 금기시되고 있는 성性에 대한 이야기와도 연결되는 부분이 있죠. 금기를 깬 팀이라는 점에서 자부심을 가질 만하다고 봐요.

다들 자기 팀에게 어울리는 좋은 노래, 좋은 안무를 추구한 거라고 생각해요. 사실 금기시됐다는 건 누군가 했었기 때문에 '이건 우리가 했을 때 독이다'라는 판단이 가능하다는 뜻이잖아요. 그런데 저희가 했던 콘셉트는 누구도 해보지 않았던 거니까요. 금기시되었다기보다 대부분 거기까지 생각을 안 했던 것 같죠. 다만 처음으로 저희가 시도해서 가능해진 부분이 있다고 생각하면, 빅스라는 팀에 대한 애정이나 자신감이 상징적으로 더 커지는 것 같아요.

〈도원경〉은 그 상징성의 가치를 입증하는 콘셉트였어요.

학연(엔의 본명)이가 이번에 두루마기 입는 게 어떻겠냐고 먼저 제안을 했거든요. 애들도 바로 좋다고 했어요. 다른 그룹이 안 했던 거고 우리가 이런 옷을 입고 나올 거라고는 생각하지 못할 것 같더라고요. 안대도 써봤고, 초커도 해봤고, 컬러렌즈도 껴봤고, 신이라는 콘셉트까지 해봤으니 두루마기와 부채도 한번 하자. 그렇게 시작된 게 〈도원경〉이죠. 그 후에 두루마기를 입는 팀들이 생기는 걸 보고 신기했어요.

연말 무대에서 다시금 화제가 되면서 이례적으로 음악 방송 무대와 국가 행사에 초청을 받기도 했고요.

신선한 접근으로 충격을 줄 수 있다는 게 좋아요. 연말 무대의 퍼포먼스는 학연이가 콘서트에서 보여준 개인 무대 덕분에 빅스라는 팀도 긍정적인 영향을 받아서 만들어진 거예요. 학연이가 원래 무용을 해서 선이 좋은 친구고, 감정 표현도 무척 잘하다 보니까 좋은 무대가 나왔어요.

빅스가 추구해 온 콘셉트의 효용은 멤버들이 가장 잘 알고 있는 것 같네요. 퍼포먼스를 기획할 때 매우 주도적이에요.

그게 저희 애들에게 굉장히 고마운 부분인데요. 연차가 이 정도쯤 돼서 개인 스케줄이 생기면 물리적으로 다 같이 연습할 시간이 줄어들 수밖에 없거든요. 그런데 애들은 서너 시간밖에 못 자도 일단은 나와서 연습을 하고, 아니면 연습실에서 아예 자요. 어떤 날은 연습실에서 자고 있다가 숙소에 잠깐 들러서 씻고 바로 헤어·메이크업 숍으로 가고 그래요.

레오 씨를 포함해서 멤버들 개개인이 빅스의 무대를 위해서 특별히 노력하는 부분이 따로 있나요.

안무 외에 본인의 제스처는 항상 직접 만들어요. 자기의 색깔을 자기가 넣는 거죠. 개인 제스처가 나오지 않으면 절대로 집에 안 가요. 안무 연습을 하는 시간에 완성이 되지 않으면 그냥 밤을 새고, 다음날에 스케줄 갔다가 또 안무 연습하고 나서 따로 본인 제스처 만드는 시간을 갖죠. 주변에서 이 정도 연차에 저희만큼 열심히 하는 팀은 거의 못 봤다고 말씀해 주실 정도예요.

흔치 않은 일이기는 하죠. 2018년에 열었던 콘서트에서도 앨범 수록곡 안무를 새로 짰고, 전체적인 퍼포먼스의 흐름을 치밀하게 기획했다는 점에서 놀라기도 했어요.

멤버들 모두 본인의 성장에 대한 갈망, 목마름 같은 게 계속 있었기 때문에 좋은 퍼포먼스가 나올 수 있었던 것 같아요. 물론 시간이 지나고 돌아보면 항상 아쉬운 게 보여요. 완벽한 무대는 없어요. 그때 좀 더 잘했으면 좋았을 텐데. 이 감정을 저뿐만 아니라 멤버 본인들이 다 느끼고 있다는 게 중요한 것 같아요.

여러 차례 들은 질문이겠지만, 이렇게 자세히 이야기를 듣고 나니 새삼 궁금해지네요. 매번 새로운 것을 보여줘야 한다는 부담은 없나요.

부담이라기보다는, 책임에 가까운 것 같아요. '이번에 더 안 좋은 콘텐츠가 나오면 어떡하지?' 하고 부담스러워하는 게 아니고, "저희가 이번에 더 좋은 무대를 만들어야 해요"라는 책임감으로 변해 가요. 회사랑 미팅을 할 때도 "안 돼요. 이건 아닌 것 같아요. 전에 한 것보다 너무 약하고, 그전에 했던 것보다 더 보여줄 수 있는 것도 없어요"라고 확실하게 의사를 전달하죠. "이제 빅스라는 팀은 아무렇게나 나가면 안 될 것 같습니다"라고. (자신의 테이블을 가리키며) 바로 이 장소예요. 다들 모여서 고민을 하는 곳이 여기예요.

메인보컬의 솔로 퍼포먼스

2018년에 데뷔 이래 처음으로 솔로 앨범 [캔버스^{CANVAS}]를 발표했어요.

솔로 앨범을 낼 때는 우선 책임감이 컸는데, 그때만큼은 제가 느낀 감정이 부담감이었다고 해도 맞아요. 저에게도 첫 솔로 앨범이었고, 빅스의 메인보컬이 내는 첫 번째 솔로 앨범이기도 했으니까요. 여러 가지로 부담이 있었기 때문에 더더욱 '레오 프롬 레오^{LEO FROM LEO}'라는 주제를 택했던 거예요. 새로운 것을 찾아 떠나지만, 결국에는 내 안에 있는 또 다른 나를 찾아내죠. 내가 새로운 것을 발견할 수 있는 곳이 또 다른 나였다는 의미예요. 그만큼의 중압감이 반영된 주제였죠.

솔로 앨범을 만들면서 어떤 생각을 했나요.

내가 가진 걸 다 때려 넣자는 마음이었어요. 내가 연기할 수 있는 표정이나 제스처를 포함해서, 무대에서 할 수 있는 것들은 뭐든지 극대화해서 보여 주려고 했던 것 같아요. 의상도 마찬가지의 맥락에서 고른 거죠. 스스로가 원하는 색깔로 채우는 게 캔버스잖아요. 가사도, 트랙리스트도 모두 레오가 그린 그림이라는 거죠. 영상에도 그런 의미를 담으려고 했고요.

뮤직비디오의 마지막 장면을 이야기하는 거군요.

타이틀곡 〈터치 앤 스케치^{Touch & Sketch}〉에서 '터치'의 의미에는 연인 간의 터치도 있죠. 하지만 마지막 장면에서 결국 붓을 잡고 그린 건 내 얼굴인 거예요. 스스로가 나 자신의 새로운 발견을 이끄는 메신저가 된다는 이야기를 하고 싶었어요.

〈터치 앤 스케치〉에서는 촉각을 많이 활용했어요. 무대 위에서의 퍼포먼스라고 생각하면, 촉각의 시각화라고 해야겠죠.

몸 전체를 활용할 때든, 손으로만 신체를 터치할 때든 음악의 나른한 느낌을 가장 많이 살리려고 했고요. 붓으로 그림을 그릴 때의 터치라는 개념이 개인적으로는 따뜻하고 부드럽다는 인상으로 다가왔거든요. 그래서 격렬한 감정을 표출하기보다 부드러운 느낌을 표현하려고 했어요. 손가락으로, 다리로 무언가를 섬세하게 쓸어내는 느낌의 동작들을 많이 가미했죠.

후반부에 앉아서 다리를 길게 뻗고 손으로 쓸어내리는 안무가 있어요. 섹슈얼한 의도가 많이 들어간 안무였다는 생각이 드는데. (웃음)

나에게 좋은 게 있으면 쓰는 게 이득이니까요. (웃음) 남들보다 조금 더 잘할 수 있는 게 있다면 그 부분을 부각시키려고, 되도록이면 장점을 많이 살리려고 했죠. 사실은 제가 〈있는데 없는 너〉 같은 느낌의 곡에 맞춰서 퍼포먼스를 해 보고 싶었거든요.

나중에 공개한 곡이죠? 앨범에 실린 건 아니고.

네, 원래 앨범에 넣으려고 했는데, 마무리 작업을 하려니까 물리적으로 시간이 부족해서 뺐어요. 대신에 회사에서 약속을 받았죠. 콘서트 끝나고 나서 디지털 싱글로 공개하는 걸로요. 솔직히 〈터치 앤 스케치〉를 하게 될 줄은 몰랐어요. 그때 제가 생각하는 레오와 주변에서 생각하는 레오는 다르다는 걸 알았죠. 나는 내가 좋아하는 걸 하려고 하는데, 내 주변에서는 나에게 더 잘 어울리고 잘할 수 있는 게 다른 거라고 하니까…… 모든 작업이 그런 것 같아요. 두 가지의 시각을 접목시켜서 최종적으로 앨범이 나오게 되는 거죠. 이러나저러나 혼자서는 할 수 없는 일이라는 뜻이에요.

가장 최근 앨범인 [뮤즈MUSE]는 [캔버스]와 사뭇 다른 느낌을 주려고 했다는 인상을 받았어요. 장르적으로나 안무의 스타일이나.

[캔버스]나 [뮤즈]나 제가 퍼포머가 된다는 점에서 본질적으로 비슷하게 느껴지실 수도 있어요. 하지만 개인적으로는 레오가 시도하지 않았던 리듬의 노래고, 레오가 시도하지 않았던 느낌의 퍼포먼스였으니까 전혀 다른 모습이었다고 생각해요. 정말 마음에 들고, 지난 앨범과 퍼포먼스보다도 훨씬 업그레이드가 되지 않았나 싶어요. 연습할 때 댄서들이 너무 힘들어했어요. 이런 춤 처음 춰 봤다고. (웃음)

기존의 이미지를 좀 벗어나고 싶었나 보네요.

항상 언급되는 것들 있잖아요. 나른하거나, 퇴폐적이라고 하는 이미지들. 그걸 피해보고 싶었어요. [뮤즈]는 제가 잘할 수 있는 것들 안에서 새로운 것을 찾아낸 앨범 같아요. 섹시한 느낌은 여전히 가지고 가지만, 음악이나 안무에 차용한 장르가 전과는 다르죠. 레오의 플레이리스트에 새로운 게 채워진 거예요.

뮤즈라는 단어를 직접적으로 사용하면서 팬들에 대한 프러포즈 같다는 느낌도 들었는데.

작년 콘서트에서 팬 분들이 저의 뮤즈라고 말했고, 그날의 이야기를 모티프로 제작한 앨범이니까요. 내가 영감을 얻고, 결국에는 나를 더 좋은 사람으로 만들어주는 사람이 뮤즈인 거잖아요. 팬들이나 저나 서로에게 좋은 자극을 주는 뮤즈가 되는 거죠. 매우 이상적인 관계라고 생각해요. 팬 카페에 글을 쓸 때도 "뮤즈에게 뮤즈가"라고 할 정도로.

[캔버스]보다도 명쾌한 의미를 담고 있는, 실제로 눈에 보이는 대상에 대한 의미를 담았다는 점에서 흥미롭네요.

분명한 의미가 있죠. 서로에게 좋은 영향을 주고, 나를 좀 더 좋은 사람이 되고 싶게 만들어주는 사람이란 뜻이니까요. 하지만 그들만 저에게 그런 존재가 된다는 뜻은 아니에요. 내가 그들에게 위로를 받아서 더 좋은 음악을, 퍼포먼스를 만들고, 그들은 나에게 위로를 받을 수 있잖아요. 비단 저와의 관계에서뿐만 아니라, 그들이 또 다른 사람의 뮤즈가 되거나, 그들에게 힘이 돼 주는 다른 뮤즈가 있을 수도 있죠. 순환의 힘을 지닌 단어라고 생각해요.

솔로 무대에서는 빅스에서의 레오 씨 모습과 어떤 차이를 두려고 했나요.
빅스와 다른 모습을 보여 주고 싶었던 것도, 빅스의 연장을 보여 주고 싶었던 것도 아니에요. 그냥 나를 보여 주고 싶었어요. "자, 내가 담은 색은 이런 색이야" 하고 캔버스라는 이름을 정한 이유예요. 빅스의 레오가 아니라 레오의, 정택운의 음악적 역량, 성향 같은 게 어떤 건지 보여주는 앨범이라는 의미를 강하게 심어 두려고 했던 것 같아요.

말 한 마디, 한 마디에서 자신을 보여주겠다는 의지가 느껴져요.
하지만 빅스가 없었다면 솔로 가수로서 전혀 승산이 없었을 거라고 봐요. 빅스를 하면서 정말 많은 것들을 배웠고, 제 색깔이 생겼잖아요. 무대 하나하나에 올라가고 끝나는 게 아니라 뚜렷하게 퍼포머로서의 정체성을 가지려면 그만한 그릇이 되어야 한다고 생각해요. 처음에 솔로 가수를 하겠다고 생각했던 시절의 저는 그만한 그릇은 못 됐죠. 하고 싶다는 열정만 가득했고요. 빅스를 하면서 그 밑그릇이 완성됐고, 그 안에 비로소 제 색깔을 담을 수 있게 된 거예요.

제스처를 직접 짜면서 연구를 해온 것도 많은 도움이 됐을 것 같아요.
아무래도 〈록 유어 바디〉 때부터 직접 제스처를 만들었으니까요. 저와 라비, 학연이는 처음부터 본인들이 거의 다 짠 경우라, 대부분의 제스처가 기억에 남아 있죠.

마음에 드는 제스처가 많겠네요.
그렇다기보다, 무대 위에서 부끄럽지는 않은 제스처들이었던 것 같아요. 제스처를 짤 때는 눈에 띄는 것도 중요하지만, 전체적인 퍼포먼스의 흐름에서 많이 어긋나면 안 되거든요. 그러고 싶지도 않았고요. 정해놓은 범주 안에서 내가 좀 더 섹시하게 보이고, 내 신체적인 장점을 보여줄 수 있는 정도로 만들었어요. 그 이상은 피했어요.

제스처를 만들면서 가장 어려움을 겪은 곡은 무엇이었나요.
〈도원경〉이 가장 어려웠어요. 동양적인 미를 살린 퍼포먼스라 현대적인 춤의 테크닉이나 멋을 보여주려고 하면 조금 튀는 부분이 있더라고요. 맥락을 고려해서 절제를 많이 했고, 최소한의 아이디어로 최대한 많은 그림을 만들어 내려고 노력했던 것 같아요.

〈향〉의 제스처도 인상적이었거든요. 그동안 뮤지컬을 하면서 익힌 연기력까지도 가장 빛을 발한 무대라고 봐요.
몸을 많이 쓰지 않아도 섹시할 수 있다는 것을 배운 콘셉트였어요. 요즘 들어서 부쩍 발전한 제 모습을 스스로 발견할 때가 많아요. 그걸 〈향〉을 하면서 느꼈고요. 확실히, 빅스든 솔로 앨범이든 뮤지컬이든, 여러 가지 경험을 하면서 드디어 제 그릇이 만들어진 것 같죠. 처음 솔로 가수를 꿈꿨을 때만 해도 그만한 그릇이 아니었다고 말씀드렸잖아요. 스물두 살 때 솔로 앨범이 나왔으면 안 되는 이유가요, 그때는 그릇에서 꺼낼 게 없었어요. 지금은 꺼내 쓸 수 있는 게 많아진 거고.

빅스의 퍼포먼스는 뮤지컬적인 요소들이 많아요. 메인보컬 입장에서는 신경 써야 할 게 더 많을 수도 있다는 거죠. 일단은 격렬한 퍼포먼스에서 흔들림 없이 노래를 소화한다는 게 쉬운 일이 아니고, 동시에 배우들처럼 연기력까지도 멜로디에 녹여 내야 한다는 점에서 쉽지 않을 거예요.
그건 아마 다른 팀의 메인보컬들도 그럴 거예요. 내 무대, 내 콘텐츠, 팀의 무대, 팀의 콘텐츠에 대한 자부심이 강할수록 욕심이 클 수밖에 없어요. 댄스곡을 부르면서도 내가 메

우리의 무대는 계속될 거야

인보컬이니까 노래에만 치중한다? 말이 안돼요. 비합리적이죠. 결국 마지막에 드러나는 건 빅스의 메인보컬 레오가 아니라 레오라는 사람이거든요. 사람들은 '쟤는 춤을 추는 보컬리스트니까'라고 봐주는 게 아니에요. '잘하는 사람'이나 '멋있는 사람', 그게 아니면 '못하는 사람'인 거예요.

빅스의 레오도 좋지만, 사람들에게 레오라는 가수로서 인정받고 싶다는 마음을 갖고 있다는 게 느껴지네요.

그러니까 사람들로 하여금 이런저런 판단을 하게 만들어 버리면 오히려 저에게 마이너스예요. 단순히 저를 봤을 때 '레오 잘한다', '쟤가 잘하는데 노래가 좋네'라고 느끼게 만드는 쪽이 낫죠. '쟤가 메인보컬이라 춤 안 추고 노래만 하는 건가?' 이런 생각을 하게 만들기보다는 그냥 무대를 편하게 보면서 '좋네'라고 느낄 수만 있으면 돼요. 그만한 느낌을 불러낼 만큼의 표준치는 달성할 수 있어야 하고요. 생각보다 대중은 냉정해요, 아주.

문득문득 연차가 느껴지는 이야기를 하네요.

좋은 건가요? (웃음)

좋은 거죠. 그만큼 자기 걸 많이 쌓아왔다는 거니까요. 2018년 콘서트 때 〈서클Circle〉의 오프닝 격으로 보여준 솔로 퍼포먼스도 그런 욕구가 많이 드러난 무대였던 것 같고요. 짧았지만 레오의 분위기, 몸의 선, 연기력 등을 모두 감상할 수 있었어요.

음악에 들어 있는 바이브를 춤으로 표현하면서, 곡이 지닌 섹슈얼함을 최대한 드러내려고 노력했어요. 그때 썼던 리믹스 버전도 직접 의견을 내서 만든 건데, 중간에 '유어 마이 서클You're my circle'이라는 파트도 전체 곡의 마디마디까지 체크해 가며 넣은 거예요. 안무는 사실 고난이도라기보다 노동에 가까운 안무였어요. (웃음) 콘서트 첫째 날에는 바닥에 떨어지면서 팔을 잘못 짚어서 뒤로 '넘어갈 뻔했어요. 자칫하면 다칠 수도 있는 안무라 힘을 잘 컨트롤했어야 하는데, 그걸 못했죠. 몇 백 번, 몇 천 번을 연습해도 무대에 올라가면 어쩔 수 없더라고요. 사람이 흥분을 해요.

관객들을 보면 플레이어 입장에서는 텐션이 너무 높아지니까.
최대한 힘을 누르고, 또 누르려고 하는데도 쉽지 않죠.

혼자서 콘서트를 할 때와 멤버들과 콘서트를 할 때 차이가 있나요.
힘든 건 똑같아요. 감동이 있고, 좋은 영향을 받아갈 수 있지만 팀으로 하나 혼자서 하나 콘서트 자체는 수많은 곡을 부르고 춤을 춰야 한다는 점에서 체력적으로 굉장히 힘들어요. 거기에 혼자서 하면 그만한 중압감과 부담을 내가 견뎌야 하고, 불안할 때도 있죠. 아이들과 함께 있을 때는 그게 책임감으로 변하는 거고요. 무대 위에 나와 함께해 주는 다섯 명의 친구와 동생이 있다는 게 안정감을 줘요. 그나마 이제는 혼자서 무대에 서는 것도 좀 익숙해진 것 같아요. 불안한 건 여전하지만.

홀로 무대에 설 때 느끼는 부담감은 어떻게 극복하나요.
연습이죠. 어쩔 수 없이 혼자 있으면 좀 더 신경을 쓸 수밖에 없거든요. 요즘은 '직캠'이 많아진 데다가, TV에 송출이 될 때도 마찬가지예요. 1초부터 3분 20초까지 저만 나오잖아요. 한순간도 저를 비추지 않는 순간이 없기 때문에 그만큼 더 연습해야 돼요. 몸을 움직이는 각도와 표정, 제스처를 더욱 완벽히 하려고 노력하죠. 제가 숨을 수 있는 곳이 없으니까요.

뮤지컬 배우가 되는 법

이제부터는 뮤지컬 배우 정택운의 퍼포먼스에 관해 이야기를 해 보죠. 처음에 뮤지컬을 시작했을 때는 어땠어요.

처음 뮤지컬 무대에 섰을 때는……. (웃음) 그 당시의 영상은 절대 못 보겠어요. '어떻게 저런 아이를 썼지?' 싶어요. 제작자 분들에게도 감사하고, 선배 배우 분들에게도 감사한 게 많죠.

《풀 하우스Full House》가 첫 주연이었죠?

맞는데, 진짜로 뮤지컬을 시작했다고 말할 수 있는 작품은 《마타하리》인 것 같아요. 《마타하리》의 긴장감은 《풀 하우스》와 전혀 달랐어요. 연습실의 공기부터가 달랐거든요. 지금의 정택운이 될 수 있었던 건 《마타하리》 덕분이죠.

연습실에 함께 있던 배우들의 아우라가 압도적이었기 때문에 그럴 수밖에 없었겠어요.

세계 초연 작품이었던 데다가, 우리나라 최고의 배우들이 앞에 있으니까 너무 많이 떨었던 것 같아요. '나도 빅스인데, 나도 빅스인데……' 이러면서. (웃음) 아직도 기억이 나는 게, 남산에 있는 연습실에서 류정한 형이 조용히 앉아서 신문을 보는 신이었어요. 형이 맡았던 라두 대령은 극중에서 아주 무서운 사람인데, 그냥 신문을 보고 있는 건데도 라두 대령 그 자체인 거예요. 되게 무서웠어요.

빅스의 무대와 뮤지컬 무대에서 느끼는 가장 큰 차이는 무엇이었나요.

전달해야 하는 게 달라요. 빅스에서는 콘셉트와 음악, 춤을 전달하는 거잖아요. 뮤지컬은 대사를 전달해야 해요. 모든 말에 음이 들어가 있을 뿐이지 그건 노래가 아니에요. 다 대사죠. 그래서 대사를 노래처럼 하는 습관을 들이려고 노력을 많이 했고요. 빅스의 멤버로서 무대에서 춤추고 노래를 했지만, 여기서는 아르망이거나, 루돌프이거나, 토드여야 하죠. 빅스의 레오가 나오면 안 되는 거예요. 그걸 감추고 아르망으로 걷기 위해서, 루돌프로 걷기 위해서 노력했던 시간이 무척 힘들었어요.

"걷기 위해서"요?

가수들이 뮤지컬을 할 때 잘 버리지 못하는 습관이 있어요. 춤을 추다 보니까 보통 박자에 맞춰 걷거든요. 그래서 무대에서 일반 사람의 걸음걸이로 걷지를 못하는 경우가 되게 많아요. 2016년도에 뮤지컬 연습을 하면서 찍은 영상은 여전히 보기 힘들어요. 지금도 많이 부족하지만, 그때는 정말 심각했던 것 같아요. 어떻게 이런 애가 공연에 올라갔나 싶고, 관객들은 나를 보며 무슨 생각을 했을까 싶죠. 그렇게 어설픈 아이를 데리고 새벽까지 남아서 가르쳐주시던 배우 선배님들 덕분에 여전히 뮤지컬 배우 정택운으로 거듭나는 중인 거예요. 옥주현 누나에게 특히 감사한데, 《마타하리》 때는 잘 걷지도 못하던 애가 《엘리자벳》에 와서는 소리까지 바뀌었어요. 누나 덕분이에요.

뮤지컬 안무는 K-POP에서의 안무와 많이 달라서 어려운 점도 있었겠어요.

안무는 아주 달라요. 앙상블들이 추는 춤도 기존의 K-POP 안무와는 너무나 다르죠. 뮤지컬 배우들이 추는 춤의 기반은 무용에 가까우니까요. 저희는 그게 아니잖아요.

아이돌은 그들을 드러내는 게 우선이고, 뮤지컬은 극이 진행되는 과정을 보여주면서 해당 장면의 분위기까지 표현해야 하고.

안무를 짜는 분들의 가치관이나 목표로 하는 지점이 다른 것 같다는 생각이 들어요. 예를 들면 가수의 무대에서는 서 있는 자세가 조금 굽어 있는 게 멋이 될 수 있거든요. 그런데 뮤지컬 무대에서는 가슴이 나오고, 턱을 집어넣고 있는 플랫flat·평평하고 바른 자세를 일컬음한 자세가 기본이죠. 걸음걸이도 그렇고요. 가수를 하던 분들이 뮤지컬 무대에 갔을 때 걸음걸이부터 힘들어할 수밖에 없는 이유예요.

가수들이 뮤지컬을 시작하면서 가장 많이 스트레스를 받는 부분이, 배역이 아니라 본인의 모습이 자꾸 나온다는 거잖아요.

저도 그랬어요. 노래만 하면 빅스 레오가 나오니까……. 보는 사람들이 "쟤 레오잖아" 하면 안 되는데. 뮤지컬을 하면서 제가 그리게 된 이상적인 모습은 "정택운 잘한다"가 아니에요. "이 뮤지컬 정말 재미있다"예요. 그만큼 제가 작품에 자연스럽게 녹아 들어 있었다는 뜻이 되니까. 보는 사람들에게 내가 방해가 되지 않기를, 그래서 이 작품이 재미있기를 바라요. 무대에 올라갈 때는 항상 그 생각을 해요.

음악감독 김문정 씨에게 많은 부분을 의지하고 있다고 들었어요.

무척 많은 것들을 배워서 어머니라고 부를 정도죠. 《마타하리》 첫 공연에 올라가야 되는데 긴장을 너무 많이 해서 얼어 있었어요. 게다가 첫 넘버가 제 곡이었거든요. 너무 무서운 거예요. 그때 감독님께서 "너는 무대에서 나와 듀엣을 하는 거지, 혼자 있는 게 아니야"라고 말씀하셨죠. 그 말씀을 듣고 나니까 갑자기 긴장이 풀리더라고요.

큰 위안이 되는 말이었군요.

'무대 위에서 내 감정에만 신경 쓰면 되는구나. 음악은 감독님이 나에게 맞춰서 따라와 주시니까 오로지 내 역할에 충실하자.' 원래는 오케스트라에 저를 어떻게 맞춰야 할지, 어느 부분에서 어떤 동작을 해야 하는데 타이밍을 잘 맞춰서 들어갈 수 있을지 등 많은 부분을 고민하고 있었거든요. 하지만 감독님이 제가 퍼포먼스를 보여주는 동안 오케스트라 지휘를 하고 계시니까 저는 그 상황에 빠져서 자연스럽게 움직이면 된다는 생각에 안심이 되더라고요.

점차 나아지는 모습을 보면서 택운 씨도 조금씩 용기를 얻었겠네요.

《더 라스트 키스The Last Kiss》의 정택운은 《마타하리》의 아르망보다 훨씬 나았고, 《마타하리》 재연에 참여했을 때는 《더 라스트 키스》 때보다 나아졌다는 걸 느낄 수 있었죠. 《엘리자벳》에서는 서울 마지막 공연에 가까워질 때쯤에 소리를 내는 법에 관한 특훈을 받았어요. 지방 공연이 끝날 때가 돼서야 제대로 감을 찾은 것 같아서, 지금도 그 감을 놓치지 않으려고 꾸준히 연습 중이에요. 팬 분들이나 주변 동료 분들이 "무슨 연습을 어떻게 했어?"라고 물어보시더라고요. 그런 질문을 받으면서 발전하는 내 모습을 찾는 게 기뻐요.

나중에 다시 돌아봤을 때 자신의 모습을 보면 행복하고, 재미있겠네요.

재미있지만은 않아요. (웃음)

뭐든지 변화하려면 그만한 노력이 필요하니까요. 그렇다면 빅스 콘서트와 뮤지컬 무대는 어떻게 다른가요.

음, 오히려 콘서트와 뮤지컬은 비슷한 것 같아요. 음악방송 무대가 다르죠. 콘서트는 2시간이고, 뮤지컬은 3시간 반인데, 뮤지컬과 콘서트에는 희로애락이 있죠.

감정 표현을 할 시간이 충분히 있다는 거군요.

뮤지컬은 극으로서 갈등 전개 구조를 통해 이야기를 보여주니까, 끝을 보고 나면 인간의 희로애락이 남는 거고요. 콘서트는 처음부터 끝까지 빅스라는 팀이, 혹은 제가 주체적으로 끌고 가면서 팬들에게 멋있는 모습을 보여줄 때 느끼는 기쁨이죠. 팬들과 교감하면서 희로애락을 찾는 거예요. 방송 무대는 너무 짧아서 그럴 시간이 없어요. 하지만 뮤지컬과 콘서트, 이 두 개의 무대에서는 감정의 변화를 통해 제가 살아있다는 걸 느낄 수가 있어요.

끝나고 난 뒤에 남는 여운도 크겠어요.
감정적으로 빠져나오기 힘들 때가 많아요. 콘서트는 깊은 감동, 팬들의 사랑 같은 것들이 마음에 새겨지는 거고, 뮤지컬은 내가 연기한 캐릭터로 서너 달 동안 살아간 거니까 그 역할에서 빠져나오는 게 어렵죠. 그런데 《엘리자벳》의 토드 같은 경우에는 오히려 잘 빠져나왔던 것 같은 게, 아르망과 루돌프는 결국에 죽음을 맞이하거든요. 내가 루돌프로 살았던 시간, 아르망을 준비하면서 보낸 시간들이 죽음이라는 결말로 끝을 맺으니까 빠져나오기 힘들었나 봐요.

토드는 죽음 그 자체였기 때문에 괜찮았던 걸까요? (웃음)
죽음이라 괜찮았던 건지, 이제는 조금 익숙해져서 그런 건지. (웃음) 선배님들을 따라가려면 아직 까마득하게 멀었지만, 저에게 주어진 역할들을 하나씩 해 나가면서 뮤지컬이 지닌 무게에 적응해 가려고 노력하고 있는 중인 것 같아요.

뮤지컬 콘서트에도 종종 참여하던데, 뮤지컬 무대는 택운 씨만의 캐릭터가 확실히 드러나지만 뮤지컬 콘서트에서는 보컬리스트에 가까운 느낌이 들어요.
사실 뮤지컬 콘서트가 아니면 넘버를 그 자리에 가만히 서서 부를 일이 거의 없거든요. 이게 쉬운 일이 아니더라고요. 넘버는 대사라서 이야기가 필요한데, 콘서트에는 드라마가 없으니까요. 물론 뮤지컬 콘서트 특유의 감성을 좋아하시는 분들도 많아요. 하지만 느낌 자체는 일반 콘서트와 다르죠.

드라마가 없으니까 연기를 하기 어려운 거고, 그럼 노래는 어떻게 불러야 하죠?

뮤지컬 콘서트는 추억으로 완성되는 퍼포먼스예요. 무대에 섰을 때를 추억하면, 신기하게도 그 당시에 내가 느낀 감정들이 떠올라요. 최근에 카이 형과 일본에서 뮤지컬 콘서트를 했는데, 되게 오랜만에 《몬테크리스토MONTE CRISTO》의 넘버인 〈아, 여자Ah, Women〉를 불렀어요. 당시에 호흡을 맞췄던 기억이 나더라고요. 이런 식으로 지난 감정들이 떠오르는 순간에 그걸 잡아채는 거예요.

무대 위에서는 어떤 생각이 드나요.

빅스 무대나 뮤지컬 무대나 똑같은데요. 그냥 빠져있는 거죠. 평소에 연습할 때 계산을 정말 끊임없이, 철저히 해 놓는 편이에요. 몇 분 몇 초에서 어떤 제스처, 몇 걸음을 가고, 여기서는 팔을 이 정도만 올리자. 무대에 올라간 뒤에 제가 계산해 둔 내용이 자연스럽게 내 안에서 우러나올 수 있을 정도로 연습을 아주 많이 해 둬야 해요. 그럼에도 불구하고 드라마에 너무 빠지는 바람에 《마타하리》 재연 때처럼 실수한 적도 있다니까요.

TAKE. V

운명론자의 결심

빅스로서나, 뮤지컬 배우로서나 유독 손끝에서 감정이 느껴지는 경우가 많더라고요. 절제하는 콘셉트에서는 섬세함으로, 표출하는 콘셉트에서는 솔직함으로 다가와요.

그래서 첫 번째 솔로 앨범 타이틀곡이 〈터치 앤 스케치〉였던 걸까요? (웃음) 연습을 하다 보면 손으로 감정이 많이 흘러가요. 가만 보니까 제가 어떤 감정을 드러내고 싶을 때 가장 먼저 나가는 게 머리와 손이더라고요. 《엘리자벳》을 할 때도 "너는 죽음이라는 신인데 왜 자꾸 인간에게 다가오려고 해? 꼿꼿하게 서 있을 때 더 강한데"라는 얘기를 많이 들었어요. 〈마지막 춤〉을 부를 때도 그랬죠. 엘리자벳에게 몸을 가까이 들이대는 것보다 제자리에 서 있는 모습이 더 강해 보이는 게 맞아요. 그런데 잘 안 돼요. 화를 내는 연기를 할 때도 가슴을 펴고 꼿꼿하게 서서 화를 내야 더 강해 보이는데, 구부정하게 앞으로 다가가는 성향이 있어요. 거기서 제 성격이 나오기는 하네요. 급하고 솔직한 거요.

성격은 급한데, 무척 꼼꼼한 편이라고 알고 있거든요.

완벽하게 해결이 되지 않으면 잠을 못 자요. 회사 작업실에 있다가 집에 가서 자려는 순간에 다시 뭐가 떠오르는 경우가 있잖아요. 음성 메모로도 안 되겠다 싶으면 다시 회사로 와서 작업을 시작해요. 연기를 하면서도 오늘 내가 원하는 만큼의 감정을 끌어내지 못했으면 거기서 벗어나지를 못해요. 빨리 내일 연습실 가야겠다는 생각밖에 안 나요. 뭐 하나 정리되지 않은 게 있으면 도통 다음으로 넘어가지를 못하죠.

실제로 빅스와 함께 일했던 스태프가 레오, 엔, 라비를 가장 까다로운 멤버라고 얘기한 적이 있어요. (웃음)

라비는 좀 쿨한 면이 있거든요. 그런데 저랑 학연이는 좀 집요해요. (웃음) 완벽해야 돼요. 심지어 학연이는 안무뿐만 아니라 마케팅에도 흠이 있으면 안돼요. 무조건 다 준비가 돼 있어야 하는 아이죠. 저는 그 정도까지는 아니지만, 제가 해야 하는 플레이에 있어서는 엄청나게 예민한 편이에요.

그동안 레오 씨가 발전하는 데에 가장 도움이 된 방법은 뭔가요.

영상을 정말 많이 찍어 보는 거예요. 제가 연습생들에게 해 줄 수 있는 이야기가 있다면, 무조건 되는 대로 영상을 찍고 녹음을 해서 자신의 모습을 보라고 하고 싶어요. 말씀드렸다시피, 도망가고 싶을 정도로 창피한 영상이 저에게도 너무 많거든요. 하지만 그걸 보는 게 열 번의 레슨을 받는 것보다 중요하다고 생각해요. 내 멋에 내가 빠지는 것도 안 될 일이지만, 내가 창피한 부분을 알아야 내가 언제 멋있는지 표현할 수 있죠. 그래야 관객도 제가 멋있다고 느낄 거예요.

퍼포머로 살아가기 위해 제일 중요하게 생각해야 할 부분은 무엇이라고 생각하나요.

내가 나 자신을 아는 거요. 내가 뭘 잘하는지, 내가 뭐가 약한지, 숨겨야 할 건 무엇인지 아는 게 가장 중요한 것 같아요. 퍼포머로서뿐만 아니라 어떤 사람이든 살아가면서 자신이 좋아하는 것과 잘하는 것을 구별할 수 있어야 한다고 생각해요.

어떤 무대에 오를지 선택하는 것도 자기 몫이니까.

그렇죠. 좋아하는 것, 잘하는 것, 못하는 것. 이걸 정확하게 알고 있어야 하죠. 내가 사진을 찍을 때 좋아하는 포즈와 잘하는 포즈는 다르거든요. 못하는 건 계속 배워야 하고, 내가 좋아하는 것 중에서도 좋은 요소가 있고 나쁜 요소가 있잖아요. 좋은 것은 계속 가지고 있어도 되지만, 나쁜 제스처나 버릇은 버려야 해요.

이상적이라고 생각하는 모습에 나를 계속 맞춰가는 거죠.

가장 멋지다고 생각하는 모습을 기준으로 하나씩 완성해 나가는 거예요. 내가 팔이 길고 다리가 길어서 큰 동작을 할 때 허우적거리는 것처럼 보인다? 그러면 팔다리를 컨트롤할 수 있는 레슨을 받죠. 팔다리가 긴 사람이 힘을 컨트롤할 줄 알면 큰 동작을 아주 멋지게 해낼 수 있거든요.

그동안 보여준 무대 중에 아쉬움이 남는 게 많다고 했는데, 그게 도리어 레오 씨의 동력이 되는 것 같아요.

제가 나아져 가고 있기 때문에 과거의 내 모습이 창피하고 아쉬움이 남는 거니까요. 지금과 그때가 똑같았으면 아쉽다는 느낌조차 받지 못할 거예요. 내가 이 동작을 이러이러하게 할 수 있었는데 저것밖에 못했다는 생각을 할 수 있다는 것 자체가 성장했다는 의미 같아요. 그래서 후회하고 항상 아쉬움도 남는 것 아닐까 싶죠.

좋은 퍼포먼스, 좋은 무대의 조건은 뭐라고 생각해요?

창피하지 않은 무대요. 빅스에게는 그게 되게 중요해요. 후배들이 봤을 때는 멋있는 선배라는 인상, 팬들이 봤을 때는 내가 좋아하는 가수가 멋지다는 인상을 주는 게 우선이에요. 앨범 판매량이든 음악방송 1위든, 수치로 보이는 성과는 부가적으로 따라오는 거라고 생각해요. 또 보고 싶은 무대를 만들어야 돼요. 〈도원경〉 연말 시상식 무대처럼 가수 분들까지 좋아해 주신 무대가 될 수도 있겠죠. 저희가 무대를 하고 내려왔을 때의 정적과 고요함은 우리가 잘 해냈다는 사실을 피부로 느낄 수 있는 증거이기도 해요. 빅스의 콘셉트는 역시 따라 할 수 없다는 이야기를 들을 수 있는 순간이죠. 그럴 때 자부심을 얻으면서 더 좋은 무대를 만들기 위해 끊임없이 노력할 수 있었던 것 같고요.

그런 차원에서 '가수들이 좋아하는 가수'라는 타이틀을 멤버들이 좋아하는 게 보였어요.

빅스만의 정체성을 가지고 있다는 게 저희에게는 아주 자랑스러운 부분이죠. 저희도 방탄소년단을 보면서 "와, 저 팀 진짜 잘한다" 하고 감탄을 해요. 그러니까 다른 가수들도 빅스를 보면서 "쟤네 잘한다"라고 느껴 주면 기뻐요.

음악방송 리허설에서 칭찬을 듣는 경우가 많다고 하더라고요.

아무래도 가수들이 모인 곳에서 리허설을 하거나, 사전녹화를 하고 무대에서 내려왔을 때는 다음 팀과 이야기를 나누게 되니까요. 〈하이드〉 때 백지영 누나가 "너희 손 떨 때 진짜 소름 끼쳐"라고 하셨거든요. 가수 분들이 좋아해 주시는 가수라는 건 무척 행복한 일 같아요.

레오 씨가 생각하는 자신의 장점은 무엇인가요.

부모님이 잘 낳아주신 몸이요. (웃음) 이게 무시를 못하겠더라고요. 무대 의상을 입고 있을 때 특히 그렇게 느끼는데요. '아, 멋있다'라고 사람들이 얘기해 줄 수 있을 정도로 태어난 게 다행인 것 같죠. 무대 위에서는 집중력이 좋은 편인 것 같아요. 저에게 주어진 콘셉트와 상황을 잘 믿어요.

자신감 있는 사람이네요.

아니에요. 자존감은 높은 편이라고 생각하는데, 자신감을 갖기 위해 연습을 하는 거예요. 저는 무조건 연습을 해야 되는 사람이에요. 무대에서 계산되지 않은 내 모습이 나오거나 실수를 했을 때 스스로 너무 창피해할 것을 잘 알고 있으니까. 그게 좋은 가수의 모습이 아니라는 것도 아주 잘 알아요. 조금이라도 연습이 덜 됐다는 생각을 가지고 무대에 오르면 자신감이 확 떨어져요. 수록곡 같은 경우에는 시간이 없다 보니 종종 급하게 만들어지는 무대가 있거든요. 그럴 때 너무 부족하다는 걸 느껴요. 저는 무대 위에서 한없이 작아지는 제 모습을 보는 게 진심으로 싫어요.

보통은 많은 연예인들이 스스로 자존감이 낮다는 이야기를 많이 하거든요. 자기 자신에 대해 강한 확신이 있다는 점이 인상적이네요.

어디 가서 제 모습이 창피하지는 않아요. 하지만 창피하지 않기 위해서 제가 해야 하는 노력이 무엇인지도 잘 알고 있어요. 자신감은 연습해야만 생겨요. 저는 천재가 아니에요. 노력을 해야만 하는 사람이고, 계속 노력을 하다 보면 '이 부분은 그래도 저 부분보다는 타고난 것 같네'라고 느끼는 경우가 생기는 거죠. 노력하지 않으면 저는 너무나 작고, 한없이 창피한 사람이에요. 아마 제대로 서 있지도 못할 걸요.

그렇게까지 자신을 몰아붙이는 이유는 무엇인가요.

세상에 잘하는 사람이 너무 많으니까요. 나보다 어린데 잘하는 사람도 많고, 멋있는 선배님들을 보면서 따라가고 싶은 마음도 있는데 내 무대를 보면 너무나 부족해요. 요즘은 연예계에서도 모든 변화가 빠르게 일어나기 때문에 살아남으려면 내가 잘하는 수밖에 없어요. 팬들에게 창피한 무대를 보여 주고 싶지도 않고.

지칠 때도 있겠어요.

결국에는 하루, 일주일, 한 달을 지치고 힘들게 보내죠. 끊임없이 내가 행복한 사람인지 묻게 되고, 너무 지쳐 있는 건 아닌지 생각하면서 살아요. 하지만 멈춰서 뒤돌아봤을 때 "언제 행복했어?"라는 질문을 던지면, 행복했던 순간들이 많더라고요. 순간순간에는 힘들지만, 그때마저도 내가 행복하다고 느끼지 못했을 뿐이지 행복했던 게 맞더라고요. 일본 뮤지컬 콘서트를 끝내고 왔을 때 느낀 감동과 《엘리자벳》을 끝냈을 때의 감동도 행복이었고, 소소하게는 조카가 자라서 말을 잘하게 된 것 같은 게 다 행복한 건데…… . 피곤해서 잘 느끼지 못할 뿐이지, 돌아보면 '아, 나는 정말 행복한 사람이구나' 해요.

퍼포머로서나, 한 사람으로서나 꾸준히 많은 시간을 들여야 하는 인간형이에요. (웃음)

맞아요. 저는 시간을 들여야 하는 사람이에요. 시간을 들여야 다른 사람과도 가까워지고, 시간을 들여서 내가 나를 보살펴 줘야 하고, 무엇보다 시간을 들여야만 잘 해내고. 피곤한 스타일인 거죠. (웃음)

이제 곧 아이돌 그룹을 하면서 처음으로 맞는 인터미션intermission이 와요. 빅스의 레오이자, 뮤지컬 배우 정택운으로서는 8년 동안 달려온 1막의 끝이 보이죠.

저에게 필요한 시간이니까요. 많이 지쳐 있기도 하니까, 조금 쉬었다 가면 돼요. 그 시간이 오기 전에 많은 것들을 할 거예요. 원래 뮤지컬에서 1막이 끝나기 전에는 갈등이 고조돼 있는 상태거든요. 새 앨범을 내면서 불을 한 번 지펴 놓고 1막을 마무리하면 될 것 같아요. 그래서 다른 느낌의 앨범을 들고 나온 거고요. 어차피 시간이 지나도 지금 하고 있는 것들을 무대 위에서 다 할 거예요. 저는 겁이 많지만 두려워하지는 않아요.

무엇이 용기를 갖게 하나요.

새로운 도전을 할 때 당연히 걱정을 많이 하게 돼요. 하지만 그 걱정은 연습이 채워 줄 거예요. 빅스도, 솔로 가수도, 뮤지컬도 계속 연습으로 만들어 나갈 수 있을 거예요. 또 다른 도전거리가 생긴다면 그것도 피할 생각은 없어요.

연습의 힘을 굳게 믿고 있네요.

네. 그 순간, 그 자리에 놓이게 되면 창피하지 않은 제 모습을 만들 정도로 노력할 거거든요. 제가 그럴 거라는 사실을 스스로 잘 알아요. 그러니까 두렵지는 않아요. 연습하면 돼요.

최근에 한 일 중에 기억에 남는, 행복했던 기억은 뭔가요.

《지킬 앤 하이드JEKYLL&HYDE》를 보고 왔는데 정말 멋지더라고요.

지킬이 좋아요, 하이드가 좋아요?

그걸 연기하는 배우가 좋아요. (웃음) 지킬과 하이드의 선을 명확하게 표현할 수 있는 목소리와 연기력이 진심으로 부러웠어요.

2막이 시작될 때, 또 새로운 도전을 하면 되죠.

실은 제가 되게 운명론자여서요. 어떤 걸 계획해도 결국 정해져 있는 삶 속에 살고 있다고 생각하거든요. 뭔가를 하고 싶다기보다는 무대 위에서 창피하지 않게 계속 연습을 하는 게 제 길인 것 같죠. 대신에 운명을 믿는 제가, 그 시기의 나와 맞는 무대를 만났으면 좋겠어요. 그게 빅스 활동일지, 솔로 활동일지, 뮤지컬일지 모르죠. 2막은 그냥, 흘러가는 대로.

〈향〉
MBC '음악중심' _ 20180421

어둡고 진한 색깔의 수트에 흰 와이셔츠, 그리고 반듯하게 맨 넥타이, 왼쪽 가슴에 단 붉은 코르사주. 180cm를 훌쩍 넘는 키에 길쭉한 몸매를 지닌 남성들이 각자가 집착하는 향에 대해 말하는 이 무대는, 단정하기에 더욱 소름 끼치는 모습이 부각되는 퍼포먼스다. 〈향〉의 본격적인 시작을 여는 레오는 차갑고 비밀스러운 이미지를 지닌 은발의 남성으로 분했다. 그는 '붉은 꽃잎'과 '어린 잎'을 한 장씩 계량해 '환상의 수치화'를 완성하느라 예민하게 촉각을 곤두세우는 장면을 손과 다리의 단순하지만 섬세한 움직임으로 그려낸다.

멤버들 중에서 유일하게 소매를 반쯤 걷고 있는 레오는 다른 콘셉트에 비해 〈향〉에서 유달리 표정이 없다. 이 무표정은 무신경이 아니라 도리어 극도의 신경증을 앓고 있는 느낌을 불러일으키는데, 후렴구에서 사랑하는 이의 향을 자신의 몸에 배게 하겠다며 손을 까딱이는 순간부터 서서히 그가 연기하고자 하는 남자의 삶이 지닌 기이함이 드러난다. 그리고 종국에는 '너와 난 망가져 가지 않고', '절대 널 아프게 하지 않'을 거라는 혼자만의 확신으로 상대를 옥죄는 장 바티스트 그르누이의 실재를 표현하기에 이른다.

이전의 퍼포먼스들이 감정을 표출하는 게 중요한 작품들이었다면, 〈향〉은 부드럽게 상대를 유혹하되 마치 그들이 입고 나온 수트처럼 맺고 끊음이 확실하게 이뤄져야 그 공포를 배로 만들 수 있는 무대였다. 레오는 후반부에 이르러 정신이 반쯤 나가있다고 해도 좋을 만큼 휘청대며 멍해진 동공으로 춤을 춘다. 이때 발견할 수 있는 것은 그가 아이돌 그룹 멤버로서의 정체성에 뮤지컬에서 배운 것들을 활용할 수 있게 됐다는 점이다. 뮤지컬 《몬테크리스토》, 《마타하리》, 《더 라스트 키스》 등에서 부드러움 뒤의 카리스마, 처절한 생존 본능에서 나온 비겁함까지 연기하며 광기 어린 얼굴을 표현할 수 있게 된 그에게, 〈향〉은 한 꿋의 숨을 더 약속했다. 그저 섹시하기만 했던 남자가 더 나은 연기자가 될 수 있는.

이제, 제이홉의 희망

BTS J-HOPE

제이홉은 언제나 밝게 웃으면서 사람들 앞에 등장한다. 방탄소년단이 데뷔 때부터 꾸준히 올린 비하인드 클립 '방탄 밤BTS BOMB'에서도, 기자회견장에서도, 음악 방송에서도 그는 항상 웃고 있거나, 요란하게 발재간을 부리며 쾌활하게 움직인다. 심지어 공식 SNS에 그가 올린 글에서는 어디선가 커다란 웃음소리가 들리는 것 같다. 누구에게나 "여러분의 희망" 이라고 자신을 소개하는 그에게는 'hope'라는 이름이 누구보다 잘 어울린다. 그래서 궁금하다. 어디서든 산뜻하게 눈매가 휘어지기 때문에 속내가 더욱 궁금해지는 사람. 그런 사람은 때때로 아무 말을 않고 있는 사람보다 신비롭다.

방탄소년단의 리더 RM은 〈마이크 드롭MIC DROP〉의 퍼포먼스에 관해 "제이홉이 발상의 전환을 하게 해줬다"라고 말했다. 〈마이크 드롭〉의 오프닝을 여는 제이홉은 웃음기 하나 없이, 벙거지 모자를 푹 눌러쓴 채로 지금의 방탄소년단에 관해 가장 먼저 입을 뗀다. 방탄소년단의 실재에 가까운 모습을 가장 직설적으로 묘사한 이 곡에서 그는 '누가 내 수저 더럽대'라며 가볍게 과거의 자신을 뛰어넘고, '스타의 저녁에' 오라며 초대장을 던진다. 느리지만 맺고 끊음은 확실하게 프리스타일 댄스를 선보이고, 연이어 과거의 방탄소년단과 현재의 방탄소년단을 짧은 랩 안에서 쾌활하게 묘사하는 그의 퍼포먼스는 댄서 출신의 자신감을 보여주지만 부담 없이 산뜻하게 다가온다.

춤 말고는 할 줄 아는 게 없었던 소년은 자신의 퍼포먼스를 통해 멤버들이 감탄해 마지않는 발상의 전환을 이끌어 낸다. 그는 자신은 있지만, 자신을 내세우지는 않는다. 데뷔 앨범 [투 쿨 포 스쿨2 COOL 4 SKOOL]에서부터 그랬다. 타이틀곡 〈노 모어 드림No More Dream〉보다 〈위 아 불렛프루프 파트 투We are bulletproof pt.2〉의 댄스 브레이크에서 그는 스트리트 댄서로서의 정체성을 조금씩 드러냈을 뿐이다. 하지만 이 순간을 계기로 시작된 한 소년의 퍼포먼스는 청년이 된 지금에 이르러 더욱 빛을 발한다. [유 네버 워크 얼론YOU NEVER WALK ALONE]의 인트로 〈보이 밋츠 에빌Boy Meets Evil〉에서 제이홉은 시시각각 변하는 곡의 리듬에 따라

우리의 무대는 계속될 거야

서 팔다리의 힘을 조절하고, 세세하게 관절의 움직임을 컨트롤하면서 혼란스러운 상황에 빠진 청년을 연기한다. 로드 무비의 한 장면처럼 연결되는 방탄소년단의 서사적 흐름 안에서, 그는 자신을 보여주되 자신이라는 사람을 이야기의 한 조각으로 연기할 줄 안다. 그래서 마침내 [러브 유어 셀프 결 '앤서'LOVE YOURSELF 結 'Answer']에 이르러, 〈트리비아 기: 저스트 댄스Trivia 起: Just Dance〉로 온전히 밝고 활기찬 제이홉의 희망을 보여줄 수 있게 되었다. 그저 신나게 자신을 보여주기만 하면 되는 이 퍼포먼스에서, 제이홉은 왜 자신이 방탄소년단의 희망인지 증명한다. 동시에 그는 제이홉이 되기까지 희망을 품고 있던 정호석이 자기 자신을 사랑하는 방법이 무엇인지 팬들 앞에, 대중 앞에 보여준다.

그러니까, 그의 중심에는 잘나가는 그 자신이 있는 게 아니라, 자신감 있는 그가 하나의 조각으로 존재하는 팀이 있었다. 하지만 역설적으로 그런 마음가짐이야말로 지금의 제이홉이 방탄소년단의 희망으로서 단단한 구심점이 될 수 있도록 만든 요소다. 제이홉은 다음 장에서 이어질 인터뷰를 통해 말한다. "저는 진짜로 즐기고 있거든요. 그걸 알아주는 관객들이 있으면 정말 좋을 것 같죠." 어디서 많이 들어본 말 같거나, 어디선가 그가 여러 차례 했던 말처럼 들릴 수도 있다. 하지만 엘리베이터에서부터 시작된 대화에서 그는 가벼운 안부와, 몇 년 새 방탄소년단에게 일어난 일들에 대한 소회까지 한 마디로 요약했다. "바로 연습 가야 되거든요." 그리고는 활짝 웃으며 자리에 앉았다. 자신감과 기대가 함께 배어나는 웃음이, 그의 퍼포먼스가 보여주는 방탄소년단의 서사와 청년 정호석을 동시에 말해주고 있어서 신비로웠다.

제이홉

제이홉J-HOPE은 2013년에 방탄소년단BTS의 [투 쿨 포 스쿨2 COOL 4 SKOOL]로 데뷔했다. 학창시절부터 키워온 춤 실력을 바탕으로 방탄소년단의 전체적인 안무를 정리하고 이끄는 역할을 맡고 있으며, 2018년에는 개인 믹스테이프 [홉 월드HOPE WORLD]를 발표했다. 그가 소속된 방탄소년단은 2019년 빌보드 뮤직 어워즈Billboard Music Awards 톱 듀오/그룹상, 2019년 빌보드 뮤직 어워즈 톱 소셜 아티스트상을 받으며 현재 전 세계에서 가장 인기 있는 보이그룹으로서의 위치를 공고히 했다. 한국에서는 데뷔 앨범을 시작으로 2020년 2월 발매한 [맵 오브 더 소울 : 7MAP OF THE SOUL : 7]까지 총 14개 앨범을 통해 2032만 9305장의 누적 판매량을 기록했다. 이 중 밀리언셀러를 기록한 앨범은 무려 417만 장의 판매고를 올린 [맵 오브 더 소울 : 7]을 포함해 총 7장이다.

방탄소년단이 되기까지

이제 방탄소년단은 전 세계에서 가장 인기 있는 보이그룹이 됐어요. 그런데 정작 멤버들은 너무 바빠서 인기를 실감할 새도 없을 것 같아요.

그냥 제자리에서 해야 할 일을 했을 뿐이고, 즐기면서 해온 거거든요. 그런데 그 시간 동안에 상상도 못할 만큼 정말 많은 일들이 일어났고, 나 자신도 모르는 사이에 지금처럼 감사한 상황에 놓여있더라고요. 가끔은 저도 믿을 수가 없어요.

바쁜 상황을 즐기지 않으면 도무지 소화하기 불가능할 것 같은 스케줄이더라고요. 원래 운동처럼 몸을 움직이는 걸 좋아했던 건가요.

사실 운동은 싫어했어요. 좀 희한하죠? (웃음) 그 나이 또래들이 좋아하는 축구, 농구 같은 운동에도 전혀 관심이 없고, 오히려 앉아서 응원하는 쪽이었거든요. 그런데 제가 유일하게 좋아하는 운동이 있었어요. 초등학교 3학년 때였는데요. 아침에 수업 시작하기 전이었는데, 8시 반에서 9시 사이에 국민체조 같은 걸 했어요. 유일하게 그 체조 운동을 좋아했어요.

운동이라기보다는 춤에 가까운 느낌이 들어요. 대부분의 아이돌 그룹 멤버들은 그 당시 K-POP 그룹들을 보면서 꿈을 갖게 됐다고 말하는데, 제이홉 씨는 좀 특이해요.

물론 동방신기 선배님들 같은 K-POP 그룹을 보면서 춤에 막 관심을 갖기 시작할 때였던 건 맞아요. 하지만 체조라는 운동 자체가 가벼운 춤처럼 느껴졌어요. 음악에 맞춰 몸을 쓰면서 그 자체가 재미있다고 느꼈던 것 같아요. 선생님이랑 애들이 제가 제일 잘한다고 해서 대표로 동영상도 찍었어요. 수업 교본으로 쓰는 동영상이었죠. 그게 시작이었던 것 같아요. 처음으로 '와, 되게 재미있다' 느낀 거니까.

나름대로 데뷔였던 거네요. (웃음) 그맘때에는 학교에서 장기자랑 같은 것도 많이 하잖아요.

맞아요. 5학년 때 수련회 장기자랑이 있었는데, 친구들과 선생님들이 제가 춤을 잘 춘다는 이야기를 듣고 무대 위에서 한 번 춰보라는 거예요. 그 당시의 느낌은 어떻게 표현해야 할지 아직도 잘 모르겠어요. 정말 즐거웠거든요. 그러다 생각이 든 거죠. '아, 춤이라는 걸 제대로 배워보고 싶다.' 무대 위에서 춤추는 게 즐겁다는 걸 알아 버렸어요.

잠깐의 느낌이 지금의 제이홉 씨를 만든 거군요.

그 기분을 알게 되니까 부모님께 말씀을 드려야겠더라고요. 아버지는 반대하셨는데, 어머니께서 학원을 다닐 수 있게 도와주셨어요. 결과적으로 보면 어렸을 때 그 느낌이 너무 좋아서 배워 보고 싶었던 게 지금까지 오게 된 출발점이었죠.

댄스 팀에서도 활동했다고 들었어요. 춤을 취미가 아니라 직업으로 삼겠다고 생각하게 된 계기가 아니었을까 싶더라고요.

전문적으로 춤을 배우기 시작한 뒤부터 스트리트 댄스에 대해 알아갔고, 전 세계에 있는 멋진 댄서들 동영상을 찾아보면서 꿈을 키워가기 시작했어요. 제가 있던 댄스 팀이 뉴런이라는 곳이었는데요. 그 팀에 들어가게 된 계기가요. 간단해요. 돈이 없었어요. 가정 환경이 어려웠어요. 어머니 사업이 잘 될 때는 경제적으로 여유가 있었는데, 결국 실패를 하면서 좀 힘들어졌거든요. 정말, 너무나 춤을 추고 싶은데, 수강료로 낼 돈이 없는 거예요. 그때가 중학교 1, 2학년 때쯤이었을 거예요. 돈이 없으니까 학원에 나갔을 때만 춤을 추는데, 그때 춤을 가르쳐주시던 형이 뉴런의 단장이셨어요. 제 사정을 알고 계셨던 데다, 학원에서도 잘 춘다고 소문이 나 있어서 형이 뉴런에 들어오지 않겠냐고 물어보시더라고요. 바로 들어갔죠.

특별히 좋아했던 댄서가 있나요.

에이킨^{AKIN}이라고, 모든 장르 춤을 추는 댄서 형이 계세요. 그분에게 어릴 적에 굉장히 많은 영향을 받았어요. 그 형처럼 춤을 추고 싶었거든요. 배틀도 많이 나갔는데, 그때마다 형처럼 펑키한 춤을 춰보고 싶다는 생각을 많이 했어요. 광주에 있을 때는 형에게 레슨을 받기도 했죠. 그때 좀 더 기술적으로 발전한 것 같아요. 전문적인 부분을 많이 익혔어요.

어려웠던 가정 환경이나 주변 댄서들로부터의 영향 때문에 점점 치열하게 춤을 추게 된 것 같아요. 그러면서 본인만의 춤 스타일이 만들어졌다고 볼 수도 있을 것 같고요.

당시에 굉장히 좋아했던 장르가 있었는데요. 팝핀의 한 갈래인 부갈루^{Boogaloo}라는 장르였어요. 한창 그걸 출 때였는데, 댄스 팀 형들에게도 많이 배웠고, 배운 다음에는 지하 연습실에서 새벽 내내 그것만 연습할 정도로 좋아했어요. 그러면서 제 춤 스타일이 만들어진 것 같아요. 대회에 나가서도 쭉 부갈루 스타일의 춤을 추면서 상을 받았어요.

연습생이 되기 전부터 열정이 굉장했네요.

연습생 전에는 정말 전투적이었다고 말할 수 있어요. 체력도 생각하지 않고 계속 췄어요. 오전에 나가서 뉴런 팀에서 진행하는 레슨을 받았고, 그게 끝나고 저녁 시간부터는 새벽 레슨을 같이 하고요. 멋모르고 그냥 춤이 좋아서 계속 췄던 거죠. 사실 어떻게 그렇게까지 출 수 있었는지는 지금 생각해도 모르겠어요.

방탄소년단의 퍼포먼스

스트리트 댄스에서 주로 소화하는 장르들을 배웠고, 그 소스들을 활용해서 K-POP 아티스트가 되었다는 게 독특한 부분이에요.

데뷔 전에는 스트리트라는 장르가, 또 춤을 췄던 것 자체가 아이돌 그룹으로 활동하게 됐을 때 굉장히 큰 역할을 할 줄 알았거든요. 도움이 아예 안 된다는 건 아니에요. 그런데 K-POP의 안무에서는 그게 다가 아니더라고요. 제가 가진 스킬풀^{skillful}한 부분들을 무대에 녹이기에는 제약이 많다는 걸 알게 되면서 초반에는 거기서 굉장히 당황했고, 소위 '멘붕'이 왔어요.

하지만 데뷔 초의 모자 퍼포먼스나 〈불타오르네〉 같은 곡에서는 스트리트 댄서로서 제이홉 씨의 캐릭터가 뚜렷하게 드러나기도 했어요. 그때보다 지금은 더 많은 곡들에서 자신의 장점을 보여주고 있고요.

시간이 가면 갈수록 제가 지닌 것들을 조금씩 더 표현할 수 있게 되더라고요. 무대에서 보여줄 수 있는 방탄소년단의 안무에도 점점 다양한 스타일들이 생기면서 가능해진 일이죠. 제가 배운 것들을 접목시켜서 보여줄 수 있는 무대가 점점 많아지는 거예요. 신기한 게, 그러다 보니까 제 안에서도 점점 에너지가 커졌어요.

에너지가 커지면서 기존의 스타일에서 더 발전하게 된 부분도 있겠어요.

일단 방탄소년단이 되면서 스트리트 댄스를 췄을 때 몰랐던 것들을 정말 많이 배웠어요. 스트리트 댄스는 말 그대로 개인의 스타일, 캐릭터가 너무나도 강하게 드러나는 춤이에요. 프리스타일로 추는 거라서요. 자기 스타일, 거기서 쓰는 말로는 '쿠세'라고 하는 데요. '쿠세'가 굉장히 강한 춤이거든요. 그런데 방송 안무는 틀이 짜여 있고, 각이 명확 하게 잡혀 있기 때문에 저에게 부족했던 부분들을 많이 배울 수 있었어요. 제가 췄던 스 트리트 댄스와 방송 안무의 특성이 합쳐지면서 지금의 제 스타일이 만들어진 것 같죠.

방탄소년단의 퍼포먼스 스타일이 [화양연화花樣年華] 시리즈로 많이 바뀌었잖아요. 1기에서 2기로 접어들었다고 볼 수 있는 시기인데, 특히 무대 위에서의 연기가 중요해졌어요. 준 비돼 있는 안무를 자기 식대로 해석할 때도 방법이 좀 달라지지 않았을까 싶었죠.
뮤직비디오부터 달랐죠. 항상 군무가 중요한 뮤직비디오였는데, 〈아이 니드 유 I NEED U〉 부터는 처음으로 연기가 중심이 되는 뮤직비디오를 찍었잖아요. 사실 학교 3부작 때는 계 속 전진하기만 하는 친구들이었던 것 같아요. 에너지를 마냥 강하게 분출하는 느낌에 가 까웠죠. 그리고 〈상남자〉까지만 해도 연기가 필요한 퍼포먼스는 아니었어요. 말씀하 신 것처럼 [화양연화] 때부터가 무대 위에서도 연기를 하게 된 시기였는데, 퍼포먼스의 개 념이 좀 더 넓어지면서 어떻게 소화해야 할지 멤버들과 함께 공부를 많이 했어요.

멤버들마다 주어진 캐릭터와 그 캐릭터가 표현해야 하는 감정이 각차 달랐죠. 어려우면 서도 흥미롭게 접근할 수 있는 부분이었을 것 같아요. 특히 〈아이 니드 유〉를 시작으로 〈런 RUN〉, 쇼트 필름까지 같은 캐릭터들의 이야기가 쭉 나왔고요.
그런 면에서 보면 〈아이 니드 유〉가 방탄소년단 역사에 있어서 무척 큰 역할을 했다 고 생각해요. 멤버 각각이 모여서 큰 시너지를 발휘한 곡이었거든요. 연기 공부를 한다 고 해서 영상을 보고 연구하고 그랬던 건 아니고, 각자 자기 자신이 표현해야 하는 부분 이 있었기 때문에 일단 그걸 제대로 파악하는 게 중요했다고 봐요. 저 같은 경우에는 우 리 이야기의 한 부분이 되어서 그것들을 퍼포먼스에 자연스럽게 표현해 내려고 했었 죠. 멤버 모두가 자기 역할이 무엇인지 알고 있었고 그걸 잘 표현하는 법을 익히면서 계속 해 나간 거죠. 그런 식으로 자연스럽게 다음 단계로 이어 나갔던 것 같아요.

타이틀곡 중에는 〈피 땀 눈물〉이 가장 마음에 드는 안무라고 생각한다는 얘기를 들었어요.

솔직히 말하면 너무 어려운 곡이기는 했어요. 〈마이크 드롭〉과는 완전히 반대였잖아요. 감정 표현이 정말 중요한 퍼포먼스였기 때문에 저에게는 어려운 부분이 있었고, 오히려 여기서는 제가 지민이에게 많이 배웠어요. 사실 연습하면서 너무 힘들었기 때문에 그걸 제가 완성했다는 것에 굉장히 큰 자부심을 갖고 있어요. (웃음) 그래서 그 곡에 대한 애정이 더 큰 것 같아요.

〈피 땀 눈물〉보다 멋진 안무로 〈마이크 드롭〉을 꼽기도 했죠. 〈마이크 드롭〉은 발표 시기나 곡이 담고 있는 메시지에서 사실 방탄소년단의 곡 중에서 가장 스웨그 넘치는 곡이었잖아요. 똑같이 에너지를 보여줘야 하지만, 〈쩔어〉나 〈낫 투데이 Not Today**〉와는 확실히 달랐죠. 스웨그를 보여준다는 점에서는 신나고 자유로워 보여야 하는데, 짜인 안무가 있는 퍼포먼스이기 때문에 그 두 가지 지점을 함께 보여줘야 하는 곡이었다고 생각해요.**

〈마이크 드롭〉은 곡이 처음 나왔을 때 직감적으로 느꼈어요. '아, 이건 내 곡이다'라는 생각이 강하게 들더라고요. 초반에 제가 프리스타일 댄스를 추는 부분은 저희 퍼포먼스 디렉터인 성득 선생님이 주신 기회거든요. 그때 확실히 마음을 먹었죠. '여기는 확실히 내가 잡아야겠다.' 제가 방탄소년단 활동을 하면서 가장 많이 욕심을 부린 게 그때였다는 생각이 들어요. 정말 많이 준비했거든요. 제가 어렸을 때 추던 올드스쿨 힙합을 많이 생각하면서 췄던 거 같아요.

2018년 멜론 뮤직 어워드는 방탄소년단 자체를 연기한 것 같았어요.

춤, 연기 모두가 〈아이돌IDOL〉이라는 동양적인 요소를 강조한 곡 안에 녹아들어 있었는데, 사실 가사는 방탄소년단의 현재를 담고 있었잖아요. 퍼포먼스 구상도 거기에서부터 출발했어요. 저와 지민이, 정국이가 전통 춤을 많이 섞었거든요. 지민이는 부채춤, 저는 삼고무, 정국이는 탈춤 이렇게요. 이 요소들이 곡의 느낌을 더 살려준 것 같아요. 저희도 그걸 원했고. 이런 퍼포먼스 자체는 처음이다 보니 아주 색다른 경험이었어요.

미리 계획을 세워뒀던 건가요.

자주 이야기를 나눴던 부분이에요. 〈아이돌〉이라는 곡 콘셉트 자체에 '얼쑤 좋다', '지화자 좋다' 같은 한국적인 추임새가 많이 들어가 있다 보니까 곡이 완성된 뒤로 콘셉트가 잡히면서 해 보고 싶은 게 생겼죠. 성득 선생님과 멤버들끼리 말했던 내용이, "우리가 아예 한복을 입고, 한국의 전통적인 느낌을 살려서 무대를 해보면 어떨까?"였거든요. 멜론 뮤직 어워드를 앞두고 "그때 말했던 느낌을 제대로 살려보자"라는 이야기가 나왔던 거고요. 그 무대는 되게 많이 준비한 무대예요.

멜론 뮤직 어워드를 포함해서 그해에 섰던 연말 시상식 무대는 한국 아이돌 산업 사상 가장 다채로운 형태를 자랑했다고 봐도 과언이 아닐 정도였어요. 아예 정석대로 소화한 무대도 있고, 기존의 곡에 약간의 편곡 정도만 가미해서 리믹스 무대를 만든 것도 있죠. 그리고 좀 전에 이야기한 〈아이돌〉 같은 화려한 무대가 있고, SBS '가요대전'처럼 특별한 무대 장치 없이 콘서트장처럼 연출한 무대도 있었어요.

멜론 뮤직 어워드부터 각자 콘셉트를 하나씩 잡아가면서 연습을 해 나간 거예요. 그런데 그게 매너리즘을 부르기도 했어요. 작년에 특히 더 그랬거든요. 너무 많은 시상식과 너무 많은 무대에 오르다보니까 하나하나 어떤 식으로 다르게 표현해야 하고, 어떤 마음가짐으로 올라가야 되는가 고민이 되는 거예요. 시상식을 많이 하면 할수록 무뎌지는 것도 피할 수가 없었어요. 그때 정말로 무서웠어요. 그런 생각이 들기 시작하니까 첫 번째로 몰려온 감정이 '무섭다'는 거였어요.

어떤 면에서요.

그런 생각을 갖는 순간에 무대를 보시는 분들이 저희의 마음을 알아챌 거라고 생각했거든요. 요즘 무대를 보시는 대중 분들이나 팬 분들은 아티스트의 진심을 알아요. 저는 그렇다고 생각해요. 무대 위에서 저희가 즐겁고 에너지가 넘쳐야만 관객 분들도 그렇게 느낄 수 있는 거예요. 그래서 최대한 부정적인 생각을 안 하려고 애를 썼고, 무대 위에서 그런 생각을 안 갖게끔 재미있게, 각각 다른 무대를 해 보고 싶었어요.

워낙 많은 무대에 섰기 때문에 당연히 들 수 있는 감정이지만, 아티스트 입장에서는 더 많은 고민이 필요했던 거네요.

〈페이크 러브FAKE LOVE〉와 〈아이돌〉이 작년에 나온 곡이니까 올해 시상식 무대에서 보여줘야 한다? 이런 개념으로 접근한 게 아니에요. 멤버들끼리 몸이 좀 힘들더라도 모두 다른 스타일의 무대들을 해 보면서 우리도 재미를 찾고, 관객 여러분들에게도 재미를 드리자는 의도가 컸어요. 사실 체력적으로는 많이 힘들었거든요. 그런데 되게 재미있었어요. 저희 7명 모두 무대가 정말 소중하다는 걸 알아요. 그만큼 좋아하는 친구들이고. 저희에게는 무대가 전부예요. 그러니까 우리에게 주어지는 그날그날의 무대만큼은, 팬들이 주시는 상을 받는 시상식이니만큼 더욱 신경 써서 해보자는 마음가짐을 가지려고 했어요.

컴백 무대, 시상식, 콘서트 등 여러 가지 종류의 무대에 섰잖아요. 같은 곡에 퍼포먼스를 하더라도 무대의 성격에 따라서 퍼포먼스를 보여주는 방식이 달라질 것 같은데.

우선 방송국에서 하는 컴백 무대는 연습했던 그대로를 보여주는 자리라고 생각해요. 그렇게 보여줘야 하는 자리가 맞죠. 예를 들면 '〈아이돌〉은 이런 곡이고, 이런 무대입니다'

라는 개념을 확실하게 보여줘야 하는 거예요. 그 다음에 하게 되는 시상식 무대나 콘서트 무대에서는 같은 곡을 불러도 다르죠. 시상식과 콘서트의 공통점은 관객들과의 소통을 신경 써야 한다는 점인데, 시상식은 마냥 자유롭게만 할 수 있는 무대는 아니에요. 많은 외부 관계자 분들도 와 계시고, 다른 그룹의 팬 분들도 많이 와 계시죠. 해외 시상식 무대 같은 경우에는 우리를 모르는 사람이 너무 많기 때문에 오히려 더 각을 잡고 임해야 할 때도 있어요. 하지만 콘서트 같은 경우에는 좀 더 자유로운 느낌이 들죠. 콘서트장은 팬 분들이 가득 차 있고, 팬 분들과의 교감이 가장 우선시돼야 하는 자리란 말이에요. 그 부분에 대해서만큼은 각 잡힌 무대 보다 중요한 게 있어요. 서로 눈빛을 마주치는 게 더 중요해요. 그래야만 하는 이유가 있는 무대예요.

방탄소년단은 콘서트에서도 완벽하게 정돈된 무대를 보여주는 경우가 많잖아요. (웃음)

사실 맞아요. (웃음) "자유롭게 하자!"라고 말을 하면서도 막상 무대에 올라가면 절대 그렇게 안 돼요. 팬 분들과 소통을 하는 게 더 중요해지는 거지, 자유롭다는 게 무대를 대충한다는 뜻이 아니잖아요. 제 성격이 완벽주의자는 아니거든요. 저도 사람이니까 허점도 있고, 하기 싫은 것도 있어요. 그렇지만 지금 내가 하고 있는 일에 대해서만큼은 당연히 완벽해지려고 노력하는 거예요. 대중 앞에 나온 결과물은 자유로워 보이지만, 만들어지는 과정에는 방탄소년단이 세운 철저한 계획이 들어가 있는 거죠.

1만 시간을 보내는 법

그동안 119개의 콘서트와 팬미팅 무대에 섰고, 그중에 91개가 순수하게 방탄소년단만의 콘서트 무대였어요. 91개의 콘서트, 대략 한 무대당 3분, 25개 세트리스트로 계산했을 때 2,275개의 무대에 섰고, 6,825분을 콘서트 무대 위에서 춤을 추거나 랩과 노래를 하면서 보냈더라고요. 심지어 이건 〈러브 유어 셀프LOVE YOURSELF〉 월드투어는 뺀 거예요. 방송 무대까지 합하면 훨씬 많겠죠. 이미 무대 위에서만 1만 시간을 채웠어요.

좀 놀랍네요. 정말, 되게, 무지 정신없이 지냈던 것 같아요. 그 순간순간 많은 것들을 해결하려고 하고, 부딪히고, 싸우고, 피땀 흘려가면서 올라온 자리라서 어느 한 순간, 어느 무대도 소중하지 않은 게 없었어요. 모든 게 다 소중해요. 그 시간과 기간, 그리고 내가 무대에 서면서 배운 것들이 지금의 나를 만들어준 거니까요. 어느 한 부분이 더 기억에 남고, 더 소중하고 이런 게 없어요. 그 시간들 자체가 지금의 저고 방탄소년단인 거거든요. 그래서 지금의 삶과 시간이 더 귀중한 것 같고.

그동안 제이홉 씨도 많은 부분에서 변했겠죠. 그 변화를 보여주는 게 개인 믹스테이프였다고 봐요. 특히 이 믹스테이프는 방탄소년단이 BTS로 거듭난 순간에 발표된 거라, 굉장히 상징적인 내용이 많이 담긴 작품이었거든요. 실제로 〈에어플레인Airplane〉의 후속인 〈에어플레인 파트 투Airplane pt. 2〉가 방탄소년단의 다음 앨범에 실리기도 했죠.

믹스테이프에서 확실히 저의 정체성과 제가 보여주고 싶어했던 부분, 그리고 팬과 대중이 알아줬으면 하는 부분들을 다 보여드린 것 같아요. 저의 색깔이 확실하게 정리가 됐다는 느낌을 받죠. 그 정리된 부분들을 보여줬기 때문에 이제는 편안한 나를 보여주고 싶다는 생각을 많이 해요. 믹스테이프는 하고 싶은 말이 참 많았고, 해보고 싶은 것들을 다 해 봤다는 점에서 저 그대로를 담은 작품이었으니까 다음에는 지난번보다는 조금 내려놓 고 만들어보고 싶죠.

RM, 슈가 씨는 원래 음악을 만들던 사람들이었기 때문에 제이홉 씨 입장에서는 믹스테 이프를 내서 자기만의 퍼포먼스 세계를 구축하기 전까지 나름의 어려움이 있었을 것 같 아요.

그 친구들은 음악을 그대로 느꼈던 친구들인데, 저는 음악을 춤으로 느끼면서 알아갔 기 때문에 사실 음악 자체에 대한 이해도는 많이 부족했어요. 스펙트럼 자체가 그만큼 넓 지가 못했죠. 하지만 방탄소년단이라는 팀이 제가 음악을 공부하기에 너무나 좋은 환경 이었어요. 제가 처음 방탄소년단 연습생으로 들어왔을 때도 음악만 하던 친구들이 많았 거든요. 그 친구들과 형들에게 정말 많이 배웠고, 지금 같이 활동하고 있는 RM과 슈가 형 에게는 더 많은 영향을 받은 거죠. 두 사람이 믹스테이프를 내는 걸 보고 '아, 나도 저렇 게 하고 싶다'라는 꿈을 갖게 된 거기 때문에 너무나 고맙죠. 정말 고마워요.

멤버들과 함께 무대에 서면서 서로 많은 것들을 가르쳐 주며 성장해 왔을 것 같아요.

제가 안무 팀장이라고 팀을 이끌고 있지만, 저도 멤버들에게 정말 많이 배웠고, 지금 도 배워요. 원래부터 춤을 잘 췄던 정국이나 지민이, 뷔는 물론이고, 남준(RM의 본명)이 나 진 형, 슈가 형에게도 안무를 가르쳐 주면서 거꾸로 많은 부분들을 느끼고 배우죠. 사 실 진 형, 슈가 형, RM은 춤을 정말 못 췄던 친구들이거든요. 그런데 노력을 정말 많이 했 어요. 그 자체가 굉장한 영감이 돼요. 너무 힘들 때도 세 사람이 열심히 해주는 모습을 보 면 기운이 나요. 이렇게까지 노력을 해주고 있는데, 나도 여기서 무너지면 안 된다는 생 각을 갖게 되거든요. 에너지도 받고, 더 잘 이끌어 줄 수 있는 방법이 무엇일지 고민을 하 게 되더라고요.

지민 씨와 제이홉 씨는 방탄소년단을 대표하는 댄서들인데, 정반대의 춤 스타일을 가지고 있잖아요. 지민 씨가 부드럽게 곡선을 표현하는 타입이라면, 제이홉 씨는 좀 더 이론적이고, 유연한 몸을 갖고 있음에도 불구하고 직선적인 느낌을 표현하는 타입이에요.

지민이 같은 경우에는 표현력이 굉장히 뛰어나요. 제가 약한 부분을 지민이가 가지고 있어요. 평소에 안무 모니터링을 많이 하게 되는 입장에서 관찰하다 보면 무대 위에서 어떻게 감정 표현을 하고, 자기 식대로 안무를 이끌어 가는지 저절로 공부를 하게 되거든요. 지민이의 춤을 계속 보면서 자연스럽게 습득할 수 있는 부분이 있었고, 지금의 저에게 많은 도움이 됐죠.

데뷔 초부터 안무 팀장을 맡으면서 멤버들에 대해 많이 관찰할 수밖에 없었겠어요.

사실 안무 팀장이라는 이름이 조금 민망해요. 특히 데뷔 때는 더 그랬어요. 그때는 지민이가 무대에서 복근을 보여주고, 아크로바틱 기술을 선보이면서 제가 봐도 사람들의 시선을 확 끌어당기는 특유의 에너지가 있었거든요. 제가 춤을 오래 배웠고, 방탄소년단의 퍼포먼스를 이끌고 있었지만 정작 주목을 받는 친구는 지민이었기 때문에 저에게 주어진 호칭과 스스로의 위치에서 괴리감 같은 걸 느꼈어요.

멤버가 여러 명이기 때문에 자연스럽게 들 수 있는 생각이 아니었을까요.

맞아요. 팀 생활을 하다 보면 누구나 욕심을 가질 수 있는 부분이기도 했어요. 그런데 시간이 지날수록 그런 게 부질없다는 걸 알게 됐어요. 어쨌든 팀이 잘돼야 해요. 우리가 팀으로서 잘되는 게 먼저더라고요.

팀이 잘되기 위해서는 퍼포먼스를 연습할 때 어떤 요소들이 중요하다고 생각하나요.

일단은, 마음가짐이에요. 내가 이 팀을 하면서 지금 뭘 하고 있고, 뭘 좋아하고 있는지에 관해 확실히 알고 있어야 그게 춤에서도 표현이 되거든요. 하지만 궁극적으로 중요한 건, 서로가 갖고 있는 마음가짐이 같아야 한다는 거예요. 멤버들끼리 마음이 맞아야 큰 에너지가 나올 수 있는 것 같아요. 춤을 출 때 동작 하나하나 맞추는 것도 물론 중요해요. 데뷔 초반에는 팀의 이미지를 보여주기 위해 더 중요하게 고려해야 할 부분이기도 했고요. 그런데 이제는 그게 전부가 아니라는 생각이 들어요. 멤버들 모두가 몇 년 동안 활동하면서 경력이라는 게 쌓였잖아요. 알 만한 건 다 알게 됐죠. 그러면서 더 중요해진 부분이 있다면, 함께 연습할 때 이 일이 내가 좋아서 하는 거고, 우리의 무대를 위해서 열심히 한다는 사실을 잘 알고 있어야 한다는 거죠.

방탄소년단은 무대를 거의 부술 것 같다는 평을 들을 정도로 7명이 함께 보여 주는 힘이 엄청나요. 연차가 쌓이면 무대에 소홀해지는 경우가 많은데, 오히려 에너지가 더 넘치죠. 제이홉 씨가 생각할 때, 방탄소년단 퍼포먼스의 핵심은 무엇인가요.

말씀하신 대로 그냥 '에너지'인 것 같아요. 확실해요. 지금 우리가 서 있는 무대를 좋아하고, 사랑하기 때문에 나올 수 있는 에너지요. 그런 에너지를 많이 가지고 있는 사람들에게서 나오는 느낌이 사람들의 시선을 끄는 것 아닐까 싶어요. 저희가 소위 '칼군무'도 아니고, 그렇다고 파워풀한 아크로바틱을 보여주는 그룹도 아니잖아요. 그냥 진심에서 나오는 퍼포먼스, 거기에서 나오는 에너지. 그게 사람들의 눈길을 받게 만드는 이유인 것 같죠.

보통 아이돌 그룹의 콘서트에는 토크 타임이 많이 들어가는 편이에요. 그런데 방탄소년단의 콘서트는 6, 7곡씩 연달아 보여 주는 세트리스트가 많았거든요. 토크는 거의 없어요. 이런 경우에 퍼포먼스를 보여주는 입장에서는 굉장히 힘들잖아요.

그런 상황에서 에너지 조율을 잘 하는 것도 프로페셔널professional한 사람의 능력이라고 생각해요. 무조건 조율을 할 줄 알아야 돼요. 앞으로 남은 무대들이 많잖아요. 마냥 좋다고 뛰면 정말 크게 다칠 수도 있거든요. 이 이야기를 멤버들과 다 같이 나눴던 적이 있어요. 우리가 해야 할 공연, 올라야 할 무대, 그 외에도 신경 써야 할 것이 너무 많지 않냐. 물론 지금 이 순간의 무대도 굉장히 중요하지만, 앞으로의 무대를 위해서 체력을 비축하고 조율하는 게 필요하다고요. 특히 우리 같은 팀들은 다른 팝스타들보다 몸을 더 많이 쓰기 때문에 자기 에너지를 조율하지 않으면 더 크게 다칠 수도 있다는 말을 많이 했죠. 그런 부분에서 가장 많이 걱정되는 멤버가 정국이죠. 최근에도 이야기를 했었고. 그 친구는 무대에 올라가면 정말 미친 사람 같아져요.

실제로 유튜브를 통해 공개됐던 다큐멘터리 '번 더 스테이지BURN THE STAGE'**에서는 정국 씨가 무척 힘들어하는 모습이 나오기도 했는데, 에너지를 많이 써서 그만큼 체력이 소진되지 않도록 신경을 많이 써야 할 것 같아요.**

정국이는 무대 위에서 에너지 컨트롤이 잘 안 되는 친구예요. 막내가 그런다는 게 정말 대견하기도 하죠. 무대 위에서 에너지를 다 쓴다는 게 제가 봤을 때도 너무 대단하고, "어떻게 저렇게까지 하지?" 싶은 순간들도 자주 있어요. 하지만 투어에서 다치는 것뿐만 아니라 멤버들이 정국이의 건강을 걱정할 만한 일들이 많이 있었어요. 결국 쓰러졌을 때는 멤버들의 마음이 너무 많이 아팠고요. 멤버들끼리 그 이야기가 나왔을 때는 정국이에게 그랬어요. 무대 하나에서 에너지를 다 쓰고 거기서 오는 것들을 풀어버리기에는 남은 콘서트 일정도 많고, 앞으로 우리가 해야 될 일들이 너무 많다고요. 지금 같은 상황에서 오히려 팬들이 더 기뻐하고 웃을 수 있는 쪽은 많은 공연장들을 완벽하게 돌고, 우리가 가야 할 곳들에서 건강한 모습을 보여주는 것이라고 말했죠. 그게 팬 분들도 더 좋아하실 방향일 테니까요. 이제는 정국이도 본인 스스로가 무대에서 어떤 모습인지, 왜 에너지를 조절해야 하는지 등을 너무 잘 알고 있어요.

에너지를 아껴서 더 많은 걸 팬들에게 선물할 수 있으니까.

그렇죠. 콘서트에서 에너지를 비축한다고 대충하는 게 아니에요. 적절한 조절이 필요한 거죠. 힘을 줄 땐 주고, 뺄 땐 확실히 빼 줘야 해요. 단순히 춤이 아니라 팬 분들과의 소통과 교감이 필요할 때는 거기에 에너지를 집중하고요. 어떤 무대든 이런 부분들이 나뉘어 있잖아요. 예를 들어 콘서트 세트리스트를 보면, 각각의 무대에서 어디에 집중해야 하는지 중점적인 내용을 잘 캐치catch하고 무엇을 중요하게 생각해야 하는지 파악해야 돼요. 우리가 중요하다고 판단한 부분마다 각기 다르게 힘을 쏟는 게 중요해요.

제이홉의 춤, 정호석의 춤

〈DNA〉, 〈피 땀 눈물〉의 댄스 브레이크 구간에서 센터로 나올 때 멤버들의 춤 스타일을 모두 갖고 있는 멤버가 제이홉 씨라는 게 확연히 느껴지더라고요. 정국 씨의 힘 있는 동작, 뷔 씨의 끼와 유머러스함, 지민 씨의 부드러움처럼 각 멤버들의 키워드를 한데에서 보여주는 대표적인 멤버예요. 팀의 중심을 잘 잡아주는 사람이라는 생각이 들었어요.
솔직하게 말씀드리자면, 나를 더 보여주고 싶은 욕심도 있었고, 한번쯤은 나도 튀어보고 싶다는 생각을 했던 적도 있어요. 하지만 예전에도, 지금도 방탄소년단에게는 방탄소년단이라는 팀이 전부라고 생각해요. 우리 퍼포먼스의 큰 그림이 있잖아요. 그 큰 그림이 더 중요하다고 보고, 우리만의 기준점을 잡으려고 무척 노력했어요. 성득 선생님이 많이 도와주셨죠.

여러 가지 고민을 할 수밖에 없었던 상황에서 만들어진 자리였군요.
좋은 퍼포먼스를 위해서라면 친구들에게 양보할 부분이 있을 때는 양보하는 게 맞다고 생각해요. 제가 도울 부분이 있으면 확실하게 도왔죠. 그런 과정이 반복되다 보니 자연스럽게 지금과 같이 좋은 그림이 완성될 수 있었던 것 같아요. 지금은 팬들도 그걸 알아주신 것 같아서 기뻐요.

정국, 지민과 함께한 홈파티 무대에서 그런 특징이 확실하게 드러났어요. 두 멤버는 각자 한 가지 키워드로 정리가 되는데, 제이홉 씨는 하나의 단어로 정의하기 어렵더라고요. 자신이 생각할 때는 어떤 말로 스스로의 춤을 설명할 수 있을 것 같은가요.

정말 그렇네요. 키워드라고 하니까 굉장히 어려워요. (꽤 오래 고민하다가) 스스로 생각하기에는 '스킬풀' 아닐까 싶어요. 어릴 때 배웠던 것들이 있으니까, 지민이와 정국이도 정말 잘하지만, 과거에 제가 배운 것들을 지금 하고 있는 퍼포먼스에 접목시키면서 원래 제가 갖고 있던 범주 안에서 한 발자국 더 나아간 것 같아요. 스스로의 스펙트럼이라는 게 넓어져 있다는 걸 느껴요. 제가 직접 말하려니까 좀 민망하지만. (웃음)

실제로 퍼포먼스 하나를 완성할 때 모든 동작을 세세하게 계획해서 움직이는 타입인가요. 아니면 반대로 애드리브로 할 수 있는 부분은 여지를 좀 남겨놓고 여유롭게 하는 타입인가요.

〈마이크 드롭〉을 예로 들면, 즉흥적으로 프리스타일을 한 부분도 있고, 어느 정도는 짠 부분도 있어요. 그냥 제가 그 부분에서는 저를 믿는 것 같아요. 몸이 가는 대로, 음악이 들리는 대로, 느끼는 대로 움직이고 표현해요.

방탄소년단은 앨범 인트로를 솔로곡으로 시작하는 팀이죠. 제이홉 씨는 〈인트로: 보이 밋츠 에빌 Intro: Boy Meets Evil**〉, 〈트리비아 기: 저스트 댄스**Trivia 起 : Just Dance**〉를 맡았었는데, 각각의 곡에 메시지가 있었잖아요. 특히 〈인트로: 보이 밋츠 에빌〉 같은 경우에는 내면의 고민으로 고통스러워하는 느낌의 퍼포먼스라 표현하기 쉽지 않았을 거라는 생각이**

들었어요.

〈인트로: 보이 밋츠 에빌〉은 아주 고통스러웠죠. 곡도, 춤도. 악마를 만난 소년이잖아요. 그런 부분에 대해서 내가 달콤한 중독에 빠져서 어떻게 고통스러워하고, 어떻게 힘들어하는지 표현해야 하는 곡이었고요. 그런데 아까 말씀드렸다시피 제가 표현을 하는 데에 정말 약하거든요. 그래서 그 표현력을 끌어올리기 위해서 많은 노력을 했던 것 같아요. 퍼포먼스에도 그 곡에 맞게 춤을 추기 위해서 아크로바틱한 기술도 많이 넣었고, 에너지를 과도하게 써야 하는 스킬풀한 동작들이 너무 많았거든요. 그때는 정말 악마를 만났던 것 같죠. (웃음) 춤에 대해서 많은 생각을 하는 계기가 됐어요. '어떻게 하면 표현이라는 걸 제대로 할 수 있나', '내가 생각하고 있는 걸 제대로 표출할 수 있을까.' 사실 〈트리비아 기: 저스트 댄스〉는 단순하게 즐기고 싶었던 마음이 컸어요. 내가 춤을 사랑하고, 춤을 정말로 느끼고, 내 삶이라는 서사에 맞게 춤과 사랑에 빠진 이야기를 잘 풀어보고, 보여주고 싶었죠.

방탄소년단으로서 춤을 출 때와, 한 사람의 퍼포머 정호석으로서 춤을 출 때 어떤 부분이 다른가요. 느낌이 조금은 다를 것 같아요.

그건 다른 것 같아요. 지금 든 생각인데, BTS의 제이홉은 마냥 춤을 즐기지만은 않는 것 같아요. 무대 위에서의 제이홉이기 때문에 신경 써야 할 부분이 너무나도 많고, 오직 춤만을 생각하는 게 아니라 다양한 표정도 있을 거고 제스처도 있을 거, 멤버들과의 호흡도 맞춰야 하고 관객들과의 호흡도 있죠. 많은 부분에서 신경을 써야 해요. 그냥 정호석의 퍼포먼스를 할 수는 없는 자리예요. 그건 그냥 저 좋자고 하는 거죠. 그렇게 해서 BTS의 제이홉이 존재할 수는 없어요. 지금 BTS의 제이홉은 너무나 다른 위치에서 많은 분들의 시선을 받고 있기 때문에 정호석의 퍼포먼스로는 안 된다고 느끼죠. 좀 더 프로페셔널한 모습이 있어야 BTS의 제이홉이 완성되는 거예요.

'홉 온 더 스트리트^{Hope On The Street}'는 정호석의 아쉬움을 상쇄시키려고 계획한 것 같은데요.

솔직히 그게 맞아요. 저도 제가 해왔던 걸 많은 팬 분들과 대중 분들에게 보여드리고 싶은데, 그럴 기회가 너무 없는 거예요. 춤을 다시 춰보고 싶고, 어렸을 때 그 느낌을 다시 느껴보고 싶었어요. 그리고 제 춤을 더 많이 보여드리고 싶다는 생각이 컸죠. 그래서 그런 콘텐츠를 만들기 시작한 것 같아요. 거대한 콘텐츠는 아니지만, 적어도 저에게는 어릴 때 제가 가졌던 소소한 느낌들, 그때의 꿈들을 다시 느끼게 해주는 소중한 콘텐츠이기는 하죠. '홉 온 더 스트리트'는 계속 이어나가고 싶어요. 저는 아직도 춤을 너무 좋아하고, 몸이 닿는 데까지는 퍼포머로 살아가고 싶으니까요.

시상식에서 방탄소년단 댄스 팀에게 인사를 하고 싶다는 말을 했어요. 무대를 함께 만드는 사람들에 대한 존중을 아티스트 입장에서 꼭 표현해야 한다고 느끼는 것 같아 보였어요.

어릴 때 제가 댄서로 활동했기 때문에 그분들에 대해 리스펙트^{respect}하는 감정이 큰 건 사실이에요. 수상 소감은, 저는 보고 느끼는 그대로를 시상식에서 말하거든요. 정말 많은 고생을 하시는 분들이에요. 방탄소년단 안무가 나오기 전까지 시안을 찍고, 거기에 대해 정리를 해 주시죠. 어떻게 보면 저희가 해야 될 부분도 그분들이 알아서 정리해 주시기 때문에 그 과정은 저희가 모를 수도 있는 거거든요. 어쨌든 연습을 할 때마다 느낀 거죠. 댄서 분들의 표정과 분위기, 컨디션 자체가 너무 떨어져 있는 느낌을 받았던 거예요. 그래서 꼭 응원을 해드리고 싶었고, 감사하다는 인사를 전하고 싶었어요. 그렇다 보니까 시상식에서 퍼포먼스 상을 받았을 때 가장 먼저 생각난 분들이 그냥 댄서 분들, 성득 선생님이었던 것 같아요.

댄서 정호석과 방탄소년단 제이홉이 보여주는 퍼포먼스는 결국 '춤'에 대한 애정에서 비롯되는 거군요. 스트리트 댄스냐 방송 댄스냐의 차이가 아닌 거죠.

우리의 무대는 계속될 거야

물론 춤의 장르는 있겠지만, 그냥 춤은 춤이라고 생각해요. 춤 그 자체. 제가 추는 걸 무용이라고 생각하지도 않고, 단순히 스트리트 댄스라고 생각하지도 않아요. 춤 그 자체가 너무 좋아서 추는 거예요. 그 곡을 듣고 느낀 그대로 몸을 움직이는 거고요. 많은 댄서 분들에게는 이 이야기가 어떻게 들릴지 모르겠지만요. 저는 그렇게 생각해요. 장르라는 게 분명히 존재는 하지만, 경계에서 애매한 부분이 있어요. 그리고 그것들을 느끼는 게 사람마다 너무 다르고요. 그러니까 저는 그냥 춤이 좋아서 추는 것뿐이에요. 거기에 BTS도 있어요. BTS가 춤의 갈래에 속하는 하나의 장르는 아니지만, 저희의 퍼포먼스를 보여준다는 점에서 하나의 틀이 되는 거죠.

BTS의 희망, 제이홉의 희망

음악 방송 PD들이 잘 되는 팀에 대해 이야기를 할 때, 그 조건으로 제이홉 씨 같은 멤버가 있어야 한다고 말을 해요. 멤버들이 지쳐 있을 때 계속 에너지를 주는 멤버가 있어야 팀이 오래간다고 하죠.

사실 이제는 의도하는 게 아니고요, 자연스럽게 나오는 것 같아요. 멤버들도 자연스럽게 저를 받아들이고요. 이제는 7명 스스로가 너무나 자기 자신을, 또 서로를 잘 알아요. 그럴 수 있는 환경도 만들어져 있는 것 같고요. 서로 말하지 않아도 우리가 어떤지 아는 팀이 된 거죠. 제가 굳이 말을 하지 않아도 "한 번 더 할까?" 하는 친구도 있죠. 가끔은 신기해요. 어릴 때, 데뷔 초반에는 너무 많이 싸웠고, 사소한 부분 하나까지도 많이 부딪히고 그랬었는데 지금은 그게 아니죠. 스스로가 알아서 잘 하는 그런 팀으로 성장하고 바뀐 거 같아요.

"한 번 더 할까?"에 멤버들이 동의하느냐 마느냐가 팀의 성장에 있어서는 가장 중요한 부분일 거예요.

사실은 힘든 친구들도 있을 거예요. 저도 마찬가지고요. 그런데 분명한 건 제가 아까 말씀 드린 것처럼 마음가짐이에요. 무대가 정말 소중하고, 무대를 아끼기 때문에. 그것보다 연습을 해야 할 중요한 이유가 있을까요?

앨범을 만들 때도 서로 끊임없이 이야기를 나누기 때문에 결과적으로 같은 속도로 움직일 수 있는 것 아닐까 싶은데요.

큰 중심이 되는 건 RM과 슈가 형이에요. 앨범을 만들기 위해 작업을 하면서 거기에서 무엇을 느꼈고, 어떤 이야기를 했으면 좋겠다, 팬 분들은 여기 이 부분에 대해서는 이렇게 이야기를 하더라. 이런 이야기들을 RM과 슈가 형이 많이 전달해 주는 편이죠. 두 사람을 중심으로 해서 앨범 전에 굉장히 많은 이야기를 나눠요. 이번 앨범에서 어떤 주제에 관해 얘기했으면 좋겠다는 생각이 들면 어떻게 생각하는지 계속 물어보죠. 멤버들끼리 의사소통을 하면서 주고받는 에너지가 생각보다 훨씬 커요. 또 저희는 앨범을 통해서 정확한 메시지를 전달하려는 팀이잖아요. 그래서 그 부분에 있어서만큼은 7명의 멤버 모두가 말끔하게 깨어 있으려고 노력하는 것 같아요.

방탄소년단의 현재에 대해서 멤버들과 많은 고민을 할 것 같아요. 데뷔 앨범부터 시작해서 방탄소년단 음악의 전환점이 된 [화양연화]가 지나고, [윙즈WINGS] 투어로 전보다 훨씬 커진 인기를 체감하게 됐고요. 연차가 쌓이고 상황이 변하면서 예전과 다른 주제, 좀 더 다양한 이야기들을 나누게 되잖아요. 멤버들과 나누는 대화는 어떻게 달라졌나요.

똑같지 않죠. 정말 달라요. 7명 모두 각자의 일이 뭔지 알고 있기 때문에 서로 하는 이야기도 다 다르고요. 그 당시에는 하나하나 꼼꼼히 짚으면서 "우리는 이번에 이런 것을 해야 돼, 저런 것을 해야 돼, 그래야 팬들도 좋아하고 우리가 더 빛날 수 있다" 이런 식으로 정의 내리듯이 이야기를 했다면 지금은 그렇지 않아요. 지금은, 뭐랄까. 이 위치에 오니까 많은 부분들에서 의견 공유를 하게 돼요. 그때는 마침표였다면 지금은 물음표가 되었다고 말할 수도 있을 것 같죠. "해 보면 어떨까?", "그래, 해 보자!" 이런 식이죠.

거의 대부분의 결론이 "그래, 해 보자!"로 나나요? (웃음)

대부분은요. 물론 100%로 완벽하게 의견이 조율되는 건 아니지만, 보통은 "이렇게 해보면 되지 않을까?" 그러면 "아, 근데 그건 좀 아니지 않을까? 이렇게 해 보면 어때?" 하고 나서 "오, 그래 좋다. 그럼 그렇게 해 보자!"가 되는 거죠. 마지막에는 결국 느낌표로 끝나는 거랄까. (웃음)

마지막에 찍힌 느낌표 하나가 방탄소년단 퍼포먼스의 핵심일 수도 있죠.

그건 정말 의미 있는 칭찬이라고 생각해요.

정말 힘들 때는 어떻게 극복하려고 해요?

우울한 기분이 든다고 해서 그걸 극복하려고 하지는 않아요. 자연스럽게 힘든 게 잊혀지고, 사라지는 것 같거든요. 저는, 항상 그래요. 무대를 올라갔을 때 더 힘을 얻고, 내려왔을 때가 조금 울적해져요. 그 갭gap이 정말 큰 것 같아요. 제가 그걸 언제 느꼈냐면, 〈러브 유어 셀프〉 미국 투어 때 느꼈거든요. 무대 위에 올라가면 되게 열심히 하고, 에너지를 받아요. 그때는 정말 즐겁고 행복한데, 내려와서 호텔에 들어가는 순간부터 몸이 부서질 듯이 아프고 괴로운 거예요. 어떻게 보면 당연한 거죠. 몸을 그렇게 썼는데 그 다음 날 아플 수밖에 없잖아요. 그런데 저는 그게 너무 괴로워요. 무대 위에 있는 게 나아요. 무대에서 내려오면 너무 아프니까.

어릴 때 댄스 팀에서 춤을 출 때 서는 무대들은 크기가 작았잖아요. 지금은 웸블리 무대처럼 거대한 무대에 서게 됐고요. 그때와 지금 무대에서 느끼는 감정이 조금 달라졌나요?

똑같아요. 춤을 출 때마다 제가 살아 있다는 걸 느껴요. 그게 전부인 것 같아요. 춤을 추고, 노래를 부르고, 관객들과 소통하고, 호응을 받고. 그냥 춤을 출 때는 내가 살아 있고, 생활을 하고 있다는 걸 크게 느끼기 때문에 똑같아요. 세세하게는 다르죠. 하지만 그게 큰 무대와 길거리인 것의 차이일 뿐이에요. 근본적으로는 똑같다는 뜻이죠.

굉장히 근본적인 질문인데요. 춤을 추는 순간에는 어떤 생각이, 어떤 기분이 드나요.

제가 춤을 되게 좋아하는 이유가 뭐냐면, 춤을 출 때 아무 생각이 안 나요. 오히려 살아가다 보면 정말 많은 생각들을 하게 되잖아요. 그런데 수많았던 생각들이 그 순간만큼은 하나도 떠오르지 않더라고요. 그게 좋아요. 그게 춤의 매력인 것 같아요. 춤을 출 때는 정말 아무 생각이 안 나요. 무대에 올라가고, 마이크를 잡으니까 춤을 추고 노래를 하는 거예요. 그냥 좋아서요. 그게 정확한 답이죠.

이제는 무척 인기가 많은 팀이지만, 그래도 자신의 퍼포먼스를 보면서 팬을 비롯한 대중이 어떤 느낌을 받기를 바라나요.

어떻게 비춰지고 싶다는 생각을 해 본 적이 단 한번도 없어요. 그냥 저의 그대로의 모습을, 내가 췄던 춤들을 무대 위에서 보여주는 거죠. 관객들이 제 모습을 보고 '저 친구는 정말 즐기고 있구나' 라는 걸 느낄 수 있다면 그게 전부인 것 같아요. 저는 진짜로 즐기고 있거든요. 그걸 알아주는 관객들이 있으면 정말 좋을 것 같죠.

내일 당장 무대에 서도 그런 느낌이겠네요.

아, 그런데 요즘은 긴장을 좀 많이 해요. 시간이 갈수록 방탄소년단이 겪어야 할 무대의 규모가 너무 커지고 있고, 거기에 대한 부담이 없지 않거든요. 마냥 좋아서 올라갈 수는 없다는 거예요. 즐기고 싶어도 마냥 즐길 수가 없는 상황이죠.

방탄소년단으로 활동하는 것과는 별개로, 훗날 어떤 일을 하고 싶은지 궁금해져요.

최근에 한 생각인데요. 어쨌거나 지금 퍼포머로 활동하고 있고, 많은 콘서트 무대에 서고 있잖아요. 그러다 보니까 한 번쯤은 무대 연출을 해보고 싶다는 생각이 들더라고요. 왜냐하면 제가 전 세계를 돌아다니면서 많은 스타디움 공연을 하고, 말씀해 주신 것처럼 119개의 공연에서 무대를 했잖아요. 당사자로서 그걸 경험하고 느낀 게 있기 때문에 한 번쯤은 내가 느낀 걸 토대로 무대 연출을 해 보고 싶다는 생각이 들었어요. 어떤 식으로 구성하고 싶고, 어떤 식으로 관객들에게 쇼를 보여주고 싶고. 지금은 이렇게 생각한 게 전부지만, 거기서 퍼포먼스적으로 병합할 수 있는 부분이 뭔지 생각해서 만들어 보고 싶은 것도 있죠. 제가 알아보니까 댄서 분들 중에서 연출을 하시는 분들이 많더라고요. 그래서 잠깐, 문득 생각을 했던 것 같아요. 하지만 말처럼 쉬운 일은 아니니까요. 지금의 저는 퍼포머죠.

마지막 질문으로 이걸 꼭 여쭤보고 싶었어요. 춤이 갖고 있는 힘은 무엇이라고 생각하나요.

음, 가장 단순하면서도 어려운 질문이네요. (한참 뒤에) 사람의 마음을 이끄는 힘이요. 포괄적인 것처럼 들리겠지만, 춤으로 꿈을 키우고 싶다는 사람도 있을 거고, 춤에 그냥 관심을 갖는 사람들도 있을 거고, 막연히 춤추는 사람을 보면서 멋있다고 생각하는 사람도 있잖아요. 어쨌든 사람이 표현을 하는 방식 중에서 가장 크게 와 닿을 수 있는 건, '행동'이라고 생각해요. 눈에 보이는 거잖아요. 춤이라는 것도 동작들마다의 에너지가 참 크죠. 사람들을 춤으로 이끄는 힘이 거기서 나오는 게 아닐까요. 저도 다른 사람의 춤을 보면서 꿈을 가졌던 사람이에요. 거기서 느끼는 감흥의 정도는 사람마다 다르겠지만, 말로는 다 표현하기 어려운, 이끌리는 뭔가가 확실히 있다고 생각해요.

여기까지 춤에 이끌려서 온 사람다운 말이네요.

제가 사실 남준이처럼 말을 멋지게 할 수 있는 사람은 아니라서 많이 부족했던 건 아닌가 모르겠어요. (웃음) 그렇지만 제 정체성은 단순해요. 저는 꾸준히 춤을 췄어요. 꾸준히 하다 보니까 BTS가 되었고, 팬들도 제가 그렇게 해왔다는 걸 알아주시고, 제가 추는 춤에 공감을 해 주시게 된 것 같아요. 정호석이든, 제이홉이든, 저의 정체성은 그 시간들이 만들어 준 것 아닐까요.

〈보이 밋츠 에빌〉 컴백 트레일러
BTS 정규 2집 [윙즈^{WINGS}] _ 20160925

RM의 영어 내레이션으로 시작되는 〈보이 밋츠 에빌〉은 자신의 내면에 갇힌 청년의 고군분투를 담고 있는 드라마다. 고작 2분 52초에 작가는 어떤 이야기를 담을 수 있는가. 이 드라마의 작가는 중세시대의 지하감옥을 연상시키는 갑갑한 벽돌담에 갇혀 나가고자 몸부림치는 제이홉이다. 먼지가 쌓인 바닥에서 서서히 몸을 일으키고, 비틀거리며 선 그의 모습은 아주 오랫동안 창살 안에 갇혀있던 죄수의 몸부림 같으면서도, 억울하게 누명을 써 세상 앞에 포효할 준비를 마친 소년 같기도 하다.

어둡고 긴 복도를 걸어 나오면 혼자 춤을 출 수 있는 공간이 마련돼 있다. 갇혀있던 사람에게 가장 필요한 것은 자신의 이야기를 들어줄 누군가이지만, 주변에는 아무도 없다. 제이홉은 마디 단위로 촘촘하게 변하는 리듬에 맞춰 래핑의 플로우를 조절하고, 그에 맞춰 몸에서 얼마만큼의 한(恨)을 끌어낼지 정해서 움직인다. 들어주는 사람 없이, 악한 욕망에 굴복한 나 자신과의 싸움을 표현하는 그의 마른 몸은 머리를 쥐어뜯고, 손을 모아 기도하는 일을 반복하는 동작들 속에서 '중2병'으로 표상되던 청춘의 고뇌를 하나도 우습지 않은 예술로 바꿔놓는다. 마치, 방탄소년단이 [윙즈] 앨범의 모티프로 삼은 《데

미안》의 작가 헤르만 헤세가 그러했듯이.

지속적으로 반복되는 구간보다 끊임없이 변화하는 구간이 많은 이 곡은 스트리트 댄서 출신인 제이홉의 성향을 꺼내 보여줄 수 있다는 점에서 제 주인을 만났다. 일반적인 아이돌 안무에서 사용하지 않는 스트리트 댄스의 요소들이 그의 안무 곳곳에서 존재감을 얻는다. 따라서 이 작품은 청년 제이홉과 소년 정호석 사이의 이야기를 복기할 수 있게 만드는 퍼포먼스라는 점에서 무엇보다 중요한 의미를 가질 수밖에 없다. 래핑의 속도가 빨라지며 긴박해진 그의 동작은 자기와의 싸움에서 몸부림치는 이들의 심리를 보여주고, 좌절하며 꿇었던 무릎을 펴고 뛰어오른 그가 자신이 짚고 선 땅에 균열을 내는 순간에는 새로운 희망을 안긴다. 그리고 결국 희망은 승리한다. 이 컴백 트레일러가 공개되고 난 뒤로, 방탄소년단 7명이 머지않아 세계에 불러일으킨 반향도 그랬다. 그들이 밟고 선 땅에 균열을 내며 만들어낸 게 지금의 BTS 아니던가.

우리의 무대는 계속될 거야

(K-POP 아이돌 퍼포머 8인의 인터뷰집)

초판 1쇄 발행 2020년 6월 24일
초판 2쇄 발행 2020년 7월 8일

지은이 박희아
펴낸이 박현민
디자인 STUDIO ONSIL

펴낸곳 우주북스
등록 2019년 1월 25일 제 312-2019-000011호
전화 02-6085-2020
팩스 0505-115-0083
전자우편 gato@woozoobooks.com
인스타그램 /woozoobooks
홈페이지 www.woozoobooks.com

ISBN 979-11-967039-9-8

이 도서의 국립중앙도서관 출판예정도서목록(CIP)은 서지정보유통
지원시스템 홈페이지(http://seoji.nl.go.kr)와 국가자료종합목록 구
축시스템(http://kolis-net.nl.go.kr)에서 이용하실 수 있습니다.
(CIP제어번호 : CIP2020022922)